中小学德育课程案例库
建设项目成果

构建充满思考魅力的德育课堂

GOUJIAN CHONGMAN SIKAO MEILI DE
DEYU KETANG

李晓东　周作茂　主　编

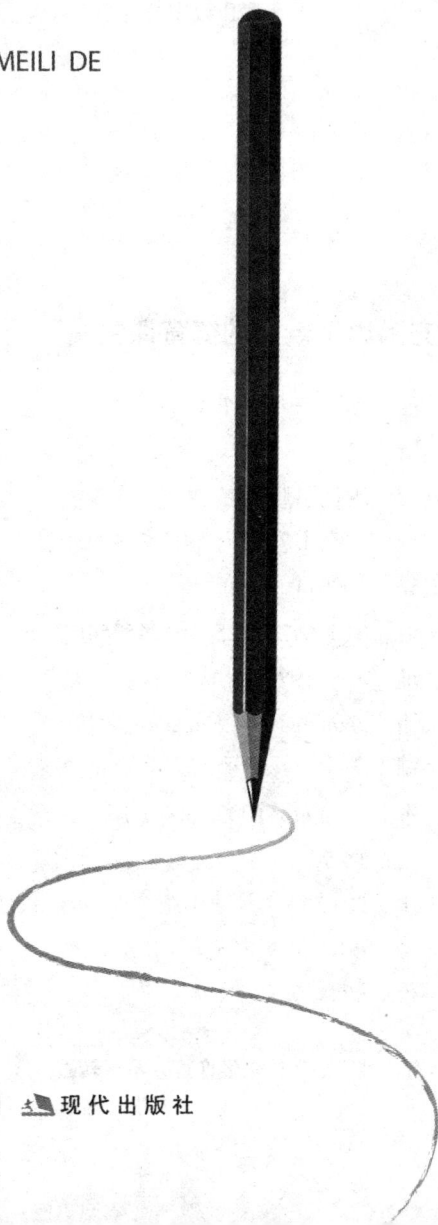

中国出版集团　现代出版社

图书在版编目（CIP）数据

构建充满思考魅力的德育课堂 / 李晓东 , 周作茂主编 . –– 北京 : 现代出版社 , 2019.4

ISBN 978-7-5143-7736-1

Ⅰ . ①构… Ⅱ . ①李… ②周… Ⅲ . ①德育－教学研究 Ⅳ . ① G41

中国版本图书馆 CIP 数据核字（2019）第 058003 号

构建充满思考魅力的德育课堂

著　　者　李晓东　周作茂

责任编辑　袁　涛

出版发行　现代出版社

地　　址　北京市安定门外安华里 504 号

邮政编码　100011

电　　话　010-64267325　64245264(传真)

网　　址　www.1980xd.com

电子邮箱　xiandai@cnpitc.com.cn

印　　刷　天宇万达印刷有限公司

开　　本　710mm×1000mm　1/16

印　　张　14.5

版　　次　2019 年 8 月第 1 版　2019 年 8 月第 1 次印刷

书　　号　ISBN 978-7-5143-7736-1

定　　价　58.00 元

德育课堂应该是什么样的

就德育课程对于学生成长的现实意义来说，很多人并不否认德育课的现实价值和重要意义。但说起德育课堂，很多人想到的都是那些记不完的术语、做不完的题。当我们的德育课堂，从生动鲜活的"成人"教育，变成枯燥乏味的"求分"说教，原本属于德育课堂的魅力也就荡然无存了。

德育课堂应该是什么样的？不同的人会有不同的回答。就如每个人心中都有自己的哈姆雷特一样，每个人心中也都有自己的理想课堂。一方面，在教学实践中，有很多值得我们学习的榜样。从历史到当下，从国内到国外，都有很多堪称典范的样例，供每一个教育者参考。但另一方面，我们也得承认，要回答好这个问题并不容易。就连成绩卓著的教育大家，也说自己"一辈子做教师，一辈子学做教师"，对于大多数普通的老师而言，更是难上加难。有些人则认为"理想太丰满，现实太骨感"，那些所谓的理想课堂，说说、想想都是可以的，做起来，"不是我一个普通小老师所能做到的"。真的如此吗？

为了回答这个问题，我们将视角切换到"普通德育教师"群体，希望从他们的视角，呈现他们对于这一问题的探索过程。值得欣喜的是，我们看到了各位老师在这个问题上的努力。他们用自己的行动践行了对于构建充满思考魅力的德育课堂的深刻思考，积极寻求让学生在德育课堂中有所思、有所悟，他们还对自己的实践探索进行了充满思维魅力的提升，致力于从学科研究和教育研究的层面让那些生动的实践变成深刻的思考。这样的呈现，既是对前述问题的回答，也是对这些回答的践行。每一个教师，都可以从这些原本平常的人身上，看到自己应该努力的方向。有了这样的意识和自觉，我们面对的就是不一样的教学体验和感受。

需要说明的是，这样的思考不可避免地烙有时代的痕迹。正因为有了这样的维度，我们才能更好地理解当下的德育课堂改进。"站在伟人的肩膀上"如果很难做到，就让我们从"踩着探索者的脚印前行"开始吧。不管是赞同还是反对，相信你能从同行者的对话中得到启发自己思考的灵感。

好的，就让我们开始这一段思维之旅吧！

contents 目 录

提升思考品质

培育思考能力

探究思考过程

优化思考生态

追问思考价值

　　世事万物因人的思考而显现出其意义和价值，那么，思考本身的价值亦在其中了。通过思考和追问，可以让我们触及事物的精髓，抓住事物本质的东西，领略事物深刻的意义和价值。明晰思考的价值，具有探究精神、反思意识，是我们攀登思维高峰的重要动力。

为什么要培养学生的探究意识

——从人们热议的三个教育话题谈起

◇ 张彩霞

百年大计，教育为本。教育是民族振兴、社会进步的基石，是提高国民素质、促进人的全面发展的根本途径，寄托着亿万家庭对美好生活的期盼。今天笔者撷取近期人们热议的三个有关教育的话题，谈一下对课堂教学中培养学生探究意识的粗浅认识。

一、教师是园丁还是导游——培养探究意识，是学生成长的内在需求

近期，浙江宁波一名六年级小学生的作文《园丁和导游》在网上引起人们的热议。文中写道："我希望老师像导游，带领我们去游览各种美好的风景，而不像园丁，修剪掉我们不听话的枝丫，最终让我们长成了只会听话的植物。"

这里暂且抛开教师是"园丁"还是"导游"孰是孰非的争论，我们从中看到的是孩子对老师教学的一种期待。为什么孩子希望老师像导游，是因为"他们带我们去参观一个地方，或者，我看见树，你看见鸟，他看见草地，每个人所发现的、拍摄的景色都不一样，而反观园丁、花草就不一样了。他们只需要接受，而没有自己的想法"。字里行间透露出孩子热爱探索的天性和渴望独立的需求。

杜威说过："教学绝不仅仅是一种简单的告诉，教学应该是一种过程的经历、一种体验、一种感悟。"孩子是具有独立人格的个体，有不同的个性特点、兴趣爱好和发展需求，孩子需要教师像导游一样，带着他们去探险，去追寻他们内心想要的东西。孩子需要在教师的引领下，在知识的迷宫中闯关，在科学的家园中徜徉，在思维的密林中游览，在能力的海洋中遨游，在对问题主动探究和积极思考的过程中，享受发现之趣，领略智慧之美。

随着素质教育的不断推进，以学生发展为本的新课程理念已深入人心，教师的教学观、学生观发生了巨大的变化。但是一些相对落后的教育观念、比较陈旧

的教学方法仍然充斥在我们的课堂教学中，教师控制课堂话语权的现象屡见不鲜，学生沦为课堂的配角，失去探究的热情和创造的活力，只能被动地听讲、配合地讨论、顺从地做题，没有个性，缺少思考，最终长成了"听话的植物"。

《园丁和导游》一文无疑给我们带来深刻的思考，那就是学生是学习和发展的主体，教师应该适应学生发展的需求，进一步转变教学理念和教学方式，真正发挥学生的主体作用，在生活中教育，在活动中教育，让学生去探究、去发现、去领悟课程内容对学生成长的意义和价值。正如瑞伯雷斯所言："学生不是待灌的瓶，而是待燃的火。"在教学中，教师应该尊重学生，善于创造一定的情境，引导学生大胆提问、讨论、交流，充分调动学生思考的兴趣，点燃学生的探究之火。在主动探究中，学生学会的不仅是知识，还有发现问题、解决问题的能力，更重要的是培养了思维的品质，从而为学生的终身成长奠定良好的基础。

在课堂教学中培养学生的探究意识，是学生内心的呼唤。既是学生生动活泼学习、健康快乐成长的需要，也是学生全面而有个性发展的需要；既是对孩子个性的尊重，更是对教育规律和学生身心发展规律的遵循。让我们教师做好"导游"，在科学文化知识的长河中，引领学生把那风景都看透。

二、诺贝尔自然科学奖离我们还有多远——培养探究意识，是社会发展的必然要求

2012年10月11日，中国作家莫言获得诺贝尔文学奖，成为首次获此殊荣的中国籍作家，举国振奋，可谓"喜大普奔"。与此同时，"中国人距离自然科学领域的诺贝尔奖还有多远"的问题再次引起人们的思考。2015年10月5日，中国药学家屠呦呦因发现了青蒿素，获得诺贝尔生理学或医学奖，填补了中国本土科学家在自然科学领域诺贝尔奖上的空白。然而，相对于中国科研人员总数量庞大，获得诺贝尔奖的人却非常少，甚至还不及美国的一所名校。拥有世界五分之一人口的中国，什么时候能够在基础科学领域实现更多的突破？在由中国科协举办的"科学家与媒体面对面"活动上，中科院院士、中国科技大学教授郭光灿认为，现在迫切需要解决的问题是，中国要更多地鼓励原创性，尤其需要一批对科学有追求的年轻人，乐于做科学研究，把它当成一种爱好，而不是单纯考虑获奖、评职称等现实因素。

《国家中长期教育改革与发展规划纲要（2010—2020）》指出，中国未来发展，中华民族伟大复兴，关键靠人才，基础在教育。为培养高素质人才，建设人力资

源强国，国家不断创新人才培养模式和人才评价制度，如推出国家高层次人才特殊支持计划，准备用 10 年左右时间遴选 1 万名高层次人才，包括 100 名"具有冲击诺贝尔奖、成长为世界级科学家潜力"的杰出人才。人才的培养靠什么？靠教育。没有一流的教育，就没有一流的人才，国家的强大也无从谈起。为什么我们的学校总是培养不出杰出人才？这个著名的"钱学森之问"成为中国教育事业发展的一道艰深命题，我们一直在努力破解。杰出人才，毫无疑问是具有"独立之精神"和"自由之思想"之人。要培养这样的人才，就要坚持以人为本、全面实施素质教育，这是教育改革发展的战略主题，是时代发展的要求。

什么是素质教育？其核心是解决好培养什么人、怎样培养人的重大问题，重点是面向全体学生、促进学生全面发展，着力提高学生服务国家服务人民的社会责任感、勇于探索的创新精神和善于解决问题的实践能力。课堂教学是实施素质教育的主渠道，那么，在具体的课堂教学中，如何培养学生的创新精神和实践能力？培养探究意识是起点。没有探究意识，谈何学习能力、创新能力和实践能力？探究意识是培养学生的创新精神和实践能力的前提。教师应该创设一切条件，激发学生的求知欲和好奇心，激活学生的探究意识，营造自由探索、勇于创新的氛围。让思考成为一种习惯，探究成为一种乐趣，创新成为一种理念，如郭光灿教授所说，"当我们拥有更多这样的年轻人参与时，诺贝尔奖早晚要到来"。

反观我们的教学，我们保护学生的好奇心了吗？考虑学生的兴趣和爱好了吗？注重探究活动引领了吗？长久以来，重传授知识，轻培养能力；重学习结果，轻探究过程；重理论灌输，轻实践操作；重技能掌握，轻情感体验。这些是课堂教学中一直努力改进却尚未彻底解决的问题。这些问题造成学生只是被动地学习知识，不会、不愿、不敢进行大胆的探究，高分低能的现象比较突出，学生的动手动脑能力、实践创新能力受到很大限制。

课程改革提倡自主、合作、探究的学习方式，从根本上讲，是希望把学生培养成能够自主解决问题、善于与人合作、具有创造活力的新型人才，能够自主规划人生、主动适应社会、开创美好未来的新型人才。人才的培养靠教育，教育的主阵地是课堂教学。在课堂教学中培养学生的探究意识，是培养创新人才的必然要求，是实施素质教育的必然要求，是促进社会发展的必然要求，是打造人才强国的必然要求。

三、美德是否可教——培养探究意识，是道德教育的基本要求

如果说，着眼于学生的内在需求和社会的发展要求，所有学科都需重视学生探究意识的培养，那么，从道德教育的角度培养学生的探究意识，则是尤其彰显思想品德学科特色的一个问题。让我们还是从社会热议的话题谈起。

最近，社会道德领域的一些现象给人"冰火两重天"的感受。一方面是凡人善举层出不穷，"最美教师""最美司机""最美巡警"……你我之间的小人物在危机时刻闪现的人性光辉，感动你我，感动中国，成为推动社会和谐的正能量，也抚慰了当下社会的道德焦虑。另一方面就是社会戾气加重，复旦大学研究生投毒案、北京大兴摔婴案……一次又一次挑战着人们的道德底线。为什么加强公民道德建设，一些领域仍存在道德失范、诚信缺失现象？于是乎，"美德是否可教"的争议开始甚嚣尘上。有人认为，美德不是教出来的，学习了道德知识，未必能做出有道德的行为。有人认为，道德是人们在后天习得的结果，可以教授。

美德可教吗？这是个已讨论了千年的话题。苏格拉底认为"美德即知识"，知识可教，所以美德必然可教，但由于没有教授美德的专业老师，所以美德又不可教。瞧，他老人家自己也困惑了。今天，这个问题其实已经有了答案，美德作为高尚的道德行为和优良的道德品质，是可教的，但是美德不是一般的知识，是"心灵的知识"，它是一个传授的过程，更是一个实践的过程，是一个认知—内化—践行的过程。

道德怎么教？作为调整人与人之间关系的一种行为规范，道德是人在对生活的认识、体验和实践过程中逐步形成的，国家与社会的要求只有通过学生的独立思考与实践才能为学生真正接受。只靠简单的说教、强硬的灌输，而没有内心真正的认同和行动上的落实，道德教育只会沦为空谈。

如何在课堂中践行道德教育？情感体验和道德实践是最重要的道德学习方式。教师要从学生生活实际出发，创设丰富的教育情境，采用社会调查、课堂辩论、小品表演、现场采访等方式，引导学生通过亲身经历和感悟，主动探索社会现实与自我成长中的问题，从而在认识、体验与践行中促进正确思想观念和良好道德品质的形成和发展。而丰富学生的情感体验，引发学生的道德实践，设计必要的探究活动，培养学生的探究意识是必不可少的。学生有了浓厚的探究意识，有了学习的积极性，才能在主动探究中提高道德认识，陶冶道德情感，锻炼道德意志，树立道德信念，养成道德习惯，逐步达到知、情、意、信、行的渐升层面，才能

让道德观念内化于心、外化于行，达到知行合一的德育效果。

教育为本，德育为先。立德才能树人。而德育的渗透、浸润，在课堂教学中离不开探究意识的培养，离不开道德情感的体验和道德行为的践行。培养探究意识，是道德教育的基本要求。

美国心理学家、教育学家布鲁纳说："发现不限于寻求人类尚未知晓的东西，确切地说，它包括用自己的头脑亲自获得知识的一种方法。"第多斯惠则说："一个坏的教师奉送真理，一个好的教师则教人发现真理。"培养学生的探究意识，学会发现，学会思考，学会创造，这是学生成长的内在需求，是社会发展的必然要求，对于德育课程来说，也是进行道德教育的基本要求，是提高德育效果的必然要求。

（作者单位：山东省教育科学研究院。本文发表于《山东教育》2014 年第 5、6 期，略有改动）

"学生第一"意蕴无限

——由"校园泼水节"所想到的

◇ 陈美兰

北京市十一学校将傣族新年泼水节引进校园，将其发展成一项简单、热闹、深受师生喜爱的校园文化活动。每年一度的北京市十一学校的泼水节，是学生们最兴奋的时刻：操场上，水花飞溅，如瀑如雨，人人都成了落汤鸡，分不清谁是老师，谁是学生，只有欢快的笑声叫声在校园回荡。通过活动，以水为媒介，拉近了师生、生生之间的距离，由过去有些拘谨的接触，转化为开放的亲密接触，以此密切师生、生生关系，其中愉悦的情感体验不仅丰富了师生们的校园生活，而且给学生们留下了终生难忘的记忆。

一、一样是校园，差别何以那么大

反观我们的校园，常会发现一些不和谐：中午实施静校，一旦学生在操场打篮球，纪检老师发现后会加以制止并要求学生去领违纪卡，若有学生试图逃走，纪检老师不依不饶，一边呵斥一边骑电动车追赶逃跑学生，直到将其"捉拿归案"……在北京十一学校，除了校园泼水节，还有开学护照、校园机会榜、学生影院、校园里面开公司、学生大使团、师生共同编写教材、每月百星、学生院士、校长有约、共进午餐、名家大师进校园、接力棒计划、社会职业考查课程、学生职业咨询与辅导等 66 条创新举措，每一条都精心设计，每一条都深得人心。李希贵的教育专著《学生第一》中，66 条管理举措无不渗透着"学生第一"的教育思想，为我们展现了一个鲜活多姿、充满勃勃生机、令人神往的中学校园。此情此景令人怀疑是身处校园还是身处兵营？同是校园，差别为何这么大？一个和谐生动，一个呆板僵化。学校，顾名思义是学生学习、生活的地方，是师生生命共同成长的精神家园，是充满激情绽放活力的幸福乐园。学生因校园而快乐，校园因学生而精彩。

李希贵在自序中这样写道："我和我的同事们在努力诠释着教育学的基本价值取向。我们试图创造一个真正属于孩子的学校，给他们搭建舞台，提供空间，创造条件。我们希望在所有的教育教学包括管理活动中都能看到学生活跃的身影，我们还推动着孩子们能够慢慢地脱离家长和老师去自己做事情，我们甚至十分情愿地让自己的虚荣心'丧失殆尽'，而看着孩子们的作为不断地超越自己。"不同的管理理念，呈现的校园景象截然不同，到底哪一种教育管理理念更符合教育规律，更有助于学生学习和成长？确实值得深思。

二、教育是不是只剩下了频繁的考试

那些宣传栏里刺目的通报批评，张贴目的显然是教育学生，要诚信考试、诚实做人，或许会对一些不自觉的学生起到一点警示的作用。然而，走近学生，我们是否会有别样的发现，让我们听听在应试状态下挣扎的心声吧。曾经有一毕业生在《大考叫停》一文中写道："上年期中大考，吾分析此，伏枕泣血之余，大骂自己笨蛋，携成绩单徒步百里，呈于双亲膝下，惨遭父训，被迫蛰居家中，以谢列祖列宗。"后又作《大考弗停》曰："夫隆重叫停，欲求考分圆满，岂料全军覆没，败走考场，英雄之念俱灰，孤身泣血悬崖，感叹天生我材，身湮当代，犹感前途茫茫，生不如死。"此生两篇习作，虽有作秀之嫌，却不难发现，频繁的考试让他不堪重负。对此我们是否有所觉醒、有所改变？还是一味固执地认为考试越多，学生学习注意力会越集中，学生学习状态就越好？有没有想过频繁考试的压力所产生的负面影响？如果学校不断地将每一项作业和每一个学习环境与学生的成绩和名次联系起来，给学生创造过度的竞争环境、过多的测试、过多的评价，就会给学生带来不必要和不利于健康的压力。一味地测试，让许多学生不可避免地经常处在体验失败的学习环境中，心情抑郁，莫名烦躁，学习效率低下。为了摆脱失败的处境，可能一些学生就会选择作弊而另一些学生则热衷于做题，对与学习无关的事情，确切地说与分数没有直接关系的事情懒得去想，懒得去做，他们无暇依据自己的喜好选择读书，更无暇思考，如同机器，只知埋头拉车，不知抬头看路，更不用说恣意发呆。且不说这样的状态一定会带来好分数，但从心理、身体健康角度看都让人担忧。成功的体验才能孕育成功，失败的体验只能带来低效。

三、真正的教育行为到底应该是怎样的

马克斯·范美南在《教育机智——教育智慧的意蕴》这本书里有这样一段话："假如一个人不是怀着爱和关心（love and care），希望和信任（hope and trust），以及责任感（responsibility），是否可能像一个真正的老师一样行动呢？父母和其他照看孩子的人太容易以为他们有权对孩子加强严厉的纪律，将他们的意志强加于孩子的愿望之上，向孩子施加肉体和精神上的痛苦，用恐惧和惩罚来控制孩子。"说到底这是权威主义，是对权威的滥用，而不是真正的教育。教育行动产生于良好的教育关系和真正的教育情境中。面对中午学生不愿休息擅自打球的行为，管理者到底该怎么办？勒令其停止虽简单却不得人心，适当的球类活动难道不是年轻学子所必需的吗？这是为学生学习着想还是为方便校园管理，答案显而易见。如果及时与打球学生沟通交流，提醒其选择恰当的活动时间和场所是不是更有效，更能得到学生的认可？真正的教育行为应该让孩子们体会到成人的行动和意向具有教育意义上的关怀，而不是来自心理上、精神上被虐待。马克斯·范美南在教育学中的探讨表明，教育学的健康性是一种使命感，一种对孩子的爱和关怀，一种强烈的责任感和在危机时的积极希望，一种反思的成熟，一种基于聆听和看孩子能力的教育学理解，一种对年青一代的一般信任和同情的态度，一种关心他人、注意他人、爱护他人、慈爱而温柔的教育机智。我们不禁要问：现实中的教育机智到底表现在哪里？历经 11 年新课改，尽管教育整体环境有了较大变化，人们已经意识到学生健康可持续发展的重要性，但社会浮躁之风在教育领域时有体现，急功近利和高考成绩攀比现象依然存在，学校俨然高考阵地，炮火连天，蓄势待发。墙壁上写满了"要能耐挫，因为地狱般的磨砺，才能炼出创造天堂的力量；要能刻苦，因为只有流血的手指，才能弹出世间绝唱"等带有血腥味的口号，"拼搏一时，无悔一生"本没有错，如果发挥到极致，则可能以所谓长远幸福而牺牲眼前成长的快乐。北京市十一学校校园泼水节给人带来的轻松、愉悦、快乐在"分数决定成败、高考就是一切"的校园里很难寻觅，学生过重的学习负担并没有得到有效遏制，周六依旧补课、书包依旧很重、考试依旧频繁、五严禁令不了了之已经不是秘密，现实的骨感和理想的丰满何时能统一？新课改的美好愿景离我们还有多远？留给教育者的只有遗憾和憧憬！

杭州二中叶翠微校长提出新课改语境下的道德回归：解放学生，把属于学生的时间还给学生，把属于学生的舞台还给学生，把属于学生的体验活动还给学生，

尽可能让学生真切地体会到有选择自己学习生活、社团生活的权利。"学生第一"渗透着学生是校园主人的教育理念！尊重学生、爱护学生、关心学生、解放学生，需要教育者切实的行动而不只是口号！

（作者单位：江苏师范大学。本文发表于《中学政治教学参考》2012年第10期，略有修改）

也谈关注每一个学生学习的"六个反思"
——在 2010 年江苏省师陶杯论文颁奖典礼上的发言稿

◇ 殷斌宇

尊敬的各位专家、各位同人：

大家好！非常感谢省教科院提供了这样一次宝贵的机会让我代表获奖选手在此发言。去年在丹阳会议上我是台下提问者，今年能走上前台发言，这既是我的荣幸，也许这更是我这个毕业于盐城师专的教师与师陶杯活动特别的情缘吧！

今天我要谈的是一个似乎老生常谈的话题：关注每一个学生的学习。但，我发现，这个话题不是一个孤立存在的教学行为，也不是一个可以量化的数据，因为它蕴含着无尽的智慧，潜藏着需要我们去发掘的无限量的艺术，是一个凝聚着对教育理想的追求与对幸福的憧憬等恒久的话题。在此，我谨从一名思想品德教师的角度谈谈我的几点想法与大家探讨，权且称之为"六个反思"吧！

反思一：我们的教育信仰还在吗

当前我们能感受到一种社会的痛苦，那就是社会的信仰真空。其深远的社会问题不言自明。我想，人是社会发展的第一因素，教育是社会发展的不可忽视的巨大动力，我们的教育更需要有信仰。我们的教育信仰不仅包含了忠诚于教育的职业使命感，还应包含"爱的教育"的信仰、"知识就是力量"的信仰、"人生价值在于奉献"的信仰、"一个不能少"的信仰、"每一个学生都是一个潜在的天才"的信仰、"不抛弃不放弃"的信仰、"有梦想谁都了不起，有勇气就能创造奇迹"等具体的信仰。在物质化泛滥的今天，我们仍守住我们的这块净土，不唯名唯利唯"五子登科"，不被各种小资的诱惑所左右，用一颗爱心、一颗童心、一颗单纯的心仰望星空，拥有了这样的情怀与信仰，我们的教育激情才不会被"读书无用论"的聒噪所淹没，我们的教育行为才不会陷入"羊群效应"而盲目从众，我们才能静下心来关注脚下的事情，谈关注学生的学习才不是一句空话。

在此，我想起了一句话，美国能源部部长朱棣文曾说过："人生苦短，当我们回首往事时，物质生活和你实现的占有欲不能产生自豪，只有那些受你影响、被你改变过的人和事，才能让你产生自豪。"因此，我想起了鲁迅，想起了朱自清，想起了苏北地区许许多多拿着微薄工资却兢兢业业的老师们，想起了上一周赣榆厉庄小学不顾病重而坚持教书殉职在讲台上的老教师程新彬……还想起了很多很多！

所以，老师们，我们要有我们从教的良知，我们可以物质上清贫，但不可以在精神上赤贫，更不可以没有自己的信仰，否则，我们不仅自己痛苦着，也让孩子们痛苦着、无助着。有了坚定的信仰，我们的目光中有爱迪生，我们的笑容里有牛顿，我们的身边就可以有无数个英才！其实，只要我们能固守自己的信念，我们一定会用满腔的爱换来与学生共同发展的幸福，坚守自己的教育信仰，日积月累，你会发现你收获的财富是惊人的。

反思二：我在学生的眼中有亲和力吗

亲其师，方能信其道。学生喜欢上一门学科往往是从喜欢上一位老师开始的。

我们都会有这种感觉——如果你在每一节课上与学生相处的时候能感受到学生用微笑的眼神望着你，并积极参与其中，真正扮演了"课的主人"，这样的话从某种意义上说，你是成功的教师，因为这说明你上课的时候有激情，学生从各方面认可了你，你是一个有亲和力的教师，你的教学效果一定很好，这门功课学生们会学得很认真。但如果你的感受是这样的——多数学生用冷漠的眼神看着你，或望着窗外，甚至干脆趴在桌上睡着了！这就对你发出了一个警告：你不是一个受他们欢迎的教师！即使你天天自认为"一片苦心都是为了抓好学生的成绩"，但学生也不会领你的情！我们每天都该问自己："我今天有亲和力吗？"教师培养亲和力需要拷问自己：今天我微笑了吗？我做到民主与公正了吗？我有幽默感吗？我能宽容孩子们的小错误吗？我的谈吐有文化底蕴吗？我的肢体语言运用得体吗？今天我的心态年轻吗？今天我做到以身作则、率先垂范了吗？我学会科学而得当地去表扬学生了吗？

亲和力其实就是教师的人格魅力的一种外显的力量，它又为学科教学增加了一份神秘的力量，用时髦的话说就是一种"给力"，学科教学效果自然是事半而功倍了。

反思三：我们的教育管理文化够人性化吗

教育管理文化既有学校对师生的管理文化，也有班级组织集体生活的管理文化，无论哪一种文化都会对我们的教育教学产生巨大的影响。举例来说，学校的管理文化若能体现以人为本的理念，那么就会有以下几个特征：领导不把自己当官做，能真正俯下身子调研教育与教学，他们能关爱学生、信任教师，不唯分数是举，而重在为师生的成长与发展提供一个宽松愉悦的环境。可想而知，在这样的环境中教师就能更加敬业和忘我，在科学与幸福的环境中实现教书育人的理想；学生在信任、赏识、和谐、上进的班级文化中能深深感受到集体的自豪感、归属感、责任感，他们也一定会在这样的环境中竞争与合作，充分发掘自身的潜能，在提高智商的同时发展自己的情商，学会学习，学会交往，学会合作，学会创造。

我们常看到一些优秀的学校非常注重用优秀的文化影响人、熏陶人，一花一草一世界，刚性制度与柔性教育相结合的管理文化更是一种高超的艺术。

反思四：我们的课改返璞归真了吗

当前我们的课改倡导生活化教学，课堂要贴近社会、贴近生活、贴近学生，这"三贴近"原则深刻地影响着我们的教育行为，应当说是一种时代的进步。教师已不再是教学的主宰者与知识的灌输者，而成为教学的参与者、合作者、引导者，作为教学活动重要成员与学生一道共同感悟，共同探索，共同理解，共同建构。

但是，我们也看到，在课程改革的过程中，有的课堂就显得比较肤浅，甚至很轻浮，过度表演化的"伪课堂"常常大行其道。一节课看似轰轰烈烈、热热闹闹，但花里胡哨的背后却是缺少与学生深层次心灵互动，缺少情感态度价值观的碰撞，更没有面向全体学生，仅仅是几个尖子生的表演舞台，只不过是教师把学生一步步赶进自己预设的"圈子"。

10月底我在厦门观摩全国优质课活动，点评时，全国教育专家胡云琬老师曾尖锐地指出：某些地区的课改矫枉过正、误入歧途——如提倡自主学习，有的老师认为就是弱化教师的作用，就是学生"自己学习"，就是自学。还有的地方硬性规定，老师在课堂上讲课不能超过10分钟或15分钟，甚至在学生讨论互动时教师躲到一边当隐身人了，德育的功能被悄然淡化了，这是我们课改陷入教条主义的尴尬。这样的教学怎能有高效？

而另一面，某些课程过于拔高难度，过早地增加了一些超出学生接受程度的内容，挫伤了学生学习的积极性，让孩子们望而生怯，这在某些学科及格率下滑的现象里可以去反思。

陶行知先生曾说过："千教万教教人做人。"我们必须革除那些浮躁的课改风气，因为这样的"假教""假学"最终会害了一代孩子，更毁了振兴民族的教育大业。

反思五：我和学生一起阅读了吗

经常看到报纸杂志上提及一件令我们蒙羞的事情：我们中国人的阅读时间远远低于欧美国家。还记得有一位学者也曾说过：一个不热爱阅读的民族是没有前途的民族。在此我在反思：我们是教师，我们一年又读了多少书呢？我们一年又买了多少书呢？这句话也在拷问我们在场的每一位老师：我们一年能买多少本纸质的书，在家里、在学校与孩子们一起津津有味地阅读？

要记住，一方面不论到何时，学生的人文素养的培养都离不开优秀的书籍，我们应带动学生热爱书籍，钻研科学，渴望知识，不断充电。在知识的海洋里遨游，拓展了学生的知识视野，更增强了他们的创新与实践能力。

另一方面，对我们教师而言，读书可以明志，更可以为自己的科研提供更多的灵感来源，锻炼了自己的思维能力。我认为，要做一个有思想、有智慧的教师，还要多与教育名著对话，研读大量经典教育著作，"海纳百川方成之大"，我们要在博览群书的过程中静下心来积淀自己的教育思想，升华自己的教育激情与艺术。

所以，建立书香学校、书香班级势在必行，功在千秋。

反思六：我们研究过学生的学习心理和学习生态了吗

不可否认，当前的素质教育的确对于培养学生的综合素质起到了良好的作用。但是，当前仍暴露出我们教育存在着的一些问题：急功近利的色彩仍有残存，片面追求分数而忽视德育的现象仍有市场，简单粗暴的教育方式仍遗憾地在个别教师身上得到反映，媒体上常常爆出一些发生在教育领域里的学生的极端举措……这些不能不让我们教育工作者认真审视和反省自己：我们真正研究过学生的心理了吗？我们是否有过仅以成绩来衡量学生？你教书了，可是你育人了吗？当学生心理波动时，你真正去做"有心人"了吗？你能经常反思自己的不当言行给学生带来的伤害吗？我们了解孩子为什么那么喜欢网络与游戏吗？我们了解留守孩子、单亲孩子、离异家庭的孩子内心的苦痛吗？这些疑云不去揭开，我们的教育与教学怎能顺畅？

当前，复杂的社会因素很容易抵消我们的教育行为，当前社会的浮躁及负面的信息对我们的教育带来了前所未有的冲击（非诚勿扰、超女快男、某某姐、某某哥的言论对他们学习观念的影响，还有一些网络上曝光的负面东西都是我们必须重视的）。所以，我们要多一分耐心与细心，认真去学习心理学的知识，去研究影响学生学习的社会因素、家庭因素，关注学生学习的动机与内驱力，用科学的理论指引我们去关注学生的心理，做学生的好朋友，做好他们成长路上的指路明灯，为他们的青春保驾护航。

老师们，我们前进的每一步都要付出艰辛，但每一步都在创造，我们每一天都在描绘一幅最美丽的画。关注学生的学习，请让我们从细节做起，我坚信：孩子们的未来会因我们的付出而更幸福！以上仅为本人的一点肤浅的想法，敬请大家批评指正。

谢谢！

（作者单位：江苏省苏州市青剑湖学校。本文发表于《江苏教育》2010 年第 11 期）

激发思考兴趣

　　如何让学生积极主动地步入思考的殿堂？激起学生思考的兴趣，无疑是重要的台阶。开启思考之门，可以让思绪飞扬；打开思考之窗，能够让智慧荡漾。本单元的6篇文章提供了可资借鉴的参考。精彩的导入、精准的设问、别致的作业、多彩的活动、新颖的案例、真挚的情感……均可成为激发学生思考兴趣的有效手段。

对高中思想政治课导入的思考

◇ 刘　芳

良好的开端是成功的一半。新的课程理念指出，在教学过程中"应与学生积极互动、共同发展，要处理好传授知识与培养能力的关系，注重培养学生的独立性和自主性，引导学生质疑、调查、探究，在实践中学习，促进学生在教师指导下主动地、富有个性地学习"。所以，如何在课堂的初始环节就成功激发起学生的兴趣，让学生积极地融入教师所创设的教学情境中，主动、独立地学习，这在很大程度上依靠教师在课堂教学环节中导入部分的设计。导入环节是一节课的初始，只有在开头打下良好的基础，才能有效突破思想政治课教学的第一关。

一、高中思想政治课导入存在的主要问题

第一，教师不重视导入环节。在实际教学中，有的教师认为，导入只是一种形式，往往对导入重视不够"导而不入"，有的教师在繁重的教学任务下，在教学中直接会说："我们上节课讲了……我们这节课讲……。"这会让学生对本就枯燥的政治理论产生抵触心理，根本无法激发学生学习的热情。

第二，教师对导入的时间长短把握不好。在高中思想政治课的教学中，有的教师设计的导入环节过于简短，没有引起学生的兴趣就结束了，无法达到导入应有的效果，反倒会让学生觉得引导过于突兀，教师在唱独角戏；有的教师为了追求热烈的课堂气氛，在导入部分做足功夫，材料准备过多导致耗时过长，这样虽然能充分吸引学生的注意力，激发学生的学习热情，但是会占用后面的教学时间，教师只能粗糙地讲解重点和难点，主次颠倒，导致教学效果下降。

第三，导入方式单一僵化。我国并不具备成熟的思想政治导入理论，多数导入方式都是一线政治教师摸索出来的，并不符合当下的教学需求和学生的心理需要。有些教师即使在教学中安排了导入环节，但是不能灵活的运用各种导入的形式，导入方式千篇一律。在高中思想政治课堂上，如果教师长期对导入不重视，不能

精心设计丰富多彩而又能引导学生深入思考的导入内容，难免会引起学生的反感，起不到导入应有的效果。

第四，导入的内容与教材和生活实际相脱离。许多教师在设计导入部分时，过于在意知识点的契合，脱离了学生的现实生活。例如，在"文化创新的途径"一课中，许多教师运用著名豫剧表演大师常香玉的例子。常香玉幼年学艺，当时豫剧有好几个派别，艺人之间门派分明。常香玉打破派别界限，在演出中融合了各派的长处，并吸收河北梆子、京剧的唱腔，继承传统大胆创新，开创"常派"风格，为豫剧的繁荣做出了杰出贡献。这个例子本身与课程内容很契合，但是脱离学生的日常生活，无法激发学生的学习动机。

二、解决高中思想政治课导入存在问题的对策

（一）提高教师的综合素质

1. 提高教师的专业素质。教师在组织教学中的作用是不言而喻的，对于各个教学环节的把握来说，设计一个成功的导入要求教师必须具备良好的专业素质。作为一名政治教师，在创新课堂教学的实践中，会遇到许多困难，只有不断提高自身的专业素质，不断提高综合能力，才能在丰富的专业知识指导下，站在一个新高度去看待课堂教学的每个环节，才能设计出精彩的导入，提高教学效果。

2. 转变教师的教育理念。教育理念是"教师在对教育工作本质理解的基础上形成的有关教育教学工作的观念和理性信念"。对于从事教育教学工作的教师来说，必须要了解到对于渴望学习新知识的学生而言，课前的导入环节不是可有可无，而是一个引导学生有效思考和学习必不可少的环节。因此，高中思想政治教师必须要转变观念，把导入由被动变为主动，主动去设计探索新颖有趣、丰富多彩的导入内容，并思考怎样在导入环节吸引学生的注意力，调动学生学习的积极性。

3. 提高掌控导入时间的能力。导入是一节课的开头，教师在设计导入环节时，要考虑导入的时间，一般应该在3到5分钟为宜。在短短几分钟时间内，教师要把自己的课堂导入环节设计得漂亮精彩，平时在备课和教学设计时就要多下功夫。导入时间不是死的规定，教师可灵活地把握，导入的内容要精心设计，该长的地方要长，不能为了控制时间，把导入的材料剪裁得支离破碎，也不能为了展示多余的材料而导致导入环节过长影响后面的教学。

（二）导入方式多样化

1. 科学地选用导入形式。导入的形式有很多，高中思想政治教师在选择导入

方式的时候，注意把握好以下几个方面：首先，同一节课的不同框题要使用不同的导入形式。例如，在经济生活部分，"多彩的消费"一课，第一框题"消费及其类型"中，教师可以采用数据图表对比的方式，对比10年前和10年后消费情况，导入新课。在第二框题"树立正确的消费观"中，教师采用故事导入或图片举例的方式进行导入。其次，要时常变化课堂导入的方式，融和多种教学手段进行导入。例如，在文化生活中，"我们的中华文化"一课，教师可以选取一首《青花瓷》歌曲来导入，顺利地将学生带入情境。在"文化创新的途径"当中，教师可以用国外引进的综艺节目的视频导入，让学生在欢快的气氛中对学习的内容产生兴趣，顺利进入下一个教学环节。教师在导入的时候要尽量使自己的导入环节生动鲜活起来，针对不同的内容采取不同的导入形式，让学生对于思想政治课充满新鲜感，给学生呈现一个多姿多彩的课堂。

2. 导入的思路明确。教师在设计导入部分之前，应该先有一个明确的思路：我要引入的内容是什么，学生能接受什么样的导入内容，对什么内容感兴趣，什么内容能一下抓住学生的注意力，等等。教师必须有明确的思路要怎么去做，认真查看教材当中的内容，在备课的过程中，了解本节课的重点、难点，了解学生的学情，之后，找出一个能把学生和教材联系起来的切入点，从切入点进行导入。这样做，导入才能达到预期的效果，事半功倍。

（三）导入的内容要与教材和生活相联系

1. 导入的内容要与教材紧密相连。导入素材的选择是成功导入的前提。选择导入材料最理想的状态不仅要求只是"相关"，而且要从学生感兴趣的内容入手，才能更好地激励学生的学习欲望，达到能力培养和情感渲染的目的。所以，教师在选择材料时，一定要注意教材与材料之间的联系性，必须具有针对性，不能单纯地追求材料的新、热、奇，要清楚本节课的教学目标是什么，再结合学情和社会生活实际，恰当地选取导入材料，否则会出现驴唇不对马嘴的情况，让学生一头雾水。

从导入素材的整合来说，导入内容要结合当地教育教学的特点。由于教材编写一般存在滞后性，教材中引用的材料可能不是最新的，也可能会出现与本地实际不相符的情况。所以，教师应该把选择的导入材料和正在使用的教材进行联系加工，同当地的本土资源进行结合，可以是导入情境设计的本土化，也可以把本土资源融入导入内容之中，使之更适应本地的教学需要。

2. 导入的内容要贴近学生的生活实际。随着我国经济社会的发展，信息渠道的拓宽，高中生所能获得的信息量已经远远超过任何时代。立德树人是高中思想政治课的根本任务，因此一节好的课要从导入开始就充满正能量，使学生有明确的政治方向，坚定的政治态度和鲜明的政治立场。所以，在导入内容的选择上，一定要与时俱进，能让学生感受到国家的政治时事，世界的政治动态，提高学生的政治素养。同时，教师在生活中要注意收集身边的材料，导入的内容不仅要与时代相联系，而且还要贴近学生的生活，能让学生产生兴趣。例如在"多彩的消费"一课中，消费与每个人的生活息息相关，就可以从学生的日常生活事例入手，把政治知识融入生活中，使学生把所学内容运用到生活中，让学生感受到政治就在他们的身边。

高中思想政治课的课堂上，导入环节虽然就占很少的一部分时间，但是它对于激发学生的学习热情、集中学生的注意力有着不可替代的作用。教师要把握导入的原则，认真研究导入的形式，重视导入的重要作用，在日常教学中避免忽视导入、导入时间把握不准确等问题，与学生共同打造一个丰富多彩的政治课堂。

（作者单位：吉林省教育学院政治教研室。本文写作于 2016 年）

激活学生课堂思维　向深度教学要效益

◇ 王锦飞

尽管课堂教学评价的标准是多维度的，但课堂教学中能否真正有效地启动学生思维必须是判断课堂教学优劣的一项核心参数指标。当下中学各科教学都在倡导所谓的深度教学，而判断教学是否走出浅层化窠臼的显性标志之一就是对学生课堂思维的力度把握。观察目前的中学各科课堂教学，表面上看，学生的课堂思维活动的确比课改前活跃多了，学生课堂思维的质量水平也较课改前有了一定程度的提高。然而，如果我们细究可以看到，学生课堂思维的用时量还不很足，学生的思维参与面还不太广，学生思维广度、深度还很不够，学生思维的开放性、生成性等都受到程度不等的限制，等等。所有这些都对中学课堂教学由表层走向深度，对中学课堂教学效率效益的不断提升，设置了重重障碍。因此，如何在课堂教学过程中真正地叩开学生思维之门，成为我们践行深度教学、提高课堂教学效益的一个必须解开的结。笔者以思想政治课教学为例就此作简要阐述。

一、延展学生课堂思维的时间与空间

所谓课堂思维的时间与空间，指的是学生课堂上真正思维的时间量(时长占比)以及学生课堂思维的空间发布（参与度），是学生课堂思维的时间维度和空间维度两者的有机整合。具体来说，我们可以从以下两个维度来总体考量学生课堂思维时间占有及空间发布方面的状况。

首先，要看一看课堂中学生究竟有多少时间在思维。或者说学生真正有效思维的时间占整个课堂用时的比例有多大。据我观察，面上的情况恐怕不容乐观。在日常听课以及其他形式的课堂调研中我们时常会看到学生貌似在思维其实根本就不是在动脑子的情形，甚至在一些示范课、评优课等公开课上这种情况有时也表现得很明显。我曾观摩过一位大市级学科带头人执教的一堂高中思想政治课"示范课"教学，乍看上去，课堂上学生一会儿课堂讨论，一会儿小品表演，思维活跃，发言踊跃，学生似乎一刻也没有停止思考。但令人遗憾的是，整个课堂却看不到对问题的任何激辩与争鸣，看不到不同观点的任何冲突和争执，学生思维的结果似乎只有一种声音，给人一种太过理想化、很不真实的感觉。事实上，只要在课堂上真正让学生放开思维，那呈现在我们面前的就是个性飞扬、千姿百态的教学场景。这堂课之所以没有出现这样的结果，一是因为教师所问问题根本就没有多少思考性，学生用不着思维就能轻松回答；二是因为即便有一些有一定思维力度的问题，其答案也是老师事先早已交代好了让哪些学生回答以及该如何回答的，学生也就用不着思维。精心准备的"示范课"教学尚且如此，而就面上的课堂教学而言，学生思维的用时量可能还会少很多。课堂上，学生实际思维的时间如此有限，那么其教学效果也就可想而知了。一堂课是否真正有效、高效，学生课堂思维的时间量无疑是一个十分重要的参数。

其次，要看一看课堂上究竟有多少学生在思维。课堂观察表明，课堂教学中少数学生的思维垄断严重影响了学生的思维参与面。究其原因，一是教师提问的对象面往往过于狭窄，总是集中在少数几个学生身上；二是教师所设置的课堂问题的能级梯度与学生各自不同的思维能级不相匹配。这样，就会造成不少学生在课堂上就不想思维了，因为课堂上不是老师不给机会展示自己的思维成果就是课堂问题自己压根就没有能力去思维，这样学生参与思维的面就受到了很大程度的限制，这样的教学，其总体效果就一定不会理想。教师这样做可能有他们的理由，一是班上就只有那么几个学生能答得出老师的问题，或者说班上就只有那么几个学生考大学有希望；二是那些在他们看来思维力度相对较弱的问题根本就不值得一提，教师甚至认为那些思维能力相对较弱的学生不参与课堂思维活动也罢，只要你在课堂上不搅局不捣乱就行。这些理由不仅是站不住脚的，而且是极不负责任的。大部分学生答不出老师的问题，原因不在学生，而在老师所提的问题本身，教师心中应该装着所有的学生，而不是只有少数几个考大学有希望的学生。教师在课堂上一定要针对不同知识基础以及思维素养的学生有针对性地展开有效的思维启发，要力争让每位学生的思维都动起来。如何做到这一点？一般的方法通常是，在同一知识情境下设置适合不同学生群体的问题，寻找适合某一特定群体学生的思维最近发展区，通过用不同层次的问题去质问不同思维能力的学生，从而让全体学生的思维能力在自己现有基础上都得以提高。只有这样，学生课堂思维的空间才是较为丰满的，课堂思维的效度也才能得以真正地提高，这也是与新课程教学所倡导的"让每一个学生都获得发展"的教学理念相一致的。

需要注意的是，在这个过程中教师千万不能让学生感觉到，让他们回答问题时存在对一些学生思维能力上的歧视，如果让学生明显感到老师在让学生回答问题时是分三六九等的，那么其教育教学效果就会大打折扣。所以教师必须讲求策略，比如对于各类不同层次问题的回答不要仅囿于某一学生群体，可以有所变化与侧重，可以给一些难度相对较大的问题设置一些台阶，让思维能力相对较弱的学生也能够循级而上。另外，对于那些思维能力特别强的学生，教师甚至可以允许他们课上"走神"，可以让他们思考接下来老师可能会提什么样的问题，允许他们的思维走在老师和一般同学的前面。

现在的课堂教学特别注重师生间、生生间的课堂互动，课堂互动实质就是思维的互动。从时间上看，每个学生参与互动（思维）的实际时长直接关系到其自身在互动过程中获得的信息量的大小以及信息种类的多少；从空间上看，究竟有多少学生真正参与了课堂互动（思维），可以看出课堂互动（思维）是否真正惠及每一个学生。从思想政治课教学中的课堂互动观察来看，无论就时间还是就空间而言，学生课堂互动的实际参与范围还很是有限。例如不少政治教师在组织课堂讨论时，表面上看课堂讨论的气氛似乎比较热烈，但只要你仔细观察，就会发现总会有一部分学生实际上并没有参与讨论之中，也会发现还有一部分根本就没有机会参与讨论。课堂思维其实就仅限于那些学习成绩相对较好、表达能力相对较强、教师日常相对比较关注的一部分学生之间。如此，大部分学生课堂思维的参与时间严重不够，课堂思维的参与空间严重不足。

课堂教学中这种学生思维时空方面存在的问题必须得到改变，我们在课堂上一定要想方设法地增加学生思维的时间量，要让更多的学生甚至是所有的学生都思维起来，让学生都有思考适合自己的问题的思维时空，从而使全体学生的思维能力都得到不同程度的锻炼和提高。

二、拓掘学生课堂思维的广度和深度

所谓"思维广度"，指的是学生对某一问题的思考要做到全面而不能片面，不能只知其一不知其二，它主要是从横向的角度拓展思维的延伸面以确定其准确范围；所谓"思维深度"，指的是学生对问题的思考要做到深刻而不能浅尝辄止，教师要引导学生尝试对知识进行辩证性、批判性等深度思维，它主要是从纵向的角度去挖掘思维的深层面以求揭示事物的本质。思维的广度、深度是判断课堂教学有效程度的又一项重要指标。当前，课堂教学中学生思维的广度与深度不够是制约政治课堂教学效果的一大因素。

例如，高中思想政治"经济生活"教学中讲消费结构时出现"恩格尔系数"这个概念，并把其作为判断消费结构优劣以及消费水平高低的一个重要指标。教学中大部分教师在交代了什么是"恩格尔系数"后，就只是让学生结合自己家庭的消费结构来感知这一指标的合理性。的确，这样通过学生的简单思维活动对"恩格尔系数"这一知识的理解也可以算是基本到位了，但难道判断一个国家一个地区一个家庭的消费结构的优劣、消费水平高低就只有这一个指标吗？用"恩格尔系数"判断消费结构优劣、消费水平高低是有其合理性，但难道就没有其不合理的一面吗？我在教学这部分内容时就向学生抛出了这两个问题。结果是一石激起千层浪，学生的思维空间一下子就被打开了。对第一个问题，有学生说，判断消费结构优劣还可以看家庭用于旅游的支出占总支出的比例，还有学生说要看用于买书听音乐会欣赏高雅艺术的支出有多少等，这时我在对学生肯定鼓励的同时不失时机地向他们介绍了当前国内外普遍接受的一项指标：闲暇支出占总消费支出的比重。这样处理，学生对"如何判断消费结构是否优劣"这个问题的思维的广度就被很好地拓展延伸了，对这个问题的理解也就不再仅仅囿于书本上的"恩格尔系数"这一个指标，如此，思维就具备了一定的宽度。而在对上面第二个问题进行思考时，学生的思维的活跃度着实让我感到惊讶和高兴。有一位学生当堂就举出了许多反面例子：广州的"恩格尔系数"高于全国平均水平但那里的消费水平低吗？苏北一些城市的"恩格尔系数"低于苏南但苏北消费水平比苏南高吗？这时我借机再问：是不是书本上说错了？我们刚才还感悟了"恩格尔系数"的合理性，没错呀？那究竟是咋回事呢？师生围绕这个问题在课堂上展开了热烈的讨论，最后通过师生的进一步深度思考达成共识："恩格尔系数"有其合理性，但也有局限性，不同的消费结构之间是不能够用"恩格尔系数"进行简单对比的，每一个指标体系的成立都有其条件性，都是相对的不是绝对的。这样的思维过程显然就触及了知识的本质层面，充满了哲学辩证，使思维有了足够的厚度。

教学实践充分表明，只要我们教师在教学中善于启发诱导，完全可以引领学生不断地向着思维的广度和深度进军，从而使得学生的课堂思维达到我们所期望的宽度和厚度。

三、注重学生课堂思维的开放与生成

思维源于对问题的思索，课堂上学生的思维活动需要课堂问题的激发，怎样的课堂问题决定了怎样的学生课堂思维活动。教学实践表明，给学生提供开放多维、动态生成的问题平台，对有效启动学生课堂思维、提升学生课堂思维的品质意义重大。

首先，课堂问题要做到开放多维。教师课前精心设计高质量的教学问题，其目的就是有效启动学生的课堂思维，实现师生间抑或生生间思维的碰撞与互动，而要做到这一点，就必须给学生独立自由思考的空间，必须允许课堂上出现不同的声音，必须创造条件以引发学生多层次思考和多角度思考。这就要求我们所设计的课堂问题要具有开放性、多维性的特征。那么教学中我们该如何开放多维地设置课堂问题呢？根据我的教学体会，以思想政治课教学为例，开放多维地设置问题的方式常用的有三种：一是从情景参与的角度设问。教学中我们可以创设一个具体的教学情景，让学生自身参与其中，提出解决有关问题的自己的一些办法和措施。如在教学"经济生活"部分关于"就业"问题时，我设计了这样一个课堂讨论题：如果你是今年的应届大学毕业生，你打算如何解决你的就业问题。由于设问本身很开放，学生可以从多个角度展开思维，所以课堂上学生兴味盎然，畅所欲言，最大限度地调动了学生思维的积极性，取得了不错的课堂教学效果。二是从情感体验的角度设问。教学中可以设置一个让学生情感体验的具体活动场景，让学生模拟一定的角色谈体会和感受，抒发自己的情感体验。如我在教学"生活与哲学"中关于"人生价值观"的有关知识时，曾以发生在 2008 年的那场惊天地、泣鬼神的汶川大地震作为让学生进行情感体验的活动场景，让学生模拟这样的角色：如果你在地震现场营救受困人员，你将要营救的又是一名罪犯，而且营救他极有可能会牺牲你自己的生命，这时你该怎么办？三是用留白的方式进行设问。如我在教学"政治生活"中的"参与政治生活"时，设置了这样一个问题，我们参与政治生活的方式可以有以下一些：参加居住地的居委会、村委会的管理工作；参加拥军优属、拥政爱民的"双拥"活动；参与网上评议政府活动……你还能提出哪些参与政治生活的方式？教学实践证明，开放多维地设置问题，拓展了学生思维的广度，挖掘了学生思维的深度，对锻炼和提高学生的思维能力大有裨益。

其次，课堂问题要做到动态生成。大家知道，课堂教学并非一味是课前预设的演练，灵动的课堂教学一定会出现一些不曾预约的精彩。事实上，只要课堂是一个真实的课堂，课堂思维是真实的思维，课堂探究是真实的探究，那么课堂上所出现的情形就不可能在执教者的完全意料之中，真正课堂教学总会伴随着许多不期而遇的动态生成。教学中大量的课堂问题的确可能都是课前备课中老师精心预设好的，这样的预设问题具有比较强的针对性，对教学也起到了积极的作用，所以课前预设问题是课堂教学中所不可或缺的。但课堂教学过程中必然也会随时生成一些新的有价值的问题，这就是所谓的课堂动态生成。这种动态生成的问题有的来自教师，也有的来自学生。事实上，课堂上教师以及学生的思维如果真正得以启动并有效地实现了互动，那么不仅教师会出现许多问题灵感，而且一些思维能力相对较强的学生也会提出一些有思考性的有价值的问题。新课程教学特别强调的是学生自己发现并提出问题，并且通过师生互动尤其是生生互动解决问题。课堂上既要有课前精心预设好的问题，更要有来自教师尤其是来自学生自己的现场生成的教学问题，不然整个课堂教学流程就会缺乏鲜活度与灵动感，会显得有些僵死不堪。在一次全国优课比赛中，某老师在执教《价格变动的影响》一课时，有一位学生在如何推销剩余商品时表达了这样的做法：先故意抬高价格，再采用打折促销的办法把商品卖出去。该教师未能敏锐地捕捉其中动态生成的问题，没有抓住现场生成的对学生开展诚信教育的大好契机，却只是点评了该学生对市场的了解比较深刻，这样的点评究竟是赞扬还是批评，大家都不得而知。听课老师当即都纷纷感到很是失望，有的甚至在课后还对此嘘叹议论不已。尽管该堂课整体上堪称精彩，但这样一个本该出现灵动生成的环节未能呈现出应有的亮点，也使得该堂课不得不留有了本不该有的遗憾。

综上所述，深度而高效的课堂教学是我们每位教师的价值追求和行为取向，而学生课堂思维的质量水平在很大程度上制约着课堂教学深度和高效的实际程度。我们在课堂教学中必须尽可能延长与扩展学生课堂思维的时间与空间，拓宽与挖掘学生课堂上思维的广度与深度，注重学生思维的开放多维与课堂动态生成性思维成果，以提升学生的课堂思维品质，唯其如此，才能使课堂教学真正从浅层走向深度，才能使课堂教学效度得到较大幅度、更大面积的提升。

（作者单位：南通大学附属中学。本文以《学生思维：课堂教学优劣的重要标杆》为题发表于《思想政治课研究》2012年第3期）

从作业开始改进教学

——从《文化生活》的假期作业说起

◇ 张 帅

作业是教学不可或缺的环节，精心设计和实施作业无疑对改进教学有着重要意义。但在日常教学中，很多教师由于各种原因，并未对作业环节给予足够重视。因此，有必要探索作业的优化方式，发现作业对于教学改进的价值。

对此，笔者做了一些尝试：在进入《文化生活》教学前的寒假，面向全体高二学生，布置了一份假期作业——

某校计划在春季学期开展"我来带你游北京"活动，请你与同学组成小组，共同设计一条游览线路。选择适当景点，实地考察，收集素材，并制作展板，说明线路特色及文化价值。

线路主题自拟，应注意特色鲜明，可以突出班级特色、小组特色。例如科技之旅、文学艺术之旅、"北京的桥"、冬奥北京、"三山五园""民族复兴""胡同一日游""行走中轴线"、欣赏古建筑……

为引导学生更有效地完成作业，还要求在上交展板的同时，说明组内成员分工，并结合此次经历谈一谈收获。

这份假期作业的设计意图，大致包括了如下方面：

知识方面，引导学生能够结合自身选择的线路和景点，对《文化生活》中的相关知识进行自主学习。

能力方面，引导学生在实地考察、收集素材、查阅资料、制作展板的过程中，提升获取和整理信息的能力、发现和分析问题的能力、组织和团队协作的能力。

情感态度价值观方面，引导学生在设计线路的过程中增强理论联系实际的意识，增强对自己生活的城市的热爱。

学生完成的情况如何呢？

从上交作业的情况来看，绝大多数小组都认真完成了实地考察、查阅资料等环节，有学生写道：

这次实践作业我们组的课题是围绕北京的学府展开的，我与同组的组员结伴而行，漫步在北大、清华等知名学府的校园中，一个人拿着相机，一个人做着记录，与身旁的旅游团目的不同，不是走马观花，而是体会校园中的学识氛围和文化精神。（刘玥含）

通过这样的作业，学生真切地感受到了身边的文化，教材中的术语不再是冰冷的，而是真实的，有生命的：

穿过有着婉容故居、冯国璋故居等文化足迹的帽儿胡同那被树荫庇护的窄巷，便来到了著名的南锣鼓巷。昔日的南锣，是人们口中串联起八条胡同的"蜈蚣街"；而现在，它已成为老北京诸多胡同中将传统与现代商业文化完美结合的代名词。沿人流如织的南锣鼓巷向南不远，便来到了雨儿胡同的东口：斑驳的木门后、砖墙上的石雕间，藏着千百年来老北京人的悲欢离合。（冉天枢）

这样获得知识，一定比单纯从教材中获得更有效、更深刻。学生的收获不仅在知识、能力上，还体现在情感态度价值观上：

这份作业不拘泥于书本和题海之间，而是让我们真正地走出去，走进生活中，去看看我们身边一直存在却不为我们所注意的文化，不仅有助于我们缓解学习压力，更有利于我们发现文化，理解文化，从而去弘扬中华传统文化，成为中华五千年文化的合格继承者。（崔楷悦）

生于长于北京城 17 载，我却从未真正了解过这个城市，每日触目只是四周林立的高楼大厦，日子久了，我开始觉得北京城就是这样的，就应该是这样的……而这次活动给了我这样的机会，让我去探究北京城的历史演变，和它背后无比深厚的文化底蕴。我在眼前的盛景中惊叹，原来自己这样幸运，有这样一个值得骄傲的家乡。（牛宇彤）

甚至有学生说，自己"在作业中爱上了北京"。

在设计和实施这份作业的过程中，笔者也产生了一些思考。

其一，应当用现实生活激活学生的思维

实践是认识的目的。引导学生关注生活是政治学科教学的应有之义。针对生活中的问题，引导学生将理论逻辑与生活逻辑结合起来，架起理论世界与生活世界之间的桥梁，运用经济、政治、文化、哲学各领域知识分析、解决实际问题，这种理论联系实际的能力，无疑是政治学科最核心的能力。

在日常教学中，之所以很多例子让学生感觉兴趣索然，原因之一就在于这些例子从来不曾进入他的生活，与他毫无关系。要解决这一问题，应当让学生利用课外以及假期的时间，走进生活，感受历史，从而脱离书本的局限，从活生生的实践中发现教材知识的呈现。并且不仅要关注国家政策、社会热点这样的大背景，也要关注在大背景之下我们每个人的生活，关注我们生活的城市。通过身边事，感受大背景，从而加深对生活的体验和理解。从形式来看，不仅可以实地考察，还可以采取查阅资料、社会调查、合作探究等形式。这不仅是学生收集素材的过程，更是自主学习的过程。

此外，在实地走访中，很多学生都发现并思考了诸如古建筑的保护与利用等社会问题。在后续的课堂教学中，教师可以引导学生运用所学知识从不同侧面和角度对问题进行分析，表达自己对社会问题的看法、对生活现象的分析和对时代发展的感悟。在理论与生活的互动中，学生的实践能力、分析能力、迁移能力、探究能力都会得到提升。同时，这会激发学生的社会责任感和使命感，有助于实现教学三维目标的和谐统一。

因此，我们应当处理好课内与课外的关系，将课堂延伸到课外。事实证明，精心设计和实施的实践活动能够有效提升教学的效果。

其二，学科教学应着眼于学生成长

高中三年只是人生中短暂的一段，但又是极其重要的一段——学生自身的思想观念逐步形成甚至定型。引导学生形成正确的思想观念，政治学科责无旁贷。教学设计和实施都应切实着眼于学生的成长，不仅关注知识，还要关注能力，更要关注学生的思想观念。

以这份假期作业为例，笔者并没有给出过多的限定条件，而是赋予学生自主选择的权利，预留了学生施展才华、展示个性的空间。从上交的作业来看，展板的主题丰富多彩，除要求中列举的之外，还有"新文化运动""公交线路之旅""寺庙建筑""高等学府""老北京传统小吃"等诸多主题。

同时，笔者希望引导学生自主学习文化继承、文化创新等学科知识，更希望他们能够形成理论联系实际的意识和能力，能够增强对北京这座城市的热爱。因为经年累月之后，知识会被他们逐渐忘却，但能力与观念却会伴随他们一生。

有位从外地转学而来的学生写下了这样的感受：

这次借着政治作业的契机，到北京核心区长安街附近做了游客。而这次在漫步胡同、前门时，我找到了作为北京人的身份认同。正应验一篇 TED 演讲中所述，一个人对于一个地方的归属感不取决于他的家庭是否与其有渊源或他居住在那里，而来源于他和那个地方所产生的关系，而这样的关系由经历构筑，无论是和当地人的交往，自己的生活体验，抑或对当地社会文化的喜爱。是亲身体验孕育了感情，是感情在瞬间接通了我与这座古老皇城的血脉。

……

辗转胡同，前门，东交民巷，触摸着北京城的文化内核。真正成为属于一座城市的人，就要亲自去体验，去经历，去与这座城的独有文化所在相连接并产生感情，去触摸这座城的灵魂。这便是我开始对"北京人"这个称号有认同感的原因罢。（卢丹柠）

这样一份作业让刚刚来到北京的学生开始认同自己"北京人"的身份。通过其他恰当的形式，也可以使学生形成对我国社会主义道路、理论体系和制度的政治认同。这样的教学活动可以更好地服务于学生成长，培养核心素养，远比教会学生几个知识点要有意义得多，也重要得多。

其三，教学的转变需要教师的转变

首先是观念的转变。我们应当站在促进学生全面成长，培养核心素养的高度，重新审视和改进自己的教学活动，改变只重视书本知识的错误观念。同时应当敢于放手让学生在生活实践中通过视觉、听觉、触觉全方位真切地学习，改变旧的平面的教学方式，建立新的立体的教学方式。

其次是角色的转变。促进学生的全面成长，将课堂延伸到课外，教师要由书本知识的讲授者转变为教学活动的设计者和组织者。在以往的教学中，教师考虑的是如何把教材内容清楚、准确地教给学生；而现在首先要考虑的是如何设计教学活动，使学生能够顺利地展开自主学习，并且在设计好方案之后，放手让学生去施展。这就要求教师把自己放在学生的位置上，以学生的角度思考：什么样的话题是他们感兴趣的？什么样的难度和深度是他们可以驾驭的？教师要拿方案、出点子。在探究、交流的过程中，发现是否仍有学生无法解决的问题，或是他们理解错误的地方？这时就需要教师点拨、质疑。

想要让实践活动不流于形式，需要教师在活动前收集资料、进行研究、认真设计，在活动中指导学生分组活动、答疑解惑，在活动后指导学生进行后续跟踪研究。教师的舞台比以往更大，作用比以往更强了。

促进学生全面成长，对教师和教学提出了更高的要求，需要我们不断反思和改进，这种改进应当从精心设计和实施一次作业、一次活动开始。

（作者单位：中国人民大学附属中学。本文发表于《思想政治课教学》2016 年第 7 期）

立足乡土实践活动　提升学生核心素养

◇ 骆殿兵

当下，"全面深化课程改革，落实立德树人根本任务"已成为人们的共识。教育不仅仅要关注书本和过去，更要着眼当下与未来，重视学生精神世界的建构。《义务教育思想品德课程标准（2011 版）》指出："情感体验和道德实践是最重要的道德学习方式，教师要引导和帮助学生通过亲身经历与感悟，在获得情感体验的同时，深化思想认识。"为此，我们把目光投射于本土丰富的地域文化，开发和利用鲜活的乡土课程资源，以丰富多彩的实践活动，引导学生经历和感悟，促进学生的成长与发展。

一、设计探究活动：培育"看得见"的"家国情怀"

教育的目的是立德树人，社会主义核心价值观要求培养青少年天下兴亡、我有责任的家国情怀，做有自信、懂自尊、能自强的中国人，引导学生仁爱共济、立己达人，负责任、讲文明、有爱心。基于此，思想品德课的教学要以培养学生敢于担当的家国情怀为重要目标，不断提升学生思想道德境界，为学生成长树立应有的责任境界和人生高度，在人生成长关键处指引学生，于知行合一中凝聚责任共识，激荡责任勇气。

例如，某教师在教学苏人版九年级全册第 7 课第三框"学会行使监督权"一课时，事先组织学生开展了一次实践探究活动。

在该县工业园区内有几家农药厂，经常利用阴雨天气偷偷地排放废气、废水，有时学生坐在教室里上课也会闻到刺鼻的气味。在教师、家长的指导帮助下，九年级某班学生怀着对居住环境的深深忧虑，分成小组利用双休日的时间，走出校门，深入企业做了细致的调查研究，获得如下信息：这些企业进行废气、废水处理的技术比较落后，经费投入不够……而且相关部门的检查人员来了，企业就立刻停止排放，检查人员一走，则是一切照旧。

　　课堂上，该教师根据学生的实践探究，提出如下问题：（1）我们可以对哪些部门提出哪些合理化建议？（2）可以通过什么途径向相关部门提交该建议书？（3）参加这一社会实践活动对我们的成长有哪些启迪？

　　"纸上得来终觉浅，绝知此事要躬行。"中学生行使监督权，重在公民意识觉悟基础上的自觉践行，做到知行合一。从这个角度来说，该教师能够引导学生注重与社会实践的联系，既读"圣贤书"，更闻窗外事，体现了思想品德课程的实践情怀。通过这样探究活动的开展，教师引导和帮助学生获得情感体验，深化对家乡和社会的责任担当，进一步激发了学生内心的善与实践的行，从而推动学生进行正确的价值判断和行动选择，提升了思想品德教学的境界深度和德育功效，践行了思想品德课程"帮助学生过积极健康的生活，做负责任的公民"的核心理念。整个探究过程中，学生不仅熟练掌握了行使监督权的相关知识，更重要的是，学生能积极去寻找解决问题的办法，殷殷的"家国情怀"充溢其中。

二、引发认知冲突：培育"说得清"的"科学精神"

　　《义务教育思想品德课程标准（2011版）》在"教学建议"部分强调，思想品德课教学的组织与实施应强调与生活实际的联系，善于开发和利用学生已有的生活经验，选取学生所关注的话题组织教学。在课堂教学过程中，我们可以尝试选取真实的社会热点事件和焦点人物、自身的生活经历等，将鲜活的生活事件、生活情景、生活现象、生活经历植入课堂，巧妙制造认知冲突，让学生结合生活，在冲突中质疑争辩，激发兴趣，进而生发感悟，培养能力，提升情感。

　　例如，某教师在复习苏人版九年级全册第1课"成长在社会"时，引入了本地一则备受关注热议的新闻：该校七年级高同学途经县城北京路与总渠路立交大桥下的坡道时，看到便道上头朝下躺着一位满头白发的老人，老人的左胳膊不住地朝外渗着血。高同学立即上前将其扶起并护送回家。这本是一次普通的善举，却没想到事件一度陷入"罗生门"——摔倒老人称是高同学导致其摔倒受伤的，要求其担责并赔偿。倍感委屈的高同学最终在家人的帮助下向公安部门报了警。经过近半个月的调查后警方确认，老人系自行摔倒，高同学并未与其碰撞。最终，受助老人承认自己一时糊涂，并登门致歉。老人摔倒，扶不扶？这本应是一个极简单的道德问题，却在短时间内引发舆论的强烈回响，主要形成了两种观念——有人认为"不能扶，伤不起"；也有人认为"还是要扶，自己家里也有老人"。在此基础上教师提出问题，你支持上述哪一个观点呢？请说说你的理由。选择"不能扶，伤不起"观点的学生列出的理由有：从个人成长的角度看，受教育者最主要、最基本的义务，是完成规定的学习任务；从个人与他人的关系看，初中生身心发育尚未成熟，容易受到伤害，不多管闲事，在一定程度上体现了未成年人的自我保护意识；从国家与个人社会的关系看，政府有关部门要体现在社会公益方面的担当，引领道德风尚，增进人与人之间的信任与友善。选择"还是要扶，自己家里也有老人"观点的学生列出的理由：从个人成长的角度看，乐于助人是中华民族的传统美德，我们中学生应该在学习和生活中学会帮助别人、关心他人；从个人与他人的关系看，中学生勇扶跌倒老人，有利于唤醒更多人的道德良知，构建和谐社会；从个人与国家社会的关系看，中学生应自觉亲近社会，服务社会，共同为建设团结互助、平等友爱、共同前进的美好社会贡献力量。

俗话说："话不说不知，理不辩不明。"课堂上，教师从学生的实际生活出发，创设辩论情境，引发思维碰撞，激发智慧，加深学生对所学知识的理解和体验，培养学生的道德判断能力，让他们在错综复杂的社会生活面前做出正确的判断与选择。这样学习就真正成为学生提高自我认识、主动发展的过程。

三、举办模拟法庭：培育"记得住"的"法治意识"

法治意识，是学生人文素养的重要基础和集中体现，它要求思维主体崇尚法治、知晓法律、尊重法律，自觉将法律付诸实践，善于运用法律解决问题，成为社会主义法治社会建设的参与者、遵守者和捍卫者。通过开展模拟法庭活动，开拓学生交流、学习的平台，实现学生、家长和教师的互动，广泛传播预防及应对青少年违法的信息，做到及时预防、及时应对、及时处理。让学生在实践活动中感受法律的尊严，生成学法、守法、护法的正能量。与学生共同经历的实践活动，真正让我们体验到如何将知识内化为见识，让感悟转变为思想，为人生成长插上正能量的翅膀。

例如，某教师在教学苏人版七年级下册"筑起'防火墙'"一课时，为进一步提高学生懂法、守法意识，提升《未成年人保护法》在校园的实施力度，增强法治教育的吸引力和感染力，联合所在地区人民法院开展了一场别开生面的"未成年人犯罪审判模拟法庭"活动。法院法官、学校领导、全体初一学生和部分学生家长全程观摩了这次活动。

故事取材于该县发生的真实案例：两名在校初中生因在食堂打饭插队问题大打出手，其中一名学生更是纠约同学及校外无业人员对他人实施报复，导致同学严重受伤，最终该学生因触犯法律成为阶下囚。在模拟庭审过程中，"审判长"有条不紊、镇定自若地主持庭审，"控辩双方"举证、质证、激烈辩论，"被告人"幡然悔悟……

学生一个个正襟危坐，表情严肃。经过半个多小时的法庭调查、法庭辩论、被告人陈述等环节，法庭最终宣判审理结果。整个庭审程序环环相扣，严格规范，庭审现场秩序井然。此次活动开展得十分精彩，从学生的发言中可以看出，他们事前准备充分，参与度高。为了这次活动，学生在教师的带领下，利用课余时间到图书馆查阅了《宪法》《义务教育法》《未成年人保护法》《治安管理处罚法》《民法通则》以及《刑法》等相关法律知识，能从该案的一个个行为去分析、讨论，去研究行为背后的法律和责任，能从未成年心理、教育程度、法律约束等多角度去评价该事件。通过此次活动，学生知道了自己应该享有的权利和应履行的义务，明确了出现问题该如何正确处理，更加深刻地认识到用暴力不仅不能解决问题，反而会伤害自己和他人。

实践活动，是课内议题活动的延伸、拓展和深化，其实质是促进学生学习方式的转变，即引导学生开展学科内的探究性学习。通过模拟法庭活动，学生所学到的不仅是法律知识，还感受到了法律的权威和保障每个人权益的重要性，从而在每个人心中刻上了一个个遵纪守法的感叹号。事后，大家也纷纷表示，在今后的个人成长历程中，愿意与法治站在一起，学法、用法、守法，为创建文明、平安、和谐社会做出自己应有的贡献。

四、开展社会调查：培育"用得上"的"公共参与"

实践之于人的品德发展，恰如知识之于人的智慧生成。思想品德课教学中开展社会调查活动，能够让学生在一定程度上接触社会，增加感性认识，加深对课堂所学理论知识的理解和掌握，从而真正明白"知识源于生活，知识用于生活"的道理。同时，在开展社会调查的过程中，既潜移默化地增强了学生观察问题、分析问题、解决问题的能力，也很好地培育了"公共参与"的素养。

例如，某教师在教学完苏人版八年级下册"保护我们共同的家园"一课后，适逢所在县正在深入开展"四城同创"（国家生态县、国家卫生城市、省级文明城市、省级园林城市）活动，于是，该教师结合这一地方资源，对本课做了拓展和延伸，组织指导学生开展了"关于居民生活垃圾分类处理现状"的社会调查活动。（以下是学生整理的活动步骤。）

步骤一：展开调查、收集资料。

活动1：走上街道、走进社区。课题确定后，全班分成10个小组到达事先确定的地点开始行动。

活动2：走访专家、走进相关部门。小组一：采访环保局领导，了解相关法规政策，收集分类资料。小组二：采访环卫处领导，了解目前垃圾处理现状及设施等。小组三：采访街道办事处相关领导，了解地方相关法规政策、已采取的措施，以及近期规划等。

活动3：深入学校问卷调查。调查在本校及实验小学进行，共发出问卷100份，回收93份。问卷内容及统计情况。（略）

步骤二：分别整理，形成报告。人员分工及研究报告。（略）

步骤三：制作展板，召开听证会。（略）

步骤四：总结反思。（略）

这样的社会调查活动，学生的参与热情相当高。他们走进社会大课堂，走向生活大舞台，用自己的眼睛去观察，用自己的头脑去思考，用自己的双手去触摸，用自己的双脚去丈量，他们在全员、全程、全面的参与体验中真正还原了自我，得以在广阔的时空中施展才能，演绎精彩。在活动开展的过程中，学生从已有生活经验出发，以社会人的眼光观察身边与社区存在的问题，通过集体讨论、问卷调查、实地走访、电话采访等活动，对垃圾分类处理问题提出了很好的建议，最后还制作了展板，接受了听证，体现了良好的"公共参与"的素养。整个过程，学生学会了协商、服从，并且敢于表达、质疑，积极呼吁，亲身实践，有始有终，他们俨然就是行走在大街小巷的环保使者，这些对于他们无疑都是收获、都是成长。

（作者单位：江苏省淮安市洪泽实验中学。本文发表于《江苏教育》（中学版）2016年第12期）

用好案例资源　激发课堂活力

◇ 周作茂

在思想政治课教学中，很多老师采用案例教学法追求课堂的生动高效。一般都是在精心选择案例，设置有效情境，组织学生思考探究中，在师生互动、生生互动的交流合作中，展现课堂之魅力，收获课堂之精彩。下面就案例资源的选择、设问和运用，结合部分课例，谈些个人的体会和看法。

一、把握"四性"，甄选案例，引来课堂"活水"

心理学家皮亚杰认为："所有智力方面的工作都依赖于兴趣，学习的最好刺激乃是对所学材料的兴趣。"而案例往往是引起学生兴趣，进行课堂设计的重要载体之一。精当的案例能够引起学生的情感体验，激发学生的探究兴趣，激活学生的主动思维，锻炼和提高学生提出问题、分析问题和解决问题的能力，是激发课堂生命活力的一股源头活水。

1.把握典型性，让教学案例简约精练。案例的价值在于其典型性。典型的案例往往具有一定的代表性和普适性，具有举一反三、触类旁通的作用，并且典型的案例一般涉及的关系比较全面，有助于多角度打开学生思维，多方面理解、感悟和验证所学知识。例如，一位老师在"世界是普遍联系的"教学中，选用南美红火蚁侵入我国的案例，辅之以多项调查研究的成果，以小见大，纵横延伸，层层剖析，非常简约而凝练地讲解了联系的普遍性、客观性、多样性。这一案例的前因后果，可以鲜活地体现"普遍联系"的哲学知识，具有鲜明的典型性，看似远离学生生活，实际又容易联系学生日常生活，粗看出乎意料，细思却在意料之中，有效调动了学生的思考兴趣。但是，我们也发现，有些执教者的课堂所选案例缺乏典型性，不能准确体现教学内容，不能聚焦学生思维，学生的思路容易跑偏，课堂显得散而乱，当然也就无法取得理想的教学效果。

2.符合科学性，让教学案例精准贴切。案例的生命在于其科学性。科学性是案例选择的基本原则，选用无懈可击、准确无误的案例，不仅能够让学生印象深刻，还能帮助学生潜移默化地领悟、联想、迁移所学知识，事半而功倍。倘若违背了科学性原则，案例不但没有使用、分析的必要，也无法令人信服地传递理论知识。例如，一名教师在执教"企业的经营"时，选取吉利公司的案例，"一例多境"贯穿课堂始终，通过介绍公司的"前世今生""成功秘诀""跨国婚姻"等内容，十分自然确切地将本节课所有知识点串在一起，线索清晰，层层推进，步步为营，有效完成了教学任务。但有一节展示课上，一位老师用"小米"和"小米手机"为案例说明价格变动对"生活必需品"和"高档耐用品"的不同影响，表面上看一语双关，独具匠心，然而"小米手机"属于"高档耐用品"吗？同一节课中，她还用4G和Wi-Fi作为互相替代的商品，果真是这样吗？还有一位老师用"新能源汽车"和"燃油汽车"为案例说明"新事物"和"旧事物"的关系，可"燃油汽车"就是旧事物吗？把不同类型的汽车划分为新、旧事物合适吗？一件物品不是新事物就是旧事物吗？以上这些案例是不是需要在科学性上作进一步推敲呢？

3. 彰显时代性，让教学案例新颖出彩。案例的鲜活在于其时代性。案例选择要坚持与时俱进，关注现实、关注社会、关注时事，做到时效与鲜活。新鲜别致的案例，让人耳目一新，引人入胜，扣人心弦，有效吸引学生的注意，调动学生的兴趣，发展学生的思维。反之，一味使用那些明显陈旧的老案例，远离学生当下的鲜活的生活场景，就会使学生情绪低落，甚至在课堂上无精打采、昏昏欲睡，自然就会丧失课堂应有的教育功能。一位老师在"用对立统一的观点看问题"一课中选择了2015年秋天发生在青岛的"天价虾"事件，激发了学生的好奇心和求知欲，课堂气氛随之活跃起来；一名老师以时下流行的"抢红包"为案例，探究"正确对待金钱"的问题，令学生兴致盎然；有的老师在执教"国际关系的决定性因素：国家利益"时，以习近平访美为案例，让学生说一说中国梦、美国梦，中美如何携手共筑世界梦？体现了鲜明的时代特征；有的老师执教"市场配置资源"，以学生熟悉的网购和即将到来的"双11现象"为案例，点燃了学生的探究热情，学生有话可说，在交流讨论和思维碰撞中落实了教学目标。

4. 突出生活性，让教学案例亲切具体。案例的根基在于其生活性。知识来源于实践，服务于生活，与现实社会息息相关。生活的内涵有多丰富，课堂的外延就有多广阔。生活中有着取之不尽、用之不竭的案例资源。陶行知说得好："给生活以教育，用生活来教育，为生活向前向上的需要而教育。"一名教师在指教"博大精深的中华文化"一课时，把"孔明锁"搬进了教室，让学生亲自把玩孔明锁，了解榫卯结构，理解中国古代的科学技术；用家乡美食和旅游地美食做案例，让学生领会"一方水土，一方文化"；用舞蹈为纽带，和学生一起"起舞辨民族"。学生在亲身体验中感受博大精深的中华文化，浓浓的课堂"生活味"，收获了良好教学效果。一名老师在"消费及其类型"一课中，以一个"上门女婿"的苦乐人生为案例，设计了"愁、乐、烦、盼"四个环节，在解决平日生活的常见问题中，轻松自如地完成了教学目标。一名教师在执教"世界是普遍联系的"一课时，就地选例，以关乎市民生活的地铁线路的多种设计方案为案例，让学生合作探究中进行选择，并说出理由和启示，这种具有生活味的案例，都是非常接地气的。

二、关注"五度"，追问案例，顺畅课堂"流程"

教育家布鲁纳认为："学习者在一定的问题情境中，经历对学习材料的亲身体验和发展过程，才是学习者最有价值的东西。"选好了教学案例不是最终目的，还需要在分析、提炼案例的基础上进行追问，设计有价值的真问题去打通学生思维障碍，变案例资源为教育资源，引领学生生命成长，让课堂教学目标顺利达成。

1. 设置问题"梯度"，层层深入，形成问题探究链。问题设计由浅入深、由易到难，循序渐进地追问案例，引导学生深入思考，符合学生的认知规律，有利于逐级理清学生思路，渐进展开教学内容。例如，前面提到的"世界是普遍联系的"一课，针对入侵我国的南美红火蚁，从"是什么？怎么样？为什么？如何做"等层面设计了有"梯度"的问题："红火蚁的入侵会对哪些方面带来哪些影响？""小小的红火蚁会通过哪些环节威胁到国家的安全？""红火蚁是如何入侵到其他国家或地区并传播开来的？""为什么我国没能控制住红火蚁的入侵和传播？""你认为应该采取哪些措施来防止或减少红火蚁的入侵和扩散？"这些围绕一条主线的一连串发问，很有层次性、启发性和针对性，能够引领学生主动积极地思考，层层深入地把握知识，从而有效突破教学重点与难点。

2. 拓展问题"广度"，延伸思考，注重思维全面性。案例资源是客观的，往往也是立体多元的，可以从多个方面进行设问和思考。培养学生思维的全面性是帮助学生形成良好的思维品质的一个重要维度，也是对学生终身受益的事情。"世界是普遍联系的"一课设计的问题，同样可以体现这一点。对于红火蚁入侵的影响，不仅要考虑会影响到哪些方面（食物链、生态系统、日常生活、国家安全等），还要思考会用哪些方式产生影响、会有哪些方式入侵和传播，进而思考没能有效控制入侵和传播的原因，寻找防止或减少威胁的措施。再如，一位老师针对"网购中的假货"这一案例，引导学生探究如何合力赶走网购假货？并提示学生从国家、网络平台、商家（掌柜）、网民等不同角度思考应对措施，拓宽了学生的思维空间，有助于学生全面分析问题、解决问题。

3. 挖掘问题"深度"，辩证思考，提升思维深刻性。透过复杂的现象抓住问题的本质，正确揭示知识之间的内在联系，辩证地、批判性认识事物，找到解决问题的多种途径等，是思维深刻性的要求。高中学生已经具备了较强的抽象思维、逻辑思维的能力，挖掘案例资源，搭建深入思考的舞台，可以发挥学生潜能，绽放思维光彩。一位老师在"走中国特色社会主义政治发展道路"一课中，以中国近代发展历程为例，让学生明确了"人民民主"的巨大伟力，接着出示"苏格拉底之死"的案例，启发学生并不是任何领域任何方面任何时候都能用民主的方式解决问题，从而加深了学生对民主的理解，也自然而然地引出了依法治国的问题；一名老师在执教"综合探究：正确对待金钱"时，让学生为抚养75个弃婴的妈妈摆脱困境出谋划策，学生从家庭亲情、政府责任、社会捐赠等多个维度，想出了多种解决办法，并渗透着较强的互联网思维和意识，非常理性也非常深刻。

4. 注重问题"效度"，提纲挈领，有效解决问题。问题的有效性是问题设计过程中的基本要求，指向明确、聚焦核心重点、凸显本质内容的有价值的有效之问，就像是投入湖水中的一块石头，能让湖水荡漾，让学生的思维活跃。如果仅仅提问学生"是不是""好不好""对不对""行不行"之类的假问题，是毫无"效度"可言的。例如，前面所述"公司的经营"一课，以吉利公司的发展历程作为案例，让学生思考其不同阶段分别属于哪种企业组织形式？进而比较最后采取的两种组织形式的异同是什么？以吉利公司成功的秘诀为案例，让学生思考是哪些理念和做法帮助企业发展壮大的？这些都是精巧而有效的好问题，通过这些问题串起了教材的主干知识，行云流水、不着痕迹地突破了教材的重点难点。一名教师在"博大精深的中华文化"的课堂上，设计了小组合作探究题——如何理解汉语拼音对内是钥匙，对外是桥梁？有效指向和解决了中华文化求同存异和兼收并蓄的包容性问题。

5. 追求问题"新度"，鼓励创新，放飞学生思维。张扬学生个性，鼓励学生创新，提倡学生创造，是课堂教学的重要使命，也是培养学生核心素养的题中应有之义。注重问题的探究性、开放性、发散性，能够让学生畅所欲言，有话敢说，解放学生的大脑，可以触碰学生的心灵，点燃创新的火花。针对"百万家产因为抚养75

个弃婴的妈妈最后家产散尽"的案例，提出"她的做法你是否赞成？谈谈自己的观点"，并请同学们为这位妈妈写一段募捐词；针对青岛"天价虾"事件，提出"一只虾是否能毁掉一座城"；针对网购买到假货的经历，提问"你会如何处理？并亮出自己的诚信宣言"。因为这些问题的开放性和激励性，学生可以畅所欲言，各执己见，让思想的火花不断闪现，创新的智慧不断流淌，课堂的精彩得到延续。

三、围绕"六生"，运用案例，润泽课堂"生命"

精选案例资源，追问案例资源，追求理论逻辑与生活逻辑的有机统一，是创造性解读教材、使用教材的有效形式。因此在案例运用、情境设置、问题设计上，要注意围绕"六生"，打造富有生气、充满生机的课堂，润泽课堂教学的生命活力。

1. 要以"生本"为引领。课堂的主人是学生，案例选择与应用要为学生服务，以促进学生发展为本，因此要千方百计了解学情，准确把握学生需求，设身处地为学生着想，要为学生好学而不是为教师好教来筛选案例、设置情境。一位老师在"政府的职能：管理与服务"一课的教学中，始终站在学生的角度，考虑学生的感受，以"小何说事儿"为线索，说"印象政府"，谈"感知政府"，话"体验政府"，让学生真切体会政府的工作与老百姓的生活息息相关。只有贯彻"以人为本"的思想，立足学生实际，充分考虑学生对教学案例的熟悉、接纳程度，以满足学生需要为尺度进行有效取舍，合理运用，才符合课程教学的生本理念。

2. 要以"生活"为依托。我们常说，"小课堂，大社会"。课堂教学中要立足于学生现实的生活经验，着眼于学生的发展需求，把理论观点的阐述寓于社会生活的主题之中，构建学科知识与生活现象、理论逻辑与生活逻辑的有机结合、有机统一。在丰富多彩的生活海洋中，一定存在着身边的现实问题与课本知识相连接，存在着学生的生活经验与其最近发展区相衔接，练就一双慧眼，选取精当而典型的生活案例，找准教材与生活的契合点，是教师不变的追求。一名教师在"征税与纳税"一课时，以"小林一家中妈妈的纠结；小林的考验；爸爸的主意"三个情境的设置，通过现实生活中可以触碰的场景，拉近了教材与学生的距离，将抽象的理论生活化，有效帮助了学生，提升了学生。

3. 要以"生动"为要求。让学生动起来，各种感官用起来，功能发挥出来，眼看、耳听、嘴说、手写、脑想，才能让课堂活起来，效果好起来。学生不动，死气沉沉，再好的设计也会流于形式，徒劳无功。比如，一名老师执教"面对经济全球化"一课，在"利弊口号达人秀"环节，要求学生4人1组用彩笔和白纸设计支持或反对经济全球化的口号或 LOGO，设计完成后，还要将口号或 LOGO 贴在黑板上，同时派出各组"观点达人"解读口号或 LOGO，并说明支持或反对的理由，同学们的多种感官被充分调动起来，课堂也是互动而灵动的。为了让学生动起来，教师也要动起来，要采取生动灵活的方式呈现案例，创设情境，设计问题。多媒体课件、实物演示、音乐渲染、舞蹈体验、表演再现、微信二维码扫描、拍照上传微博等丰富多样极具动感的形式，以及声音、色彩、画面等变换使用，活跃课堂气氛，激发学生思考。

4. **要以"生成"为过程。**叶澜教授指出："课堂教学是一个动态生成的过程，再好的预设，也无法预知课堂教学中的全部细节。"一堂课是预设和生成的统一体。没有预设，课前不去精心备教材备学生，备教法备学法，备案例备问题，就是对学生不负责任，对教育工作不负责任。但是严格依据预设行走，按部就班，不敢越雷池一步，稍有变化就把学生强行拉回到预设的轨道，也是违背教育规律的。教育资源内涵丰富，问题答案可以多姿多彩，学生的认识不可能整齐划一、千篇一律，课堂上"意外"生成资源是再正常不过的事情了，而对随时生成的问题如何处理，考量着教师的学识水平、课堂掌控能力、教学应变艺术、教学理念和素养以及教育智慧。如果对课堂生成资源熟视无睹或者处理失当，就会错失课堂的生机与活力、亮点和精彩。

5. **要以"生态"为保障。**这里的生态，主要是指包括教师、学生和环境在内的三个要素之间相互影响，相互促进，共同构成一种和谐平等的关系，其核心是师生关系。人大附中翟小宁校长说："好的教育，就是好的师生关系。"正所谓亲其师才能信其道。董晨老师认为："被老师们称道的一些好课，最令人称道的其实是他们共生共长的师生关系，无论是思维上的还是情感上的，师生都是'在场'的，因而才有交流、沟通、碰撞、互动，因而学生的认识才有了宽度、深度、高度、远度。"具有了包容而民主的师生关系，和谐而良好的课堂生态，才能让案例资源发挥应有功能，让教育内容进入学生的脑，指导学生的行，有助于学生的健康成长，彰显教育的价值和意义。通过恰当方式有效拉近师生距离，师生之间情感相融，心理相通，就会创设一种良好的课堂生态，为课堂教学实效保驾护航。

6. **要以"生命关怀"为目标。**教育就是一种生命关怀，教育的根本任务是立德树人，绝不仅仅是塞知识、育高分。朱永新说："每一个生命都是奇迹般的存在。生命因独特而弥足珍贵，因自主而积极发展，因超越而幸福完整。"心中有人，眼中有生，尊重每一个学生，善待每一个学生，为学生的个性成长和发展进步提供优质课堂，开展教育服务，是教师工作的出发点和归宿。课堂上，老师认真倾听每一名同学的发言，精心组织小组讨论并弯腰询问讨论进展，对学生的奇思妙想点赞鼓掌，对学生的疑问点拨指导，更有那读懂学生的会心一笑，赞赏学生的亲切抚肩，引领学生的忠告建议，才能显示出教师对学生的关心爱护。教育无小事，把关怀生命作为课堂的终极目标，培养集自然生命之长、社会生命之宽、精神生命之高的立体的人，我们的确任重而道远。

　　教无止境，学无止境。在打造优质课堂，培养学生核心素养的探索中，我们需要不断反思，不断实践，不断提升，永远行走在呵护学生生命成长的教育之路上。

（作者单位：山东省沂源县第二中学。本文写作于 2015 年）

用情感引领教学　用生成激发学习

◇ 陈　曲

在"立德树人"思想的引领下，伴随着新一轮课程改革的浓浓春意，在高中政治教学中落实"核心素养"进入我的视野。关注学生的核心素养就是关注"教育要培养什么样的人"这一根本的教育问题。学生发展核心素养体系的研究必须以人的全面发展为出发点，符合学生身心发展与教育教学活动实践等方面的客观规律。高中教师专业素养具体表现有很多方面，在教学中一个典型的表现就是基于学生，以现实教学为依据，运用即兴导入。

首先，培育政治学科核心素养——让学生终生收益。

2016年9—12月，我有幸参加北师大与房山"促进学生政治学科核心素养和关键能力发展"项目组，在活动中，我以研究性教学模式为统领，设计研究课《用发展的观点看问题》。在教学环节上重在落实"研究"，通过研究性学习等方式，以学生关注的热点问题"中国的诺贝尔奖"为抓手，引导学生设计研究方案，通过反复与学生讨论、研究，一个学期里我和学生们迎来了来自北师大项目专家团队的两次指导，最初备课时设计的"中国和日本之间还差多少个诺贝尔奖"，在第一次评课时得到专家认同，更确切地说是认可学生们的研究成果，但给出的意见是课堂上我过于"放手"，以至于出现课堂变成了学生展示各自研究成果的舞台。专家走后我和学生一起反思我们的不足，12月7日展示我和学生的第二次研究成果，最后将研究主题确定为"关于屠呦呦青蒿素之路的研究""关于中医走向世界的研究"。快下课时一位学生在谈自己理想的时候说到她想考取北师大，正好当时北师大的教授和研究生就坐在后面听课，我说你很幸运，北师大的教师就在后面，一会儿下课你可以留下来请教，课后孩子和教授有一个简短的交流，主要是关于自主招生和专业培养这一方面，3天后这个孩子收到一份礼物——这位教授编著的两本书和一段鼓励的话语，对于一个十七八岁的孩子来说，这是一份难忘的记忆，这个孩子现在在读高三，今天的她在学习上仍然会有困难，但她总告诉我初心不变，不懈努力，只因和教授相约在北师大见面。

本次研究课活动的开展让我明白：以政治学科核心素养为统领，以研究性学习方式为抓手的教学模式是学生课堂学习的"抓心术"，"研究"活动的开展吊足了学生的胃口，学生不仅在"研究"中开阔了眼界，同时也将哲学原理知识掌握得更扎实。在这种教学模式下，学生的课堂积极性更高、学习兴趣更浓，更喜欢主动参与。因为参与研究课，学生了解了疟疾，学生设计宣传口号，"疟疾是没有国界的疾病"，还提出要普及疟疾知识。学生在这种"研究性学习"过程中的收获与研究精神的培养将伴随着他们成长，特别是对于课堂生成问题的处理更让我深切地体会到未来的政治教学为：基于学科核心素养，构建高效润心课堂，在教学环节的设计上注重落实了政治认同、科学精神、法治意识和公共参与等学科核心素养。

其次，政治教学需借力——不需扬鞭自奋蹄。

新课程改革给教师带来了许多新的教育理念、教学内容、教学方式和方法，对教师提出了许多新的要求，给教师工作的创新提供了很大的空间，也为教师的专业成长注入了新的动力。作为教师如果墨守成规，不仅占据讲台、占据课堂还要"罢黜百家"呈"一言之堂"，用哲学上的语言讲，可以说是这位教师"形而上学"，即这位教师静止地看待教育的发展、片面地看待学生的需求、孤立地看待传道授业解惑的意义，最终结果只能是失去课堂，失去学生的信任。

2017年11月中旬，我到贵阳参加北师大平台第五届"励耘杯"比赛，初到贵阳感受贵阳的繁华出乎我心目中关于祖国西南地区的印象，在从机场打车到北师大贵阳附中的路上，我和的哥聊天说："贵阳好美啊，出乎我的意料。"的哥说："国家给钱啊，贵州穷啊，国家这几年给的钱很多……"原本只是闲聊，但是的哥的几句话很触动我的心，有种酸酸的感觉。回到宾馆后我一直在想，的哥不能代表所有的贵阳人民，但毕竟代表了一部分人的想法，如果孩子们也把贵阳发展的原因全都归结为国家的支持，我很怕在孩子心里会有一种等、靠和不自信的想法。对于这节参赛课本来我的设计是"讲贵阳故事、品协调发展"，但是在参赛的前一个下午，由于这件事的触动我改变了原有的想法，决定和贵阳附中的孩子在一起，了解他们的生活、他们的想法……一个最初的想法就是尽自己微薄之力给只有一节课之缘的孩子们传递一份信念：勤劳朴实的贵州人是贵州发展的主力，学有所得的孩子们回到故乡是贵州发展的力量源，润物细无声中传递一份家国情怀。教育是激发人向上的动力，教育是激发生命的活力。

如果说课改前的高中政治课的主要弊端在于教学内容枯燥、教学方式单一、理论性太强，教师的"一言堂"滞后于学生的实际，导致学生对学习政治失去兴趣，把政治课简单地归结为死记硬背。那么新课程改革就像一支强生剂，让传统的政治课焕发了生机和活力。在参与活动中，特别是在试讲之后的我体会到：教师的施教活动必须确立一个思想，即"为学生一生的发展做准备"的思想；这里的发展不是重智力而轻其他，也不是限于当前的发展即对知识的理解和掌握，而是学生人格的全面发展、个性的发展、持续的发展。落实两个重点，培养学生的科学精神和实践参与能力。在课改中我们要创设情境引导学生参与、思考，在实践参与中培养学生科学精神。网络时代下更需要理性，微信朋友圈中一个不经意的转发，也许像蝴蝶效应一样。不做人云亦云的跟屁虫，而是努力成为有思想、能辨别、会分析、有担当的少年。

政治教学需借力，借课改之力抓住"主动参与"这个关键词，引导学生乐于探究、提高学生理解生活、参与生活的能力，政治教师一定要转变观念，树立新的"教师观"与"学生观"，不断改进教学方法，优化教学过程。所以我想说作为一名教师，在新的形势下我们要识大局。

最后，在活动中感悟成长，在变化中收获幸福。

教师专业发展是一个持续不断的循序渐进的动态过程，它贯穿于教师的整个职业生涯。结合我在前面所讲的发生在教学中的两个真实案例，我认为在学生欢迎创新性的教学模式的同时，还要不断加强在课前活动安排时如何处理好"牵手"与"放手"的关系，绝对的"放手"并不是真正给学生留足空间和舞台，在"放手"的同时还要有适当的"牵手"，让学生充分发挥自己的想象，充分挖掘自己的潜能，从而激发学习的兴趣，培养学生学习的主动性。在课堂上如何处理好"自主"与"引导"的关系，就如前面专家所说，如果只是给学生自主展示的机会，那课堂会因为缺少老师的指导而变成舞台。另外，还要处理好"预设"与"生成"的关系，研究课的生成问题多，如何在解答学生生成问题的同时，融入学科知识、融入德育思想，使德育思想培养于润物细无声中，营造创新教育氛围，这是我未来在教学中需要努力的地方。注入了爱才能引起学生的共鸣，才能走进学生的心灵，才能成为学生的良师益友，学生与教师就是彼此的成全。

高中新课改、新高考在开放式教学中落地生根，课堂教学过程是动态发展的，是适时变化的；课堂上学生的学习需求、认知变化应成为教师调整教学活动进程的基本依据。教师要具备基本的专业素养与教学实践经验，面对发展学生核心素养的教育目标要求，也要不断提升自己的学科核心素养。然而现实中，新课程理念有时也会被固有、传统的观念和习以为常的思维方式所影响，学生也似乎习惯于教师"喂养式"的教学，思维与思考经常处于从属与追随的状态。应当走进我们的常规课中，引导师生利用"生成"和"激情"带动课堂，通过深刻的理论思考，运用科学的方法，建构出系统而科学的学生核心素养落实体系。

（作者单位：北京师范大学良乡附属中学。本文写作于 2018 年）

创设思考情境

教育的艺术在于激励，在于唤醒，在于启迪。限制学生的思考囿于井底沟渠、固定模式，抑或任由思考的野马纵横驰骋、漫无边际，都不是课堂教学的理想状态，那就创设恰当的思考情境吧！这样就可以为学生提供良好的暗示和启迪，让思考的羽翼丰满而有力，让思考的源泉丰盈而有序。下面的 7 篇文章或许会给你一些有益的启示。

学科核心素养培育背景下的高三复习课教学情境创设

◇ 张 璇

高中思想政治课程标准的修订紧紧围绕学科核心素养的培育，其中的重要变化之一是提出了学科任务导向型学业质量标准，这一创新评价策略更加注重学生在复杂情境下综合运用所学知识分析社会问题的能力，更加注重为学生提供表达个性观点的空间和机会，更加注重情感、态度和价值观的引导。这一变化既为高三教学带来了挑战，也为教师改进课堂教学提供了契机。面对高三复习时间有限、教学任务繁重、学生水平不一的状况，如何合理选择学科任务，恰当创设教学情境，改进课堂教学，提高学生学科能力是本文尝试探讨的问题。

一、基于学科核心素养，重新认识教学情境

新课程改革以来，创设教学情境成为教师的基本共识和教学的必要环节，但是，一进入高三复习，课堂教学情境就退化成了"试题情境"，教师偶尔离开试题提供教学情境，也难免把教学情境简单化为背景材料，仅仅当作回顾知识的"引子"或验证知识的"试纸"，对材料的分析始于"对号入座"，终于"答题模板"。新课标提出的学业质量评价标准，强调在复杂情境下解决实际问题，这促使我们重新认识高三复习课创设教学情境对于提高学生学科能力的独特价值。

教学情境与学科任务。思想政治学科核心素养不能直接观测，只能通过学生完成学科任务的质量加以推断。思想政治学科的基本学科任务可以归纳为以下四项：分类与描述，解释与论证，预测与选择，辨析与评价。不同的学科任务需要借助复杂程度、结构化程度不同的情境，诱发不同素养的行为表现，通过对学生面对复杂情境解决问题时所表现出来的具体行为加以评价，推断出学生学科核心素养水平。教学情境就是完成学科任务的舞台。

教学情境与能力提升。脱离具体情境的知识只是无本之木，不顾具体情境套用"答题模板"的训练只会禁锢思维，两者都是高三复习的常见现象，也是学生

学科能力提高的大忌。在教学中，创设具体、真实、复杂的生活情境，有助于学生思考社会问题，感悟时代发展，活用已学知识，表达个性观点。教学情境不是服务于"背记"知识，而是服务于"运用"知识的，在对具体问题的解决中，完成知识的回顾、迁移和综合运用，获得学科能力的提高。

教学情境与课程育人。高三教学离不开对知识的梳理、拓展与深化，但这绝不意味着"知识导向"的教学观是正确的。教书育人，既要注重知识的传递、能力的提升，更要注重人格的塑造、人性的培育。教育不仅要帮助人获得物质世界生存和发展的能力，更要促使人在精神世界中获得心灵的成长和滋养。在青少年成长的关键时期，德育课程理应肩负起追求真理、唤醒良知、获得审美的高尚任务。那些引导人们求真、向善、唯美和警醒人们远离虚假、丑陋、恶俗的教学情境，正是课程育人所必需的基础资源。

二、合理选择学科任务，恰当创设教学情境

要改变单纯复习学科知识、理论与实际严重脱节的高三教学误区，就要借助学业质量标准中提出的学科任务，依据学情特点，合理选择学科任务，恰当创设教学情境，促进学生能力提高。以下是几项具体建议：

建议一：变"试题驱动"为"学科任务驱动"

"试题驱动"表现为教师的"教"离不开高考的"题"，教学过程沿着"高考真题—知识对应—巩固练习"的流程推进，通过对高考题的解剖和答题训练，力图使学生"记住"知识，甚至看到"关键词"就能条件反射般地答出"对应"知识点。这种训练容易在学生头脑里形成一种思维定式，长期处于"模式化"的训练中，很难获得高水平思维能力的发展，学生往往变得缺乏深度思考和失去创新意识。

值得反思的问题是，不使用高考题，教师还会不会上复习课？不使用高考题，怎样观察学生的学科素养水平，并进行有针对性的复习指导？

以"积极参与国际竞争与合作"一课为例，教师在进行教学设计时有意识地选择了新颖、真实、生动的现实情境，问题设计也经历了从"试题驱动"向"学科任务驱动"的转变。

案例：作为 TCL 集团的领路人，李东生为 TCL 打造了"鹰"之图腾和"唯精唯一"的企业精神。TCL 已经摆脱了简单的工业制造、产品加工，其核心技术是半导体显示技术。由于意识到"纯贸易的方式"风险非常大，就以与世界保持

互动和开放的姿态走出去，并迅速本地化，对当地的经济社会发展做出直接的贡献。TCL 工厂辐射北美、中东和非洲。并强调遵守规则、竞争公平等良好的营商环境是必备条件。

设问 1：请运用我国对外开放的相关知识，分析 TCL 是如何通过创新联动实现发展的？

设问 2：你如何评价 TCL 在提高企业开放水平方面的做法？

如上所示，设问 1 是典型的高考题设问方式，属于"试题驱动"，学生根据设问 1，很容易用"分点默写知识 + 分句摘抄材料"的办法答题。设问 2 却是从"辨析与评价"的角度设计学科任务，没有限制思考角度，没有划定学科范围，没有指定学科知识，学生需要从多个角度综合分析，辩证思考，才能做出综合评价，甚至可以基于企业现有做法提供自己新的创见。

建议二：变"教师意志主导"为"学生问题主导"

教学情境的创设要与学科任务紧密结合起来，使教学情境成为学生获得体验、触发感悟、深化认识和提升能力的必要场景，这就要求教学情境的创设更加注重学生的"学"，从教师意志出发变为学生问题导向。

以"弘扬和培育中华民族精神"一课为例，教师授课前恰逢学校组织纪念长征胜利 80 周年的主题实践活动，教师以此为契机，创设情境，设计学科任务。

任务 1：请你结合所学知识，谈谈对学校组织纪念长征胜利 80 周年实践活动的认识，并尝试命制一道试题。

一个学生写道："别人学长征去的是大渡河，我们学长征去的是青龙湖，差距好大啊！"教师立刻抓住这一点，在第二个班的教学中重新设计了学科任务。

任务 2：论证（二选一）：重温长征精神，（不）一定要重走长征路。

任务 1 是从教师教的角度，从知识复习的角度来设计的，学生很难融入情境，也很难有深入思考。任务 2 是从学生的角度来思考问题，把学生中真实存在的问题再现于课堂上，选择解释与论证、辨析与评价的学科任务，观测学生是否能够综合运用多学科知识，确认自己的观点，多角度选择论据，进行有力的论证。

建议三：变"追赶教学进度"为"追赶素养水平"

高三教学任务繁重，教师见面最常见的问话就是"你讲到哪儿了"？由此可见，以知识为本的教学观依然根深蒂固。基于学科核心素养的教学观应当关注的是学生的全面发展，关注学生的文化基础、自主发展和社会参与，具体到思想政治学科，应当关注学生的政治认同、科学精神、法治意识和公共参与。教师在课堂上呈现什么，学生就会学习什么；教师在理念上追求什么，学生在实际中就获得什么。为了学生学科素养的提高，教师先要转变观念，抛弃"许多知识点还没复习到"的思想包袱，转而关注创设哪些教学情境，完成几个学科任务，培养多少学科能力。

在教学实践中，教师需要认真研究学业质量标准，合理选择学科任务，恰当设置教学情境，让学生有话想说、有话可说、有话会说，通过学科任务驱动课堂教学，更加准确地把握学情，更加积极地改进教学，更加务实地提高学生能力，让学科核心素养培育真正落地。

（作者单位：北京教育学院丰台分院。本文发表于《教学月刊：中学版（政治教学）》2017 年第 1~2 合期）

立足全体　激活个体

——新课改背景下提高政治课堂教学效率之有效性探微

◇ 李彩芹

　　教育，众所周知，是人类为了更好地实现人种的延续而发展起来的一个专门化领域，这个领域不仅要保证文明的传承，更重要的是要促进文明的进步与社会的发展，因此需要将年青一代培养成个性彰显、充满活力、勇于创新的新人，以求社会发展的不断超越。可是，纵观现在的高中政治课堂教学，仍然未完全摆脱"满堂灌"、学生活动量过小，少数"尖子生"活跃、绝大多数学生"陪读"、学习比较困难的学生得不到应有"照顾"的局面。因此，在目前新课改背景下分析和探讨教学行为的有效性，以促进政治课堂教学显得尤为重要。

　　那么，如何使课堂教学符合学生的实际，使学生在较短的时间内获取更多的知识、最大限度地提高政治课堂教学效率呢？笔者认为，提高政治课堂教学效率的关键是要立足全体、激活个体，把重点放到关注全体学生、使每个学生回到全面发展的轨道上来。这就要求我们每位政治教师认识并做到以下三点。

一、提升教学理念是实施有效教学，提高政治课堂教学效率的前提

　　教学是基于生命的事业。生命的潜能是无限的，政治课堂要创造条件去激活、展示生命的灵动与飞扬，促进每一个孩子创造性地、富有个性地发展。这就要求每位政治老师在观念上有所转变和提升，树立起"以学生发展为本"和"因材施教"的教学理念。

（一）教师要以学习者为中心，树立"以学生发展为本"的理念

　　伟大的教育家苏霍姆林斯基说过："教育者的责任，就是让每一个孩子都抬起头来走路。"而以学习者为中心，"以学生发展为本"的理念，其价值观为：一切为了学生；其伦理观为：高度尊重学生；其行为观为：全面依靠学生，也就是教师在具体教学过程中以如何培养学生创新精神和实践能力为重点。

　　我们知道，学生既不是一个待灌的瓶，也不是一个无血无肉的物，而是一个

活生生的、有思想、有主动能力的人。所以，新的课程改革要求教师以人为本，呼唤人的主体精神。相应地，政治课课堂教学的重点也必须由重知识传授向重学生发展转变。只有这样，学生在教学过程中学习时，才既可掌握知识，又可得到情操的陶冶、智力的开发、能力的培养，同时还可形成良好的个性和健全的人格。所以，从这个意义上说，教学过程既是学生掌握知识的过程，又是一个身心发展、潜能开发及素养形成的过程。

21世纪已经到来，市场经济的发展和科技竞争已经给增长率提出了新的挑战。教育不再是仅仅为了追求一张文凭，而是为了使人的潜能得到充分的发挥，使人的个性得到自由和谐的发展；教育不再是仅仅为了适应就业的需要，而要贯穿于学习者的一生。当代教学应致力于发展学生包括智力在内的整个个性和整体素质的提高。

（二）教师要具备积极的差异资源意识，树立因材施教的教育理念

在哈佛大学350周年校庆时，有人问，学校最值得自豪的是什么？校长回答道：哈佛最引以为自豪的不是培养了6位总统，36位诺贝尔奖获得者，最重要的是给予学生以充分的选择和发展空间，让每一颗金子都闪闪发光。那么，我们教育、教学的价值到底在哪里？除了考试分数外，我们还应该给孩子们什么？毋庸置疑，我们教育教学的根本价值就在于使每一个孩子获得全面发展，而每一个孩子的全面发展并不是要让每个学生、学生的每个方面都按统一规格平均发展。因为每个人都有自己独特的一面，这就是差异，既然把学生看作一个生命，那么，生命之间必然存在众多差异，而学生的个别差异既是教育的结果，也是教育的一种条件。而一刀切、齐步走、统一要求——这是现行教育中存在的一个突出问题，它包括：备课用一种模式，上课用一种方法，考试用一把尺子，评价用一种标准，这是要把千姿百态、风格各异的学生"培养"成一种模式化的人。显而易见，这样的教育既不符合学生实际，又不利于人才的培养。

学生之间的差异是客观存在的，我们必须从深入实施素质教育，维护教育公平的高度来正确对待学生之间的差异，科学认识差异存在的类型，进而树立"差异资源"意识和因材施教的教育理念，充分利用学生之间的差异资源进行教学，从而促进学生的全面发展、个性发展、和谐发展和可持续发展。

二、精心设计教学，是优化课堂，提高课堂教学效率的关键

教学设计是教学过程实施的依据，是落实新的教育教学理念的载体。教学设

计可以把学生的认识活动引向正确的方向，给学生指引一条简捷的认知途径，达到优化课堂教学，产生教学实效的目的。因此，要提高政治课堂教学效率，精心设计教学是关键。那么，如何设计教学，提高政治课堂实效呢？笔者认为，必须结合政治学科的特点和学生的心理特点，努力做到：

（一）全面了解学生，把握课堂教学的全面性、个体性、差异性，确立符合新课程的教学内容

在课堂教学中，学生的个体差异是绝对的，主要表现为认知方式和思维策略的不同，以及认知水平和学习能力的差异。作为教师要全面了解学生，尊重学生的个体差异，为满足多样化的学习需要而设置丰富的多层次的教学情境或内容，既要使接受程度低的学生"消化得了"，又要使接受程度高的学生"吃得饱"。例如，为了让学生了解共享经济、理解"替代品"，首先解决"消化得了"的问题，老师设置了如下情境：

情境一：随着共享经济的火热发展，共享电动自行车继共享单车之后，正式进入北京市场。针对共享电动自行车，相关人员纷纷发表了自己的看法。大学生甲：共享电动自行车比共享单车速度快、轻松省力。我国大学的校园普遍较大，且有两个及以上校区，校区间又无公交车，现在有了共享电动自行车就方便多了。上班族乙：有时加班时间较长或是下夜班，错过最后一班公交车的时候，共享电动自行车可以将"最后一公里"扩大到"10公里以内"，虽花费比共享单车略高，但还是方便多了。政府工作人员丙：电动自行车不符合国家技术标准的历史问题没有解决，如果大规模发展共享电动自行车，不符合国家技术标准的电动自行车可能大量超标，这样，会加大城市交通出行风险，任由其无序发展，可能会出现很多问题。

然后老师请学生根据情境一，预测共享电动自行车的前景并说明理由。

如此开放的问题，学生异常活跃，纷纷发表看法。有的预测共享电动自行车前景好，他们从共享经济发展趋势、电动车本身优势、与共享单车互为替代品、有市场需求等方面进行说明。而预测前景堪忧的，理由也很多层次、很多角度，他们从共享电动自行车的安全性、成本、发展潜力以及国家政策、竞争等角度纷纷进行论证，不同程度的学生的思维在相互碰撞中被激活，课堂气氛也异常热闹活跃。

为了让接受程度高的学生进一步"吃得饱"，老师又设置情境如下：

情境二：北京交管部门介绍，北京市的电动自行车需要上牌后方可上路行驶。鉴于电动自行车无牌照，属违法上路行驶行为，电动自行车企业多次被交管部门要求及时收回投放的电动车。2017 年，北京市交通委发布通知称"本市不发展电动自行车作为共享自行车，各区和相关管理部门将加大执法和处罚力度，维护城市正常运行秩序"。

请同学们说说是否赞成北京市交管部门的做法并给出理由。

这个问题的回答不仅需要学生运用到"生活与消费"方面的知识，还需要学生对"发展社会主义市场经济"知识有所了解，既要了解"市场"在资源配置中起决定作用，同时还需要知道"市场"不是万能的，具有自发性、盲目性、滞后性的弊端，需要国家宏观调控来弥补其不足。此情境就是为满足那些接受程度高的学生的需要而设计的。同时，在教学内容的选择上，既关注了学生的生活，又关注了学生的情感体验，还培养了学生的素养和解决现实问题的能力。

总之，精心设计不同层次的教学内容，让每一个学生在课堂中获得必需的知识。因材施教，让不同的学生在课堂中得到不同的发展，才能真正地提高课堂教学效率。

（二）根据教学内容，结合学生特点，使用灵活多变的教学方法来提高政治课堂教学效率

教学论认为，教学方法作为无形的纽带，维系着教师的教和学生的学，并直接影响着教学水平的提高和教育目的的实现。正像著名教育家巴班斯基所说："学生的学习成绩，在很多方面取决于选择和运用教学方法最优结合的技能、技巧如何。"大量的教育实践活动也表明，教学如果缺少了适合学生特点和教材内容的教学方法，教学效果就差，教学任务就很难完成。因此，课堂教学的设计应根据教学内容、教学目标、学生实际采取灵活多变的方法来激发每个学生的学习兴趣，点燃学生创新思维的火花。如通过创设悬念，引发学生的认知冲突；让学生自编自演小品，激发学生的学习兴趣；引用热点，唤起学生的探索热情，运用音乐，熏陶学生的情操；等等。同时，教学方法选择的着眼点应紧密围绕学生的"学"，使教师的"教"为学生的"学"服务，着重考虑如何引导学生到探求新知上来，乃至达到"教是为了不教"的目的。

纵然，教学方法是多种多样的，各有其特点，只要运用得恰当，可以达到预期的效果。然而在课堂教学中，究竟选择哪一种教学方法，或用哪几种教学方法结合起来，取决于教学内容和学生实际情况。

（三）多方面考查学生，因人因时因境而异，采取分层多维的评价办法，优化课堂效率

新课程评价的价值取向是为了每一个学生的发展，是促进学生在知识、能力、情感、态度、价值观的和谐发展。所以老师在评价学生时，不能单纯地以考试成绩为指标来衡量学生，而要多方面多角度考查学生，既要考查学生知识、技能掌握的情况，又要考查学生独立思考能力、分析解决问题的能力以及动手操作的能力等，还要考查学生在其他方面的表现。如学生讨论交流是否积极，是否善于与人合作，是否乐于探索、收集和处理信息，等等。同时，对学生的评价也要因人而异，因时而异，因境而异，作出针对性的、艺术性的评价，采取"分层多维"的评价办法，这是促进学生差异发展的重要前提。评价中主张重视学生的学习态度的转变、重视学习过程和体验情况、重视方法和技能的掌握、重视学生之间交流与合作、重视动手实践与解决问题的能力，归根结底是重视学生各种素质尤其是创新精神和实践能力的发展状况。而且在评价过程中，我们应多鼓励和表扬学生在学习上的点滴成功，毫不吝惜地将"回答得好极了""这就是正确答案啊"等送给学生，使之得到积极的情绪体验，进而可以有效地培养学生的自信心，激发他们学习的热情，培养学习兴趣，形成良好的学习习惯。这样才有利于学生对评价的认同和接受，有利于学生个性的发展和潜能的激发。这也是提高课堂教学效率的关键所在。

三、营建良好的学习心理氛围，是提高课堂教学效率的保障

美国心理学家罗杰斯说："成功的教育依赖于一种真诚的理解和信任的师生关系，依赖于一种和谐安全的课堂气氛。"确实，现代教育心理学研究也表明，良好的心理状况能提高人的各种心理机能。事实证明，积极良好、和谐愉快的心理氛围能使学生的大脑皮层兴奋，有助于学生的智力活动，这种情况下学生往往思路开阔、思维敏捷、想象力高，从而提高学习效率，反之消极压抑的课堂心理氛围则会使学生的智力活动受到抑制，思路狭窄、思维呆板、效率低下。由此看来，营造良好的学习心理氛围，是提高课堂教学效率的保障。那么，该如何营造良好的课堂心理氛围呢？

（一）要热爱、尊重和理解每一位学生，创建融洽的师生关系

课堂氛围的和谐，意味着师生关系的融洽，学习氛围的民主。这就要求我们教师要热爱、尊重和理解每一位学生，正如教育家夏丏尊先生所说："教育之没有情感，没有爱，如同池塘里没有水一样；没有水就不能成为池塘，没有情感，没有爱，也就没有教育。"感情是教育的催化剂。老师们应注重用各种方式与学生联络感情。同时，教师要善于用真心去发现学生的闪光点，要认可、尊重、理解每位学生，不能根据成绩的好坏"喜"优"厌"差而造成差生更差的恶性循环，

甚至使差生对学习丧失信心，对学习失去兴趣，产生畏惧。反之，如果教师以热情的目光，可亲的面孔天天面对每个孩子，对"差生"多些"厚爱"。课堂上，鼓励他们发言；课下，多交流，多辅导，彼此建立一种超越师生关系的朋友关系，其乐融融，才是我们教学成功的关键。"亲其师而信其道。"相信每个孩子都会在这种融洽的师生关系的感召下兴趣盎然，充满学习欲望。

（二）注重学生差异，建立适当合理的学习期望

教育心理学的大量研究表明，教师对学生的高期望会使学生向好的积极的方向发展，教师对学生的低期望则会妨碍学生的进步。因此，对于学生学习的期望，不仅要关注"优等生"对知识与技能的理解和掌握，还要关注"差生"对知识、技能的理解与掌握，更要关注他们情感与态度的形成与发展。另外，只有当教师采取的方法合适，对学生的学习期望合理才能形成良好的课堂学习心理气氛。因此在组织教学的过程中，要有意识地激发学生的学习兴趣，赞扬每位学生在学习上取得的成绩，从而提高学生学习的自信心和意志力。在课堂教学中特别要避免使用"你听我说""我告诉你"之类的命令式、灌输式的语言，坚持用鼓励性的、商量式的语气说话，例如"请你继续讲""你的分析是不是这样""请听听我的想法""我想做一点补充""如果这样说是不是更全面"等。教师在教学中使用这样的语言表述，能激发学生学习的兴趣，让学生充分参与，积极表现，使每个学生都尽展其才、尽其发展，从而充分地调动每位学生学习的主动性和积极性，营建了良好的学习心理氛围。

总而言之，课堂教学是一门艺术，而且是一门重要的艺术，因为课堂教学塑造的不仅仅是一个具有文化知识的人，而且是一个心理健康、人格健全的人。正如爱因斯坦所说："用专业知识教育人是不够的，通过专业教育，他可以成为一种有用的机器，但是不能成为一个和谐发展的人。"这就要求教师站在"为了每位学生的发展，为了中华民族的复兴"的高度，真正认识改变教学理念、精心设计课堂教学及努力营造课堂心理氛围的重要意义，在现代教学新理念的指导下，从素质教育的角度与要求出发，以新一轮课程改革为契机，不断探索和总结课堂教学的有效模式，使学生真正成为一个和谐发展的人，从而用我们勤劳智慧的双手托起祖国明天的太阳。

（作者单位：北京市昌平区教师进修学校。本文写作于 2018 年）

精心设计　高效课堂

——以一节公开课"股票和债券"为例

◇ 张　帅

对一堂课的精心设计,不仅有助于课堂教学的顺利实施,更可以增加课堂容量,构建高效课堂。

设计的原则,首先要坚持"三贴近"教学原则:贴近实际、贴近生活、贴近高中学生群体。走进生活,感受生活,让学生在教学过程中能够解决一些实际问题。

教育心理学研究表明:生动的教学情境,可以激发学生的情绪体验,诱发学生积极的思维,提高课堂效率。

本文仅以一节公开课"股票和债券"为例,谈一些教学中的心得。

本课是"股票、债券和保险"一节的第一课时,主要处理股票、债券的内容,其余内容留在第二课时。"股票、债券和保险"一节是必修一"经济生活"第六课的第二节。这一节与第一节"储蓄存款和商业银行"一起,共同介绍了几种投资理财的方式。这些投资理财方式也是企业融资的途径,因而与第五课内容紧密联系。同时,人们用于投资理财的资金从何而来,就要引出个人收入分配的问题,为第七课内容做了铺垫。

从教学目标来看,本课的知识目标包括:①了解股票的含义及其基本特征。②知道股票投资的基本特征以及股票投资收入的构成。③了解债券的含义。④知道国债、金融债券、企业债券的基本特征。

能力目标包括:①比较储蓄存款、购买债券、购买股票等投资方式异同的分析能力。②利用有关知识分析在不同条件下如何合理投资理财的实践能力。③利用所学知识为企业融资提出建设性意见的实践能力。

情感、态度与价值观目标包括:①以科学的态度认识价格的变动,增强参与经济生活的自主性。②增强投资理财风险防范与控制意识。③培养学生勤俭节约、积极投资,努力为国家经济建设做贡献的观念。④培养学生诚实守信的品质。

本课在设计上，力图实现如下理念：

第一，开放性。这主要体现在：

①事例选择上，选用模拟事例。比如股票这一部分，设计了模拟某乳业公司，经历了三聚氰胺事件、利率上调、海外并购等事件，让学生在模拟背景下分析公司股票的变化。模拟事例，最大限度地减少了某些现实因素对学生思路的干扰，调动了他们的积极性。比如：

师：在现实生活中，我们的理财方案常常要根据情况的变化而变化。我这里有三个突发事件，看看这些事件会对大家的理财方案产生哪些影响。请一位同学选择一下，我们先打开哪个事件？

生：事件A（"三聚氰胺事件"）

师：这家公司遇到麻烦了。各位购买股票的同学，你们打算怎么办？

学生思考并回答。

教师点评并归纳学生回答，分析股票的交易方式，同时引出上市公司、证监会等课外知识。

随着经济的发展，股票交易所出现了，它的出现极大地便利了股票的交易。如果一家公司的股票能够在股票交易所交易，我们就称它为上市公司。在我国，上市需要政府部门批准。负责这项业务的是证监会。

生：事件B（利率上调）

师：利率的变化会不会影响到股票？

学生思考并回答。

教师借助事例，介绍马克思的股票价格公式。

生：事件C（海外并购，公司预期向好）

师：你是否打算多购买些这家公司的股票？

学生思考并回答。

教师借助事例，分析投资股票的收益，分析影响股票价格的因素及股票投资的风险。

师：我们看到，在市场上，影响股票价格的因素那么多，因此股票价格的波动具有很大的不确定性。2013年获得诺贝尔经济学奖的3位经济学家，他们研究的问题正是和股票价格有关，他们的研究从侧面证明了，要预测短期内的准确股价是不可能的事情。我们可以得到结论，股票是一种高风险的理财方式。

②课堂模式上，采用小组讨论，意见分享。随着经济的发展，"股票""债

券"早已成为了学生耳熟能详的词语。如何才能真正引起他们的兴趣，把冰冷的文字变为快乐的学习过程？笔者设计了"我是理财师"的小组活动，各组随机抽取不同的任务，随后根据要求进行组内合作探究，最后进行组间交流，以及与老师的交流。这种形式，不仅使学生顺利地完成了自主探究，收获了丰富的知识；更重要的是使他们获得一种成就感——他们迫切地想展示自己的收获，与他人分享自己的成就。他们在课堂上积极发言，激烈讨论，从而调动了课堂交流的氛围，极大地充实了教学内容。

师：很多人在理财的时候都会听取理财师的建议。在银行、证券公司等地方都可以看到理财师的身影，他们会根据顾客的需要，提出一些专业的建议。下面，我们就一起来体验一下理财师的工作。

学生小组活动"我是理财师"。以小组为单位，抽取不同任务（如1、2、3号理财师和个人投资者等），按照提示完成探究任务。

这一设计通过体验式教学，最大限度地激发学生的学习热情。扮演投资者的学生需要同时探究股票和债券两部分内容。而扮演理财师的学生则重点在其中一种。这种分工，为后面进行组间的讨论和分享做好了准备。

第二，生成性。这一节的内容比较容易理解，而且学生在日常生活中也多有接触。因此在设计中，笔者力图利用对学生的追问，层层深入，让学生调动生活体验分析问题，并最终由老师将他的答案上升为学科术语。

比如，一组学生设计的理财方案中储蓄存款和国债各占一定比例。笔者问学生，既然国债的收益率高于储蓄存款，为什么还要保留一定比例的储蓄存款。学生回答说，在急需用钱时，储蓄存款比较容易取出来。在这一基础上，笔者介绍了"流动性"的概念。所谓流动性，就是指某项资产（比如国债）变为现金的难易程度。这一过程水到渠成，既顺利地实现了教学目标，又使学生感觉到经济学的理论并不遥远。

同样，"股民"和"炒股"已经成为学生生活中常见的话题。在处理这一内容时，笔者也更加注意生成性。比如：

师：刚刚我们讲到了股票可能带来的收益包括两部分，一是股息红利，二是差价。在日常生活中所说的炒股，指的主要就是赚取差价。炒股的人，被称为"股民"。不知道同学们是否知道，我国有多少股民？根据统计，我国股市开户人数超过1.4亿，其中常年持有股票的接近6000千万。这个巨大的股民群体也产生了属于自己的股民文化，比如小说、歌曲等。下面，我想请大家欣赏一段股民的歌。

教师播放《股民老张》

师：你如何理解股民可以"定国安邦"？你认为股民的动机是什么？

学生思考并回答。

教师结合歌词及学生的回答，拓展资本要素市场、财产性收入的内容。分析股票市场的作用，并为第七课教学做铺垫。

第三，实践性。这主要体现在：

①小组活动"我是理财师"。通过角色扮演的方式，激发学生的参与热情，并调动学生的生活体验、所见所闻等储备。

②设计理财方案，亲身体验。通过运用知识，深化学生对课堂内容的理解。

比如，在本节课的最后，通过理财师的视频，照应开头的"我是理财师"活动，同时对内容做总结和拓展，并为下节课讲解基金、保险等方式做铺垫。

在本课的教学设计中，也遇到了一些难题。

一是内容的取舍。教材中这一节的内容较多，包括了股票、债券、基金和商业保险，从以往的教学实际来看，要在40分钟的课堂中充分处理这些内容，基本是不可能的。因此，如何取舍就是一个重要问题。在取舍上，主要考虑了如下几个因素。其一，股票和债券两种有价证券相似点较多，教材也以对比异同的方式设计了探究问题，应放在一起处理。其二，按照大学专业教材的分类来看，在理财方式中，股票和理财同属投资方式，与保险有一定差别。其三，基金是以"相关链接"的方式出现的，而且股票和债券是基金的预备知识。所以，本节课最终选取了股票和债券两部分，将课题定为"股票和债券"，其余内容留在第二课时。

二是与学生生活的关系。一方面，股票和债券在日常生活中出现较多，学生较为熟悉。但另一方面，学生的了解集中在现象层面，对于学科理论等缺乏深入了解。如何通过课堂设计，既能够有效调动学生的既有知识，又能够使他们产生对学科知识的兴趣。

这堂课让笔者深入思考了两个问题。

一是教学方式的转变。

新课程强调学生的主体性和主动性，这种转变如何开始？我们认为，首先要从教学方式的转变入手。有些内容，学生自学就可以学会。比如国债、金融债券等的含义，教材写得很简明，学生完全可以自己弄懂，那就没有必要再课堂上花费过多时间来处理。还有些内容，通过学生之间的交流与讨论就可以弄明白，比如三种债券在收益和风险性上的区别，学生之间稍加讨论就可以得到比较准确的结论，那就没有必要再由老师滔滔不绝地去讲。

有了这样的定位，笔者在教学中设计了学生自主探究、合作探究、相互交流的环节，打破了以往那种"一言堂"或者简单的"一问一答"式的课堂教学方式。使学生在活动中，充分调动起积极性。

如果说，旧的教学方式是平面的，学生通过视觉、听觉在课堂上接受知识；那么新的教学方式应当是立体的，让学生在生活实践中通过视觉、听觉、触觉进行全方位的真切的学习。特别是政治这样的学科，更应当回到社会生活中去。因而在这节课中安排了街头采访、角色体验、专家录像等环节。

一方面通过教师的筛选和设计，省出一些时间来。另一方面，更要把这些时间用好，处理好重点和难点问题，"好钢用在刀刃上"。

同时，应当注重与其他学科的关联，让学生逐渐建立起综合性学习的能力，在一次学习中运用几个学科的知识。比如，在课堂讨论中，学生无法理解存款准备金率调整对于经济运行以及股票市场的影响。笔者借助实例与图示介绍了存款准备金率的概念，又利用数学中等比数列和极限的有关知识推导出存款准备金率与贷款总量的关系，使学生理解了经济学上的"乘数效应"。

从教学效果来看，做到了这些，一方面充分调动了学生，体现了课改的理念；另一方面高质量地完成了教学任务，同时还对教学内容进行了必要的深化和拓展。一堂课实现了过去两堂课的教学任务。

二是教师的任务与角色的转变。

正如前面说到的，有些内容，学生自学就可以学会，那就没有必要在课堂上花费过多时间来处理。有些内容，通过学生之间的交流与讨论就可以弄明白，那就没有必要再由老师滔滔不绝地去讲。

那么老师在课堂上讲些什么？在备课时做些什么？这就涉及教师的任务与角色的转变。

首先，教师的任务由"把学生教会"变为"让学生学会"。在以往的教学中，教师考虑的是如何把教材内容清楚、准确地教给学生；而现在首先要考虑的是如何设计教学环节，使学生能够顺利地展开自主学习，并且在设计好方案之后，放手让学生去施展。这就要求把自己放在学生的位置上，以学生的角度思考：什么样的话题是他们感兴趣的？什么样的难度和深度是他们可以驾驭的？老师要拿方案、出点子。在探究、交流的过程中，是否仍有学生无法解决的问题，或是他们理解错误的地方？这时就需要教师点拨、质疑。

其次，教师的作用由课堂向课前和课外延伸。这堂课结束之后，有几位老师告诉笔者：他们觉得教师的作用体现得不够明显。我们认为：教师在课堂上的作用的确不如以往那么明显了，但是教师的作用由课堂向课前和课外发生了延伸；因而从整个教学过程来看，教师的作用无疑是加强了。以这堂课为例，以往的教学主要集中在40分钟内，教师只要处理好教材内容，讲明白就可以了。但是现在，哪些内容要讲，如何讲，讲多深？这些问题都需要老师认真思考并设计出方案。课前收集资料、进行研究、设计教学活动，课上指导学生分组活动、答疑解惑，课外指导学生进行后续跟踪研究等环节，都贯穿着教师的主导作用。因而教师的舞台比以往更大，作用比以往更强了。

最后，教师的知识和能力水平必须不断提升。如前所述，课改对教师的任务和作用提出了更高的要求，要想真正做到拿方案、出点子、点拨、质疑，教师的知识和能力必须要不断提升。在这堂课的准备和教学过程中，关于股票价格的影响因素和相关机制，是学术界仍存在很多争议的问题。在处理时，我们也感到自己专业知识储备不足，不得不通过请教专家、查阅资料等方式为自己充电。

精心设计的理念概括起来就是"学生的归学生，教师的归教师"，二者明确各自的责任，做到最好。也就是把课堂还给学生，让学生主动、快乐地学习；而作为老师应当拓展自己的舞台，发挥主导作用，真正引导学生完成学习任务，构建高效课堂。

（作者单位：中国人民大学附属中学。本文发表于《中国民族教育》2014年第2期）

以话题统领情境　让思考易于发生

◇ 周伟明

2016 年 9 月，教育部颁布《中国学生发展核心素养》，着眼于培养全面发展的人，更加关注学生的实际获得，倡导学生要学会学习。高中阶段的教育教学对于学生适应未来发展的需要至关重要，每个学科都承载着超越学科知识之上的任务和使命。核心素养不在于知道或者接受什么知识，而在于能够灵活地创造性地运用知识，并且能够运用这些知识在实践中解决问题的能力。高中思想政治课程应该坚持立德树人，在开放的视野下进行价值引领和学生自主发展，培养"政治认同、科学精神、法治意识、公共参与"的未来中国公民。在实际的教育教学实践中，要引导学生善于发现问题并且能够澄清分析解决问题的能力；基于情境建立新旧知识之间的联系，知识逻辑与生活逻辑相结合的能力；基于证据和理性思考后的有逻辑的呈现表达能力。通过以话题统整教学目标，用不同情境从多角度多层面上分析解决实际问题，让学生能够从生活中学习知识并把知识运用到生活中去。本文以人教版必修一"经济生活"第一单元为例，谈谈在教学中的一些思考和做法。

一、关于话题和情境

（一）适合学习的"话题"

"话题"一般是谈话或讨论的主题、中心或主线，或者是人们所关注的各种事件的概括，应该具有聚焦性、统领性、论证性。以布鲁纳为代表的结构主义教育思想强调学习是一种过程，而不是结果。鼓励学生自主地探究知识，发现学科结构。在此基础上，进一步研究并提出了促进发现学习的方法，一是鼓励儿童积极思考和探索，二是激发儿童学习的内在动机，三是注意新旧知识的相容性，四是培养学生运用假设、对照、操作的发现技能。因此我们可以充分运用相应的思维工具和背景，创设适于学习和思考的学习资源，为孩子提供良性友好的思考氛围。

适合学习的话题必须结合课标要求、单元教学内容，能把学生的目光引向生活和社会，在一定的社会背景下，又能充分利用教材、整合教材、拓展教材内容的基础上，利用开发学习资源，既脚踏实地又能仰望星空，提高课堂学习的效果。同时话题又不拘泥于一种形式，可以是学生确定的，可以是老师提供的，也可以是师生共生的，在此过程中既促进学生对话题的研究，也促进学生积极思考对所要研究内容的话题的确定，提高学生思考问题的能力。

在思想政治课中适合学习的话题必须经过精心挑选、整合，既要有时政性，还要能够贴近学生生活实际；既要有趣味性，还要能够激发学生的思维；既要有争论的价值，还要能够承载立德树人、激发思考的责任。因此结合学生的生活和实际需求设计话题，学生围绕某一"话题"在具体不同的真实情境中引入需要思考探究的问题，使学生在开展体验、思考、探讨、交流、研究等学习活动中能够有理有据地表达自己的观点、情感、态度，进而使学生理解新知识运用新知识解决新问题，让思考生长起来。

（二）情境的选择

就教学而言，情境是一个基本要素。一般来说，情境是指在一定时间内各种条件下，各种主体之间的利益关系的或简单或复杂的呈现。教师在选择和设计教学情境时要根据教学目标和教学任务的要求，在立德树人的前提下着眼于激发学生发生活跃的思考，让思考易于发生，真正发生。

陈友芳、朱明光教授认为，根据思想政治学科的特点，针对情境的复杂程度，在其他条件不变的情况下：（1）情境涉及的行为主体越多，情境一般越复杂；（2）主体之间的相互作用越强烈，情境一般越复杂；（3）决策要实现的目标越多，情境一般越复杂；（4）影响决策及其结果的因素越多，情境一般越复杂；（5）情境的不确定性越大，情境一般越复杂；（6）观点立场或价值观、利益越多样，且之间的冲突越大，情境一般越复杂；（7）情境所蕴含的价值、功能、作用越丰富多样，情境一般越复杂。据此情境可以归纳为简单情境和复杂情境。而基于高中学生的生活经验及理解能力，该情境是否熟悉，是否常见，是否能够理解并判断情境的新颖程度。那么结合这两个维度情境可以分为常见的简单情境、新的简单情境、常见的复杂情境和新的复杂情境。

因此，教师在创设情境的过程中，首先要考虑已定的话题下要实现的教学目标和学科任务的要求，其次要考虑通过设问使学生能够利用情境生发问题到解决问题。不管使用简单情境还是复杂情境，必须立足社会生活实际，能够体现价值引领、思维碰撞，而不是越复杂的情境越好。

孔子说："不愤不启，不悱不发，举一隅不以三隅反，则不复也。"创设有利于启发学生思考的教学情境，在某一话题统领下会使思考更有结构性、逻辑性。通过选择设计生活化、争议性、时代性特点的教学情境，引导学生对同一话题进行多角度多层面的理性的、有逻辑的分析与表达，主动与同学分享，发展学生全面、辩证、深入的思考问题的能力，提高学生解决问题的能力。并在小组合作过程中，学会协作与良性竞争，进而形成健全的人格品质。

二、思想政治课教学中话题学习的设计与实施

人教版"经济生活"主要是帮助"学生认识现实生活中常见的经济现象，获得参与现代经济生活的必要知识和技能"，引领学生在认识社会、适应社会、融入社会的实践活动中感受到应用知识的价值和理性思考的意义。教师在进行教学设计和课堂实施的过程中，必须要引导学生进行理性思考，让学生的思考既有源头又要有去处，既要自然发生，又要落地生长。因此，通过对教材的反复整合，确定教学目标后以"中秋节里话经济"和"商品货币那些事"为话题，统整第一单元，适当兼跨其他单元，引导学生透过经济现象，进行接地气的理性分析和思考，把学科逻辑和生活逻辑紧密结合，提升学生的理性思考的意识和能力。

（一）借助历史和语文相关学科精心创设情境和问题，用话题整合让学生可以有意识地进行跨界思考

在"互联网+"的时代，传统的思考习惯和思维模式正在受到前所未有的冲击，也因此衍生了很多领域和产品。跨界一般是指两个不同领域的合作，跨界思考可以让看起来相互独立的元素建立联系，形成全新的立体感，使思考更加纵深化。那么在教育大变革的今天，这种跨界的整合可以带来一种系统的结构化的思考，特别是对于创新或许有很大的启发意义。

第一课"神奇的货币"，教材里也是涉及一些历史时期的商品交换和货币的演进，通过整合后以"商品和货币那些事儿"为话题，以穿越的方式学习探究货币的产生以及演进，通过对教材的整合，运用传统文化中的古诗词以及历史上的相关事件创设情境，引导学生运用经济学知识和思维进行分析，从经济学视角认识历史发展的必然性和规律性。

穿越一：卫国的集市

"氓之蚩蚩，抱布贸丝，匪来贸丝，来即我谋。"——《卫风·氓》

思考：请你介绍一下《诗经》中的这个故事，并据此推断当时集市上的交换方式及交易情况。

情境：常见的简单的情境

目标：了解商品交换

学科任务要求：描述与阐释、预测与评价，引导学生进行合理推测，理解商品交换的发展和演进。

穿越二：偶遇唐朝大诗人

浅色縠衫轻似雾，纺花纱袴薄于云。

莫嫌轻薄但知著，犹恐通州热杀君。

——杜甫《寄生衣与微之，因题封上》

一车炭，千余斤，宫使驱将惜不得。

半匹红绡一丈绫，系向牛头充炭直。

——白居易《卖炭翁》

思考1：这里的衫、炭是商品吗？为什么？"半匹红绡一丈绫"发挥了什么作用？

金樽清酒斗十千，玉盘珍馐直万钱。

——李白《行路难》

少时犹不忧生计，老后谁能惜酒钱？

共把十千沽一斗，相看七十欠三年。

——白居易《与梦得沽酒闲饮且约后期》

思考2：诗中"钱"主要扮演了什么角色？结合历史知识你能分析"钱"的这些职能对大唐王朝的经济发展起到了什么作用吗？

情境：新的简单情境

目标：学生在体会古诗词的美之外，从经济学角度理解商品交换发展过程，理解货币的职能，在小农经济占主导地位的时代，认识到商品经济的发展，同时也站在大历史的背景下体会不同人在社会发展中的境遇。

学科任务要求：对辨析与评价的结论进行论证

穿越三：宋朝

世界著名经济史学家贡德弗兰克认为："11世纪和12世纪的宋代，中国无疑是世界上经济最先进的地区。自11世纪和12世纪的宋代以来，中国的经济在工业化、商业化、货币化和城市化方面远远超过世界其他地方。"

宋朝年财政收入最高曾达到16000万贯文，北宋中后期的一般年份也可达8000万~9000万贯文，即使是失去了半壁江山的南宋，财政收入也高达10000万贯文。明朝的财政收入仅仅是北宋的1/10000不到，南宋的1/6000不到。

汴梁市内手工业作坊众多，街道两旁商店、旅舍、货摊林立，人来车往，十分热闹。市场上的商品既有来自国内各地的百货，也有来自国外的各种商品。营业时间不受限制，除白天营业外，还有夜市和晓市。

产生于北宋期间(1023年)的交子是国际上最早的纸币，比欧洲早600多年。然而宋徽宗大观元年(1107年)，宋朝政府改交子为钱引。钱引的纸张、印刷、图画和印鉴都很精良，但它与交子最大的区别在于其不置准备金、不许兑换、可以随意增发，这就为中国纸币打开了末日之门。

思考探究：

1. 这个宋朝和我们曾经印象中"靖康耻犹未雪"的宋朝一样吗？说说你印象中的宋朝。

2. 为什么说"不置准备金、不许兑换、可以随意增发，这就为中国纸币打开了末日之门"？这对我们今天有什么警示？

情境：常见的复杂情境

目标：因为高一同学刚接触经济学理论，借助孩子们自己已有的知识储备，可以调动积极性。一方面大多数人可能对宋朝偏安一隅的历史更熟悉，这里的材料选取主要希望我们的孩子能够对宋朝的繁荣有所了解，经济的繁荣是基础，才会有政治文化的开明与多彩；另一方面可以通过北宋时期的交子——这个世界最早的纸币的发展演进认识到多发、滥发纸币的危害，以古示今。

学科任务要求：描述与阐释，能够根据任务情境的要求和特点，选择合适的、恰当的维度进行描述、比较和分类；辨析与评价，能够对辨析与评价的结论，运用学科原理进行理论论证。

> ### 穿越四：英国脱欧
>
> 英国广播公司网站8月22日援引英国报联社报道称，退税机构"环球蓝联"称，同比去年7月全英境内实体店的免税商品销售额，今年增长了7%。
>
> 报道称，其中，中国游客的消费额占总额度的32%。中国游客也是最大的消费群体，平均每单消费840镑（约合7182元人民币）。
>
> 美国游客成为第二大消费主力，占总额的7%，平均每单消费734镑（约合6276元人民币）。
>
> 占据第三位的是来自中国香港的游客，消费额占总数的6%。
>
> "尽管英国的欧盟公投造成了英镑贬值是令人沮丧的消息，但也是游客暑期来英旅游和消费最好的节点。"
>
> 思考：英国脱欧后，为什么游客暑期来英旅游和消费是最好的节点？

情境：新的简单情境

目标：任何选择都伴随着责任和代价。英国脱欧已经成为历史，在欧盟一体化进程中强大了的欧洲，给各国带来了更多的机遇。但是英国也必将自己承担这一选择的代价。同时以这个问题引导学生思考一国货币贬值（升值）带来的影响，认识到汇率的波动，结合出国旅游也为理性消费垫下伏笔。

学科任务要求：能够对已有的原理、结论或自己探究结论，运用学科原理进行理论论证。

以上探究活动主要是根据学生的思维水平和知识储备进行设计和实施的，对于高一学生来说，探究任务不仅要激发其兴趣，还要提升他们的思维水平和改进思维习惯，因此，根据学科任务要求设计问题，使学生在比较开放的、结构化、逻辑性的思考过程中适应高中政治学科的理性思考的要求。

（二）依托真实的生活情境，用话题统领引导学生进行接地气的思考

在学习第二、三课价格和消费时恰逢传统节日中秋节，为使学生的思考更加接地气，事先布置学习任务：调查中秋节期间的市场情况，要求学生选取大型超市、商场、社区便民市场或者网络市场，了解节日商品价格波动情况并初步分析得出结论。这个任务主要是尝试让学生自主发现情境、自主选择情境，更贴近生活，从现象入手，进行筛选归纳、理性分析。

教师选取中秋节期间的典型新闻事件，以"中秋节里话经济"为话题，结合教学目标中的核心知识创设情境和问题，使学生的思考有来源有去处，能够言之有物，言之有据，并能分析解决一些生活中常见的问题。

探究一：冰火两重天

材料1：吃月饼是中秋节的传统民俗，今年市场上的月饼有了更多的新花样，而且价格也更加亲民。月饼包装以简约、环保为主流，更多采用了纸质包装。盒装月饼多在每盒200元以下，散装月饼多在每块10元以下。一些厂商推出法式红酒蔓越莓、抹茶蜜豆和法式核桃乳酪等新口味月饼；糕点老字号稻香村首次推出了利用3D打印技术制作的立体"兔儿爷"月饼；茶叶老字号吴裕泰除金字招牌传统茉莉花茶之外，茶月饼、茶叶礼盒成为最受顾客欢迎的品种。

材料2：中秋节当天，散装月饼和中档月饼就开始大"跳水"，要不就是"买一送一"，有的品牌甚至买一送二，要不就是打对折，尽管商家使出了浑身解数，但前来选购的市民还是不多。

材料3：据了解，目前仅有上海市建立了"月饼回收上报制度"，要求食品生产经营者应当对回收食品进行登记，禁止使用回收食品作为原料用于生产各类食品，或者经过改换包装等方式以其他形式进行销售。

问题：1. 吃在中秋，月饼必不可少，为什么月饼的销售会出现冰火两重天？

2. 集思广益：对于剩余月饼你有哪些处理建议？

情境：新的复杂情境

目标：本探究活动主要指向商品、价格和供求关系、消费观。情境的设计主要采用比较复杂的新情境（其实在超市里或许是很熟悉常见的），引导学生对比较司空见惯的现象进行理性思考，通过提取关键信息形成初步认识，在进行梳理后形成理性认识，为后面学习企业经营奠定基础。

学科任务要求：能够正确运用多个学科知识和方法对方案的合理性、可行性进行论证；能够对每个可行方案进行优劣利弊比较，并做出最佳选择。

探究二

现象1：汽车白菜价

绅宝X55中秋假日白菜价直降4万元售全国。北京宝行汽车销售有限公司绅宝 X55 系列优惠促销，现车充足，颜色齐全，欢迎选购。凡在黄金九月到店的网友，可享最高 4 万元优惠，购车即送 20000 元的超值大礼包，礼包内含：进口贴膜，进口车身膜，底盘装甲，发动机护板，行车记录仪，进口封釉，进口封塑，座套，全包围脚垫，把套，灭火器，车衣，竹炭包，麂皮，香水，钥匙包等可选礼包 30 多种。

　　思考：1. 为什么会"白菜价"卖汽车？你信吗？

　　　　　2. 汽车和月饼都促销，消费者的反应会一样吗？为什么？画出曲线图。

　　现象 2：变脸的机票

　　中秋佳节期间广州往返省内及三亚机票飙升至全价，不过节后机票价格走向趋低，进出港航班机票大放价，如广州往返大部分城市如武汉、海口、杭州、上海、贵阳、厦门、昆明、重庆、西安等地的航线均有低至 2~4 折促销，武汉返广州甚至低至 1.4 折，票价仅需 240 元。

　　思考：节前节后价格为什么变化大？节后折扣价会带来什么影响？你能预测十一黄金周的机票价格走势吗？画出曲线图并解读。

　　现象 3：含泪过中秋

　　据台湾媒体报道，强台风"莫兰蒂"重创台湾南部农渔业。据"农委会"统计，截至 15 日下午 5 时，全台农业灾损已达 593410000.00 元（新台币，下同）。其中高雄市损失最惨重，达 4.6 亿元，占 78%。

　　据报道，受损作物中，以番石榴受创最重，其次为枣、香蕉、莲雾及食用西红柿等。

　　"含泪过中秋！"一名旗山蕉农被台风扫掉九成果树，哀叹无助。高雄市农业局表示，主要受创为西施柚、番石榴、枣子与香蕉等，已结果的西施柚落果超过五成。

　　思考：结合材料，你认为会有哪些因素影响到价格？你能预测台风对未来台湾省的水果的价格和销量影响吗？尝试画出曲线图并解读。

　　归纳：根据上述曲线图，归纳总结需求弹性的观点。

　　情境：新的复杂情境

　　目标：这个探究活动指向价值规律、需求弹性。通过质疑"白菜价"卖汽车认识到，除了商家的广告营销外，还有社会劳动生产率与商品价格的关系；通过分析同样的促销手段，消费者反应不同，理解价格对需求的影响，认识到价格对相关商品需求变动的影响。"莫兰蒂"台风过境应该是中秋节里我们最不愿意看到的天灾，以此做问题情境，也是引起学生对人和自然关系的思考，有人说每一次自然灾害都是对人类的报复，而这种报复形式有很多种，带来的后果也有很多种。这里站在经济学的角度分析阐释它的后果，意识到这种惩罚或许会延续很久。

学科任务要求：能够创造性运用或综合运用学科知识和方法对方案的合理性、可行性进行论证，而且能够加以反思和检验。

探究三：中秋文化游

记者从山东省旅游发展委员会了解到，中秋假期3天，"平安泰山"品牌泰山景区接待游客6.9万人次，接待收入539万元，其中《中华泰山 封禅大典》演艺节目，假日期间接待近3000人次，同比实现翻番。"东方圣城"品牌曲阜三孔景区接待游客4万人次，接待收入187万元。"仙境海岸"品牌蓬莱阁景区、"水浒故里"梁山景区、黄河入海品牌东营市等则通过打造各类高品位的文化旅游节庆吸引了大量游客。济宁推出"梁山功夫研学游""邹城孟子研学游""汶上佛教文化研学游""兖州禅修养生文化研学游"，成为游客研学游的新高地。

思考：文化创意旅游产品成了旅游消费热点，你怎么看？

情境：新的简单情境

目标：吃喝玩乐在中秋，有文化味道的中秋游玩是我国居民消费水平在提高，所以通过情境让学生不仅可以从学科角度认识到生产和消费的关系，同时对于自身的消费行为进行反思。

学科任务要求：能够对已有的原理、结论或自己探究结论运用学科原理进行理论论证。

（三）捕捉学生课堂生成问题，让思考继续生长

1. 小米的饥饿营销。在学习供求关系影响价格时，一位同学提问："老师，我觉得有个特例，正常情况下应该是供不应求价格上涨、供过于求价格下降的，那么为什么小米手机很难买到但是价格却不高呢？"如何利用这种学生生成的问题呢，可能最合理的方法还是求助于同学们的智慧，因为这个问题在我进行教学设计的时候确实没有想过。另一位男同学举手帮助我回答了这个问题：小米采用

的是饥饿营销的手段，他们每次都会限量销售，就人为地造成一种商品供不应求的市场形势。而且小米一般的营销方式是发布会和网络营销，网络上有好多忠实的粉丝帮助推广，形成口碑，造成一种物以稀为贵的局面。小米没有线下实体店铺，线下主要是发布会，发布产品的日期、型号、价格什么的，吊足大家的胃口，这样到销售的时候就会出现抢购，但是价格并不会上涨。

提问的同学没有仅满足于课堂学到的东西，而去质疑一些观点，思考一些现象，可以说这是我们任何一位教师都愿意看到的，因为他是真正地在思考，并且让思考继续生长；解答问题的同学既是利用自己的生活积累与课堂所学的内容进行融洽对接，同时又再次提升自己对问题的理解。课后我自己也补上了"小米营销"的这一课，饥饿营销、粉丝营销、口碑营销等，小米现象也应该引起更多的思考。

2. 月饼的回收利用：在设计这个问题的时候主要是考虑学生在消费观念上要绿色环保，节约、适度消费等，但是学生的讨论还是给我很大的惊喜。学生还考虑到了很多角度：企业生产的时候不仅了解市场需求量保证质量，还要简化包装避免二次浪费；可以发给员工做福利；养猪场做饲料；对于无良企业如果回收月饼做食品原料就要严惩，提高违法成本；如果在保质期内的月饼可以无偿送给福利院或者贫困地区……同学们在这个问题的讨论上已经超越第一单元范围，思考了企业的守法经营及社会责任和国家政策，为后面相关内容的学习打下初步的基础。

三、反思

（一）对话题下情境和问题深入理解、解释、阐述是对学习者提出的挑战

在话题学习的过程中只有收集大量事实、信息，并对其进行加工的情况下，才可能形成自己的观点。在输入和输出的过程中，要注重培养学生收集资料、形成资源的能力，创造机会和平台，让学生能够使用互联网查阅资料收集资料，或者到图书馆收集资料，或者创设一些主题社会实践活动、课程等资源，根据话题整合信息，提取个人需要的观点。在"商品和货币那些事"的话题学习中，让学生有机会占有更多的资源，比如事先提供学案、根据所设问题上网查阅唐朝和宋朝的相关资料，弥补这种穿越方式的一些局限性。

（二）基于情境的话题学习呈现方式应该多样化

在新与旧、简单与复杂、有序与不良的情境下，要提高学生以事实为依据，通过从多角度、多层次理解和分析，培养学生全面地客观地认识问题，透过现象

认识本质。在学习讨论、交流过程中，采取独立学习与小组讨论交流相结合，提升自主学习的能力和合作式学习的能力，以自评互评等多种评价方式促进学习，可以创新学习成果的呈现方式，如小论文、调查报告、主题演讲、在线交流、微视频、情景模拟、小剧本等。而在这部分学习中由于是初步尝试，所以评价方式还是仅就课堂上学生们的讨论展开，即便是前期让学生调查市场，也只是初步形成结论，没有要求非常深入的阐释分析，在这方面教学中可以做更多的尝试。

（作者单位：北京市海淀区教师进修学校附属实验学校。本文发表于《思想政治课教学》2017 年第 5 期）

学生个体经验：班队活动的逻辑起点

◇ 骆殿兵

一直以来，班队活动作为班级建设的重要组成部分，承载着让班级充满成长气息的独特作用。但纵观当下许多学校开展的班队活动，表面看来是轰轰烈烈、热火朝天，认真观察却发现因为缺乏理性的思考与设计，班队活动的建构往往显得盲目、混乱，从而直接影响到了班队活动的生命力与发展活力。所以，随着班队活动的深入开展，有必要从课程的视角来思考班队活动建构的逻辑起点。只有对逻辑起点准确把握，才能建构起科学合理、切实有效的班队活动体系。

一、何谓班队活动建构的逻辑起点

逻辑起点作为哲学与逻辑学的研究范畴，是"必须用什么做科学的开端"的问题，或者说"逻辑起点就是这门学科产生的源头"。简而言之，逻辑起点是一门学科理论体系得以开始和发展的出发点和根底。整个理论体系从逻辑起点及其对基本问题的抽象回答出发，以对基本问题在实践中表现出的具体问题的回答为结束，在这一过程中，对逻辑起点本身也解释说明得越来越具体实际，显现出现实起点和可能终点的统一。班队活动的建构不是一门科学，也不是要重新建立一门学科，但班队活动的建构必然要形成一种真正从学生实际出发、彰显本校办学特色和蕴含本校文化内涵、具有内在逻辑结构的课程体系。而这种具有内在逻辑结构的课程体系必然具有其逻辑起点。无逻辑起点的班队活动体系，则会因为基础或灵魂的缺失而导致黯淡失色。

那么，究竟什么是班队活动建构的逻辑起点呢？笔者以为，班队活动建构的逻辑起点，应该是班队活动体系中最抽象、最简单、最基本的"起始范畴"，或核心概念，或关键要素，是班队活动体系建构的出发点与立足点，由此推导、建构起整个班队活动体系。所以，班队活动作为学生成长的有效载体，其建构的逻辑起点理应是学生个体经验。它是学生在日常生活和学习当中，与周围环境相互作用而生成的，具有个人意义的认知经验和体验。学生个体经验不仅是班队活动的宝贵资源，而且能够作用于班队活动。班队活动的开展不是为活动而活动的，是围绕着学生的发展需求去建构的，从规划、选择、实施到评价与反馈构成一项整体性、系统性的工作。其内容的展开应该包含着引领生活经验的线索：将学生的个体经验作为学习起点，以具体的活动设计引导学生表达、分享个体经验，进而促进个体的反思，通过师生之间、生生之间经验的激荡、碰撞、共认等促进学生主动去调整与扩展个体经验。同时，活动的触角还要不断从课堂延伸到学生更广阔的生活领域。只有基于学生经验、回归学生现实生活、关照学生自身体验、关注学生学习过程，方能激发并保持学生学习兴趣的持久和动力，引领学生学会选择和追求幸福，展现自身的生命特性，从而更好地体现班队活动的意义与价值。

美国现代教育家杜威指出："所做的事情、动作和感受（或经历）的密切关系就形成我们所谓的经验。""经验就是人和自己所创造的环境的'交涉'。"他认为这种改造或改组，既可以增加经验的意义，又能够提高指导后来经验进程的能力。他在《民主主义与教育》一书中写道："这样我们就得出了教育的专门定义：教育即经验的不断改造或改组。"他认为这种改造或改组，既能增加经验的意义，又能提高指导后来经验进程的能力。德国生命哲学家狄尔泰也曾经说过："生活表达在经验之中。"可见，经验对人非常重要，人的生长、学习的过程也就是经验不断改造和重组的过程。发掘学生个体经验的潜在内生性，有助于打破原有的师生沟通鸿沟，实现师生之间、生生之间的情感交流、思维碰撞，提升学生个体经验在班队活动资源中的新价值，帮助学生在体验快乐生活和追寻生命意义中成长。

二、为何学生个体经验是班队活动建构的逻辑起点

校本课程建设框架下的班队活动其实是一种由学生积极主动参与的、有特定主题的德育活动。按照课程改革的理念，学生应该是课程学习的积极主动的参与者、建构者，而不是被动的接收器、听声筒。班队活动不仅是学生接受知识、素质养成、情感熏陶、愉悦身心的场所，也是学生展示自己、表现自己的一种绝好的舞台。而当下，我们的班队活动更多的是按教师意愿，自上而下，根据介入需要或检查需要而开展的，学生个体经验的价值往往被忽视，甚至被否定，导致学生的生命成长迷失在"水草充沛的牧场之中"。随着课程改革的不断深入，大家已越来越清楚地认识到："教育教学不再是教师的主观呈现，也不能再是教师的主观呈现，

因此必须回归到它的本真上来。"这就要求教师必须站在课程的角度重新建构自己的班队活动体系，以完整的人介入学生的生活视阈，唤醒学生个体经验，形成"经验场"，"以学定教"引导学生行走在"现实基础"和"成长需要"之间，实现学生生活世界和学习领域的统一。

以学生个体经验为逻辑起点的班队活动建构体现了"以学生为中心"的教育理念。现代教育的发展要求我们从传统教育由教师的"教"转向学生的"学"，即以学生为中心、以学生的学习为中心。班队活动的建构以学生个体经验为逻辑起点，就必须基于学生认知规律，研究学习特点，引导学生调整、转变自己的学习方式，实现自主、合作、探究学习。

以学生个体经验为逻辑起点的班队活动建构契合当下新课改的核心理念。"为了学生的发展，为了每一个学生的发展"是新课程改革最核心的理念。学生个体经验是有价值的，它是教育活动的起点，是教育经由的途径，学生个体经验的持续改造是教育的目的。因而，以学生个体经验为逻辑起点的班队活动能够全面而深刻地体现新课改的这一核心理念，其教育价值与功能是其他课程所无法替代的。

以学生个体经验作为逻辑起点符合班队活动建构的根本价值取向。班队活动到底为何而建构？其存在的理由或者价值是什么？这似乎是建构班队活动时无法回避的基本问题。而回答这一问题则关涉到班队活动建构的价值取向问题。事实上，建构班队活动具有多元价值取向，主要表现为以下层面：一是在班队活动建构中促进学生全面而富有个性地发展，让每个孩子长成自己的姿态。这是开展班队活动的根本价值取向。二是在班队活动建构中提升教师的专业化水平。教师在班队活动建构中的主体地位，决定了他是班队活动建构的重要价值维度。三是在班队活动建构中丰富学校文化内涵，促进学校特色发展。这是班队活动建构中的衍生价值。基于校本课程的视角，将班队活动建构的价值确定在"学生、教师和学校"三个层面的发展上，是符合客观实际的。但这三者之间并非是平行发展的线形结构关系，其中，学生的成长与发展是班队活动建构最根本的价值取向，是班队活动建构的出发点、落脚点和终极追求。在教育实践中，但凡为了片面追求学校价值，而越过班队活动对学生发展的价值，或者片面或失序的班队活动价值取向，则扭曲了班队活动建构的基本精神，从而导致班队活动实践陷入迷茫、迷失和混乱的状态。

三、如何构建以学生个体经验为逻辑起点的班队活动

理念是行动的向导。对以学生个体经验为逻辑起点的班队活动建构，必须事先清晰地界定、认识它的理念，其核心理念在于坚持以人为本，基于学生，以学生为主体，促进学生发展。但在具体的教育实践中，这一核心理念并没有真正成为班队活动实践的行动指南。从某种意义上而言，正是因为对这一核心理念的曲解才导致了目前班队活动建构过程中的种种误区和乱象。有了正确且清晰的理念，还必须以此为指南并努力付诸实践，才能让学生在班队活动中所形成的精神、信念、价值在其灵魂深处折射出的色彩指引着他们生命成长的方向。

首先，坚持"以人为本"要做到关注具体的"每一个"。班队活动的建构必须以人为本，要紧紧围绕"人"而展开，其起点与终点都应该指向"人"，即每一个学生。对于班队活动的开展，不在于追求活动本身的尽善尽美，而在于如何使活动成为所有学生最喜爱和最乐于从事的事情。也就是说开展的班队活动要面向具体的"每一个"，方便"每一个"学，让所有的学生在原有的基础上都能获得最大限度的发展和提高。日本著名教育家佐藤学教授曾说："我心里放着的是一个一个的学生，而不是所有人面目模糊的全班。"因此，班队活动的开展要从学生的个体经验出发，通过"低起点切入"，让不同层次的学生都有机会"能参与"，也让更多的学生可以有能力"多参与"。严格来说，班队活动如果仅仅发生在个别学生和老师之间，或者个别学生之间，不属于真正意义上的班队活动。活动的过程中，作为教师应将活动内容细化为具体、可操作的步骤，让全体学生都尝试去做，去完成。这样，才能让每一个学生学得生动，学得有效。

其次，"基于学生"要求班队活动成为真正属于学生的课程。班队活动建构的基点和出发点必须立足于学生现有的知识经验、个性特点，着眼于学生的发展需求等客观实际。只有如此，班队活动才能成为真正属于学生的课程，指引学生朝着那明亮的地方去。基于学生个体经验的班队活动要以已有班队活动开展中学生主体地位的缺失为切入口，从学生出发，让学生站在班队活动的最中央，参与设计、选择主题、组织实施、自主评价。班队活动过程中，教师要倾听学生的声音、尊重学生的主体性、重视学生独特的个体经验，通过思想碰撞和智慧分享，激活成长因子，促使学生知行一体，在体验和实践中深化认知、迁移能力、内化素质，进而明辨是非善恶，懂得应该做什么，不应该做什么,逐步形成自我约束、自我管理、

自我教育的能力，促进学生健康人格的形成，实现成长的无限可能。

再次，"以学生为主体"要赋予学生相应的主体权利。学生不仅是班队活动的"消费者"，更是创造者和受益者，丰富多彩的班队活动让学生获得了不同程度的个性化发展。学生作为班级活动的主人，对班队活动的目标、内容与价值，有权参与决策、有权进行诘问和发表意见等。同时，学生作为教育对象，其个体经验也是一种活化的课程资源。在丰富多彩的学生生活中蕴含着许多有意义的课程内容，为班队活动的开展提供了大量鲜活、生动的资源。当然，以学生为主体并不是要否定教师作为班队活动的主力军地位，并不排斥教师在班队活动组织中的领导、引导和指导作用。教师更多的是彰显、尊重学生个体经验，积极鼓励、支持、帮助学生自我面对成长问题，推动学生在自主参与中真正成为活动的主人。同样，因为尊重、关注、满足，学生获得了充足的体验、感悟与思考，学会用自己的力量去解决问题，活动的过程充满着生命成长的气息。这样，学生个体经验得以充分介入班队活动的各个环节，从而在师生双方共同的构建下，学生自然获得了道德成长，这也正如杜威所言："不管学生的经验背景在某一时期是如何地贫乏和微薄，只有当他有机会从其经验中做出一点贡献的时候，才真正受到了教育。"

最后，"促进学生发展"必须以学生素养发展为宗旨。教育不是现代生产线上下来的，已完成的、静态的工业产品，而是着眼于人的素质和能力的活动。班队活动与学科课程不一样，不应该也不能囿于知识教育，而应以发展学生的素养为旨归。学生素养作为一个复杂而多维的综合系统，一般而言，可分为基本素养、特殊素养、核心素养、综合素养等。在当前的基础教育阶段，班队活动的建构理应强调发展学生的基本素养、核心素养和综合素养，适当注重发展特殊素养，而不是相反的方向。班队活动的组织和开展不能仅停留在事实的学习层面，而更应该是一种价值和意义的学习。在推陈出新中，赋予活动更多适合学生成长的教育意蕴，引导学生成为他自己，不断积蓄成长的力量，走向道德的自主建构，追寻美好的生活，真正让核心素养在活动中落地生根。

"横看成岭侧成峰，远近高低各不同。"只有以学生个体经验作为班队活动建构的逻辑起点，方可避免班队活动的千篇一面，从而建构起立足于学生发展、特色鲜明、形态各异、丰富多彩的班队活动，创生出班队活动"各美其美，美人之美，美美与共，天下大同"的理想境界。"只有当我们所有的教育追求和努力真正变成学生的生命经历和体验，我们良好的教育理想才不是'画饼'，因为从学生的需要出发，从学生已有的知识背景和经验背景出发，我们的追求才有了一个正确的起点"。

（作者单位：江苏省淮安市洪泽实验中学。本文系作者主持的江苏省教育科学"十二五"规划 2013 年度普教重点资助课题"思想品德课乡土课程资源开发与利用研究"研究成果之一；课题批准号：B-a/2013/02/078）

品德培养如何回归生活

◇ 肖　月

　　"品德与生活"课程的基本理念为：道德存在于儿童生活中。道德寓于儿童生活的方方面面，没有能与生活分离的"纯道德的生活"。儿童品德的形成源于他们对生活的体验、认识和感悟，只有源于儿童实际生活的教育活动才能引发他们内心的而非表面的道德情感、真实的而非虚假的道德体验和道德认知。记得陶行知也说过：生活即教育。即在生活中进行教育、体验，教育应以生活为中心。因此，良好的品德的形成必须在儿童的生活过程之中，而非在生活之外进行。那么品德培养如何回归生活呢？

一、源于生活，创设生活课堂

　　品德与生活课标中指出："教师在教学活动中的每一个环节应注意把握儿童的实际情况。"在品德与生活的教学实践中，教师也越来越感到教学紧密结合学生生活实际的重要性，因为它是有效进行教学设计和有效开展教学活动的基础。我认为教学只有密切联系儿童生活，创设生活的课堂，以孩子已有的生活经验为道德起点，激起学生的真实情感，才有利于学生认识生活、理解生活，从而形成良好品德。

　　例如学习"我会好好吃"一课，教师充分做好课前调查，对学生在吃的方面已有的生活经验、生活习惯进行了深入了解，以便有针对性地进行教学。课堂教学中，教师让学生代表一种食物，通过课前了解各种蔬菜、水果和粮食的作用，采取戴头饰方式进行自我介绍，同时开展为自己找家的活动，从而使学生在头脑中初步建立食物金字塔的框架，并认识到每一种食物对身体健康成长的重要性。教师进而结合本班学生中有不喜欢吃胡萝卜，或者有偏食、暴饮暴食的不良生活习惯的现象，适时抛出问题，引发学生思考，告诉他们应该怎样做，使学生获得深刻的生活感悟。因为教学真正源于学生真实的生活，解决学生中存在的实际问题，学生乐于接受，而教师积极有效的引导，更是提升了学生对于生活的认知。

二、通过生活，创设活力课堂

教学怎样贴近学生的生活，关键在教师。教师要善于从教材的范例中捕捉到与自己学生最接近的生活问题，生成为学生自己的问题，也就是将静态的文本变成孩子自己的活动，引导儿童进入或重新进入自己真实的生活世界，对自己的真实生活进行有益的感受、体验、分析、反思，让学生在体验中感悟，从而使课堂教学充满生机与活力。

例如"节约用水"一课，教师在引导学生课前观察、调查了解水在日常生活、工农业生产中的用途后，课堂上通过交流和分享，使学生初步体验和感受到水在生活中的重要性。而停水现象对生活造成的影响，在老师提出问题后立刻使学生产生共鸣，这样就使学生真正走进自己真实的生活世界。而了解我国是一个水资源匮乏的国家，作为教学难点，教师没有直接告诉学生，而是采用全国水资源状况柱状图的直观呈现，密云水库、官厅水库水位对比图，让学生生动、形象地感受水资源的现状，自然而然产生质疑：我们的生活中会不会有一天没水喝？使学生明白了节约用水势在必行。之后的模拟生活场景——滴水试验，使学生认识到节约每一滴水的重要性，必然促进学生内在的自觉行为。这样的教学活动从学生生活体验出发，教师精心组织并有效点拨，引导学生在真实的生活世界中感受、感知和感悟。通过生活，促进了学生积极地自我认同。

三、为了生活，创设发展课堂

鲁洁教授曾强调：课程是为了生活，为了促进儿童过有道德的社会生活。真实的生活经历、经验是最好的课程资源，也是课程的基础。这种教育不是通过说来完成，而是儿童能用自己的心灵感受得到的生活。教师就是要引导儿童"过他自己的生活"，成为他自己生活的实践者，成为他自己生活的观察者、反思者、体验者和创造者。这个过程是用美好生活的目标去引导和提升儿童的生活、使儿童的生活变得更加有意义、更加美好的过程。

例如"收获的秋天"一课，给我留下深刻的印象。此课教学的设计新颖、生动、实效性强，真的是为学生的发展营造了良好的空间。教师将自己家乡的秋天的果实带来分发给小组，引导学生采取看一看、闻一闻、摸一摸的方式一起探究和发现秋天的果实都是什么样子。学生参与热情高涨，用他们的多种感官感受秋天是收获的季节，感受秋天大自然的美，在此基础上，有效引导学生为这些果实进行分类，尤其教师拿来小米、高粱米等孩子不容易见到的粮食作物，使学生获得许多生活的知识。同时创设情境，让学生亲自剥玉米，感受果实的来之不易和劳动人民的辛苦。这样的教学活动，教师没有限制在课堂上，而是追随学生的生活。让学生在自己的生活中进行有意义的学习，提高对现实生活的感悟能力。让孩子身心愉悦地过他们自己的课程生活，使学生体会到生活的乐趣。

同时，基于发现课堂教学中存在的一些问题，进行一些思考：

1. 品德培养回归生活不要脱离学生自己的生活

例如"我来帮助你"一课，教师创设了讲授雷锋助人事例，听《学习雷锋好榜样》歌曲的情境，同时引导学生寻找社会中大量的乐于助人的感人事迹，但教师偏离了教学主题，没有更多地关注到学生自己的生活、自己的感受。此课应该引领学生在学校、家庭、社会各种情境中初步理解互相帮助的意义所在，懂得热心帮助别人的道理。教学要注重发现学生身边的教育素材，切实地使学生真正成为参与、认知的主体，学习的主人。

2. 品德培养回归生活不要忽视学生生活的细节

例如"我的手"一课，教师采用多种方式和手段，引领学生展示手，感受手有能做事、会辨认、能创造的本领。但在引导学生理解手的作用大的体验活动中，教师只顾让学生亲身参与不用手拿起桌子上的纸的体验活动，而忽略了课堂中学生只能用嘴叼起纸张的做法，违背了为学生健康生活打下扎实基础的初衷。因此，教学不是为活动而活动，应关注学生生活的细节，真正尊重和理解学生。

总而言之，在"品德与生活"教学中，我们一定要紧密联系学生生活实际，从学生真实的生活源头出发，引导他们用自己的感官去认识，用自己喜欢的方式去体验，用自己的心灵去感悟，让他们在建构中发展，在发展中生活——这才是真正的、成功的"品德与生活"课程教学。

（作者单位：北京市通州区教师研修中心。此文发表于《北京教研》2011年第4期）

在体验中培养学生道德情感

◇ 崔 宁

《青少年法治教育大纲》指出：小学阶段目标是"着重普及宪法常识，养成守法意识和行为习惯，让学生感知生活中的法、身边的法，培育学生的国家观念、规则意识、诚信观念和遵纪守法的行为习惯"。因此，在小学《道德与法治》学科教学中要注重学生道德情感的培养，要最大限度地挖掘有价值的资源，创设有意义的活动情境，在发展学生思维能力、探究能力和实践能力的过程中，使他们产生发自内心的道德情感，促其良好品德和健康身心的形成。

一、关注德行能力，在体验中发展情感

心理学知识告诉我们，人们的认识活动是与人的情感活动紧密联系的，而道德情感是道德认识的内驱力和催化剂。因此，教师在教学时要关注学生真实的道德能力和道德水平，利用生活中积极健康的情感因素，选取适宜学生发展的教学方式创设情境，让学生在身临其境中进入学习状态，在潜移默化中能力得到提升，情感得到发展。

分析当下儿童的特点，多数学生在家是独子，由于生长环境及家庭结构等诸多方面的原因，造成当下儿童在德与行方面问题多多。主要体现在：多数儿童将品德仅仅停留在口头上，说起来头头是道，做起来却难上加难。这就是我们常常说的"说一套做一套"，这样的"道德认知与道德行为不统一"极大阻碍了学生的发展，也与我们时代的需要相背离。因此，培养学生拥有良好的道德情感已经迫在眉睫。

于是在"我们一起做"一课的教学中，结合课前调查中发现的大多数学生都知道一起做事情要合作，要谦让，不埋怨，不争抢，但是生活中却是另外一种表现的现象，授课教师专门设计了一个"运送乒乓球"的游戏体验环节。体验中，结合学生在游戏中生发的矛盾，教师引导他们自己发现问题，并尝试解决，在一

次次尝试中，通过层层递进的"发现问题—解决问题—再发现—再解决"的体验，使得学生对于一起做要"懂得谦让，互相体谅，遇事多商量"等认识有了更为深刻的理解。

教学到此，并未止步，因为只有将教学与学生的现实生活之间产生关联，才不会使我们的课堂教学成为纸上谈兵。于是，接下来，授课教师结合游戏，引导学生观察、回忆经历过的情绪、心情和行为，让学生谈谈生活中的案例，启发学生思考如何解决生活中的困难和问题，引导他们能够利用课上学会的方法和成功案例，帮助自己和他人解决生活中的实际问题。通过多次体验让学生感受合作有优势，合作有必要，合作可以让我们更容易成功，更容易体验到快乐，促使学生的情感得到发展。

二、关注已有认知，在体验中深化情感

生活是课程的基础，蕴藏着丰富的发展内涵和价值，是课堂教学的巨大资源库。关注学生方方面面的生活，可以为教学提供更丰富的题材与案例，使我们的学科育德更具实效。

教师要善于挖掘儿童已有的生活经验，关注他们对生活的感受、认识、体验和感悟，寻求已有生活经验与课堂教学的结合点，用以深化学生的情感，提升他们对现实生活的体验和理解。

"我的梦 中国梦"一课的教学就有这样的体现。这一课是"爱祖国 多自豪"单元中的最后一个小主题。在前三个主题的学习中，学生对我国的国旗、国徽、国歌等国家标志有了一定的了解，懂得尊重国家标志是爱祖国的具体表现，并且通过亲身参与及互动交流感受到了国庆活动的喜庆热烈，初步培养了民族自豪感。因而，本课则意在引导学生通过各种活动进一步体验、感受和表达爱国情感，为自己是中国人感到自豪，初步树立爱国情怀。

不难看出，对于刚刚升入二年级的小学生来说，祖国还是一个非常抽象的概念。通过前面三个主题的学习，学生对祖国有了一些认识，知道自己是炎黄子孙，也储备了一些我国国旗、国徽、国歌等相关知识。虽然大多数学生知道我国的版图像一只雄鸡，对我国很多风景优美的地方也有浅显的认识，但是，他们对于祖国的地大物博、包罗万象、美丽神奇，以及先进的高科技等与他们的生活渐远的方面还没有整体的、深入的了解。因此，要想让"祖国"这个抽象概念对学生不再陌生，把"共筑中国梦"的情怀植入学生心田，就需要以学生已有生活为依托，

尊重学生已有认知，尊重他们的看法和认识。教师更要精心设计教学活动，让学生积极参与，通过各种体验和交流活动感受祖国的不同角度，不同方面，在认识的过程中触动内心，从而对"我的梦"与"中国梦"的认知得以提升，情感得以升华。

众所周知，七八岁孩子最喜欢涂涂画画，而且乐于表达，愿意展示自己，但是此年龄段学生的语言表达能力、资料收集和整理的能力，以及初步辨析能力等还很欠缺，这就更需要教师在设计和实施教学活动中加以重视。基于学生的这些实际认知和能力水平，实施本节课教学之时，授课教师就为学生设计相应的体验探究，如贴地图、看短片、辨一辨、猜一猜、画一画等活动，让他们的情感、能力、认知都得到发展。

特别是在"中国梦"的环节，通过前面的学习，学生对祖国的"美、奇、大"有了进一步认识，此时的他们对祖国充满了美好的情感。基于低年级儿童乐于表达的情感需要，在此环节，授课教师又为学生提供表达的时间和机会，让他们说出想法、表达心声、抒发情感，为他们初步感悟核心价值观打下基础。

三、关注未来发展，在体验中升华情感

学生良好品德的形成源于他们对生活的体验、认识、感悟与行动。因此，要想让学生获得真实的道德情感、道德认知和道德行为，还需要从学生未来发展的角度出发，对其加强情感的培养。

如"和动物做朋友"一课，通过对学生的调查与分析，我们发现，二年级学生对动物已有一些初步的认识和了解。处在这个年龄段的学生一般都喜欢与小动物玩耍，而且已经通过读书、看电视等多种渠道能初步认识动物的外形特点、生活习性，尤其是了解身边的小宠物，在生活中学生还与小宠物之间发生许多有趣的故事。

虽然，学生从生活层面上知道小动物的一些生活习性，能够感受小动物的一举一动会给自己带来快乐，但是对于动物与人类的密切关系缺乏进一步的了解。比如，对动物生存环境的认知，以及动物与生态平衡的关系这些可持续发展的思想对学生来说几乎是陌生的。因此，授课教师把教学重点放在情感目标上。为达成这一目标，教师创设多种活动情境，有动与静的结合，有直观的感受也有耐人寻味的思考，层层递进，对学生的身心发展产生影响。学生在活动中体验、感知，在感悟中自我提升，情感不断得到升华，育德于教学之中，提高了实效。

特别一提的还有明理环节。教师依据教学内容以及学生情感发展的需要，变换教学方式，选取适合学生认知特点的音像资源，在课上播放。动画《我是一只小小鸟》描述的虽然是一只小鸟由快乐生活到悲惨死去的经历，其实再现的却是我们真实生活中的一些不良现象。直观的画面，真实的情景，深深地将学生吸引，他们的情感也随着故事情节的发展而起伏。看到学生们红红的眼圈，小脸上无声的泪水，我们能够深刻地感受到，此时此刻，他们的内心正在接受一次洗礼。虽然他们只是七八岁的孩子，但是看到他们凝重的表情，我们有理由相信，此时的他们对人与自然的关系一定有了更深的体会和理解。此处无声胜有声，育德教育悄然开花。

我们说，道德情感的培养不能靠"灌输"，也不能靠"塑造"。正如苏霍姆林斯基所说："道德只有当它被学生自己去追求，获得亲身体验的时候才能真正成为学生的精神财富。"为此，在小学"道德与法治"课程中，学科教师要善于挖掘有价值的课程资源，创设学生喜爱的学习活动，让体验融入教学的全过程，促使学生在积极主动的参与中生活得到充实，认识得到发展，能力得到培养，道德情感得到提升。

（作者单位：北京市燕山向阳小学。本文写作于 2017 年）

提升思考品质

　　思考的质量决定人生的成败。思考的逻辑性、深刻性、全面性、灵活性、创造性、批判性、敏捷性和系统性等品质会影响一个人的思考质量，影响一个人的认识活动、实践活动和思维方式，进而影响一个人的人生轨迹。思考品质的提升、核心素养的发展、成功人生的塑造，可以成为一个紧密联系的有机整体。

哲学学习的三重境界

◇ 王国芳

高中思想政治教材《生活与哲学》是一个非常特殊的模块。有学生认为哲学很难学，也有学生觉得哲学很简单；有学生感慨哲学很抽象，也有学生觉得哲学挺有趣；有学生说学哲学没用，也有学生认为学哲学很有用。这种种不同，其实反映了人们在哲学学习中所处的境界上的差异。哲学学习，可以分为三重境界：第一重境界是把握哲学知识，第二重境界是养成哲学思维，第三重境界则是提升哲学智慧。

一、由点及面，把握哲学知识

准确把握哲学知识是学习哲学的最基本要求，也是哲学学习的第一重境界。这里的哲学知识，主要包括核心概念、基本原理和知识体系三个层次。准确把握哲学知识，就是要在哲学学习中吃透核心概念、理解基本原理，并在此基础上构建起自己的知识体系。

1. 吃透核心概念

概念是最基本的学科语言表述单位。小到哲学中的一个原理，大到马克思主义哲学的整个体系，都是建立在一个个基本概念的基础之上的。掌握这些概念，特别是吃透物质、意识、规律、实践、认识、联系、发展、矛盾、价值与人生价值、价值观等核心概念，是学好哲学的重要前提。具体而言，需要从两个方面加以重视：一是对核心概念的文字把握务求严谨；二是对核心概念的内涵理解务求全面。

以辩证唯物主义的物质概念为例：物质是不依赖于人的意识，并能为人的意识所反映的客观实在。要吃透这个概念，从文字表述上看，需要我们字斟句酌，既不能把其中的"意识"改成"意志"，也不能把其中的"客观实在"换成"客观存在"。毕竟意识不等于意志，客观实在也不同于客观存在，如果随意更改，那么对这个物质概念的理解就会走样。从内涵理解上看，物质这个概念涉及了两对关系。第一对是物质与意识的关系：一方面是物质不依赖于人的意识，另一方面是物质能为人的意识所反映。前者强调了世界的客观性，划清了与唯心主义的界限；后者强调了世界的可知性，划清了与不可知论的界限。第二对是物质与物质具体形态的关系：客观实在性是物质的唯一特性，是宇宙间一切客观存在着的事物和现象的共同本质的概括，而不是指某一种具体的物质形态。哲学概念的把握，就应该这样，而不能简单地停留在文字记忆上。

2. 掌握基本原理

哲学原理是哲学知识中的精髓，是应该在学习中花力气彻底掌握的。有的同学以为自己记住了、能背了，就是掌握了基本原理，这是大错特错。所谓掌握基本原理，至少应有两方面要求：一是既要知"其然"，更要知其"所以然"，即要在熟记基本原理内容的基础上，理解为什么这个原理是这样的；二是既要知其"来龙"，更要知其"去脉"，也即要在理解为什么的基础上，进一步知道这个原理的方法论要求或者启示，坚持世界观与方法论的统一。

以认识的反复性为例。有同学会把认识的反复性理解为认识的曲折性，甚至认为认识的反复性一定会伴随认识的倒退。当然，认识的曲折甚至倒退确实体现了认识的反复性，但反复性并不一定要通过"倒退"来体现。从认识反复性的"来龙"看：由于认识的主体人们对事物的认识要受到主、客观各种条件的限制；认识的客体客观事物是复杂的、变化着的，其本质的暴露和展现也有一个过程。从认识反复性的"去脉"看：因为认识的反复性，决定了人们对事物的正确认识往往要经过从实践到认识、再从认识到实践的多次反复才能完成。可见，认识的反复性强调的是从实践到认识、再从认识到实践的"反复"，而不能简单地理解为正确与错误的"反复"。

3. 构建知识体系

概念吃得再透，原理掌握得再到位，还不能说已经把握了哲学知识。学习哲学必须在此基础上，对零碎的、分散的、相对独立的概念、原理等进行整合，打通知识之间的内在联系，使之形成有一定内在联系的知识体系，才能说是比较好地把握了哲学知识。当然，哲学知识体系的构建，可以是宏观的，也可以是微观的；有时，打通微观的知识之间的联系，甚至比构建宏观的知识体系更为重要。

以量变、质变与矛盾主要方面和次要方面关系为例。很多人在学习过程中会忽略其中的联系，换句话说在他们的知识储备中量变、质变与矛盾主、次方面是割裂的。其实，我们只要想一想，质变是事物根本性质的变化，而事物的性质不正是由主要矛盾的主要方面决定的吗？因此，我们可以把量变理解为矛盾主、次双方的变化，但这种变化并没有导致双方地位的变化；同理，可以把质变理解为矛盾主、次双方的变化，且这种变化已导致双方地位的变化。再进一步，我们可以想到，量变、质变是事物发展过程中的两种不同状态而已，而发展的根本动力正是矛盾，是矛盾双方的既对立又统一推动着事物的运动、变化和发展。这样，我们打通了量变、质量与发展、矛盾及矛盾主、次方面之间的内在联系，也即构筑了一个新的知识系统。

二、由知到用，养成哲学思维

英国教育家怀特海在《教育的目的》中说："不能加以利用的知识是相当有害的。""不能让知识僵化，而要让它生动活泼起来——这是所有教育的核心问题。"哲学知识也必须加以利用，让它活泼起来。学哲学，用哲学，并在用的过程中，努力养成哲学思维。这是哲学学习的第二重境界。

1. 解读与诠释

哲学思维是指人们自觉地运用哲学观点思考问题的一种思维方式，既可以运用于认识世界的过程，也可以运用于改造世界的过程。我们学习哲学，掌握了哲学知识，就要自觉运用哲学知识对文本材料或现实世界中的具体问题作出自己的解读和诠释。这种解读和诠释的习惯和能力，是衡量和体现一个人哲学思维水平的重要方面。

以沈括《梦溪笔谈》中所记载的故事《獐鹿之辨》为例："王安石之子只有几岁的时候，有个客人送给他家一头獐和一头鹿，关在一起。客人问他：'哪只是獐，哪只是鹿？'他从来没有看见过这两种稀罕的动物，看了半天，答道：'獐旁边的那只是鹿，鹿旁边的那只是獐。'客人听了，十分惊奇。"没有学过哲学的人，看到一个小孩情急之下，竟能做出如此回答，自然令人惊奇。但我们学了哲学之后，便应对此做出另外一种解读和诠释：认识来源于实践，认识应当回答实践中提出的问题，能够指导人们去进行实践活动。王安石之子的回答，表面看来，倒也没错，可究其实质，是废话一句，因为它没有回答任何具体问题，根本不能指导实践。这个《獐鹿之辨》的故事，在现实生活中也经常能够看到：大块文章，洋洋洒洒；大会报告，滔滔不绝，但实际上不解决任何问题，其实都是《獐鹿之辨》的翻版。学习哲学，重要的是养成运用所学哲学知识解读和诠释世界的思维习惯和能力。

2. 反思与追问

从一定意义上讲，哲学源于人们对实践的追问和对世界的思考。反思与追问也应当成为哲学思维中非常重要的一环。学习哲学，就是要树立永不满足于现状的思维追求，就是要增强勇于探索的思维勇气，就是要养成多问几个为什么的思维习惯。我们应该把这种反思与追问的哲学思维，运用于平常的学习（包括哲学学习）、生活和工作中。

以"人民群众是历史的创造者"这一知识点的学习为例。教材是从"人民群众是社会物质财富的创造者""人民群众是社会精神财富的创造者"和"人民群众是社会变革的决定力量"三个方面阐述的。很多同学在学习时，不善于刨根问底，仅满足于知道这三句话，而缺少更进一步的追问和思考。这样学习哲学，只能停于表面、流于肤浅，学习的意义和学科的魅力又在哪里？哲学学习需要我们养成反思与追问的思维习惯。在这个知识点的学习过程中，如果我们思考过"人民群众是如何创造社会物质财富的""人民群众又是如何通过创造物质财富来创造历史的"，思考过"人民群众是如何创造社会精神财富的"，思考过"人民群众是如何变革社会的""人民群众又是如何通过变革社会来创造历史的"等问题，那么学习的效果就不一样了，学习的境界自然也就不同了。学习需要反思与追问，生活与工作也是如此。

3. 批判与创新

辩证思维是唯物辩证法在思维中的运用，是学习马克思主义哲学所获得的宝贵的思维武器。现行《生活与哲学》教材中说："辩证法在对现存事物的肯定的理解中同时包含对现存事物的否定的理解，即对现在事物必然灭亡的理解；辩证法对每一种既成的形式都是从不断的运动变化中，因而也是从它的暂时性方面去理解；辩证法不崇拜任何东西，按其本质来说，它是批判的、革命的和创新的。"学习唯物辩证法，要求我们树立辩证思维，以批判精神和创新意识对待周围的世界。

以爱迪生发明电灯的故事为例。为了寻找一种合适的灯丝材料，爱迪生失败了1600多次。一次次的失败，使很多专家都认为电灯的前途黯淡，英国一些专家甚至说他的研究是毫无意义的，一些记者甚至报道：爱迪生的理想已化为泡影。但在爱迪生看来，他并没有失败，而是成功，因为他知道了1600多种材料是不适合做灯丝的。换个角度看问题，其实失败也是一种成功。正是这种宝贵的批判与创新精神才造就了这位伟大的发明家。当然，我们学习了哲学，对爱迪生发明电灯的这个故事就不能仅局限于成功与失败的关系上了。我们能不能从这个故事中考察真理和谬误的关系，认识到真理与谬误往往是相伴而行的，探索真理的过程中，错误是难免的？我们能不能从这个故事中感悟正确对待错误的态度，认识到犯错误并不可怕，可怕的是不能正确对待错误？学习哲学，不能就事论事，也不能人云亦云，而是要有批判的精神、创新的意识，这样才能体会哲学学习的乐趣、感受哲学学习的价值。

三、由外而内，提升哲学智慧

相对于学习者而言，任何学科知识都是一种由概念、原理和观点构建而成的外在的体系，哲学也不例外。哲学学习的最高境界就是要把所学的基本原理和基本观点内化为自己的哲学智慧，即要用所学的基本原理和基本观点来武装自己的头脑，指导自己的行动，把握哲学知识升华为人生智慧。

1. 乐观对学习

一个人的智慧应该体现在他对学习的感情和态度上，一个不爱学习、感受不到学习的快乐的人，自然是谈不上智慧的。就哲学学习而言，一个人掌握的哲学知识再多，但如果不能从哲学学习中体会到快乐，对哲学学习毫无兴趣，自然也是谈不上哲学智慧的。因此，学习哲学，很重要的一点就是要去寻找学习的乐趣，进而让学习成为自己的一种内在需求。

有人认为哲学很无趣。其实，知识本身是无所谓有趣和无趣的，在很大程度上，学习的乐趣是需要自己去体会的。以意识是人脑的机能这一知识点为例。这只是一个理性的表述，谈不上乐趣。但我们如果多读一些脑科学的有关资料，就能发现，人类大脑的利用率是非常低的（有的专家认为只有3%，有的认为是5%，有的认为是9%），而人类智商的潜能是很大的（有研究表明，人的潜在智商为2000左右，但现代人发挥出来的潜能一般是49~152）。若我们把这种资料与"意识是人脑的机能"这一知识点联系起来，就会感到自己的潜力是很大的，我们应该把它们发挥出来。这样，理性甚至无趣的哲学知识的学习，是不是会变得很有趣呢？枯燥甚至空洞的哲学知识是不是会变得很有价值呢？哲学还是那个哲学，至于是否有趣、是否有价值，其实都取决于我们自己。哲学学习，就是要帮助自己发现学习的快乐和意义。

2. 理性对社会

随着改革开放的不断深入，我国的经济社会发生着深刻的变革，各种新问题、新矛盾层出不穷，新名词、新观念纷纷涌现。社会的发展似乎变化莫测，令人眼花缭乱。对此，有人感觉不安，有人感到不满，有更多的人则可能感到不适甚至茫然无措。我们学习哲学，就是要练就一双"慧眼"，把这个纷纷扰扰的世界看个明明白白、清清楚楚，即能让自己更理性、更客观地看待这个社会及社会上的各种新现象、新事件、新观念。

以人民群众反响强烈的腐败问题为例。如何看待这个问题？我觉得一个学过哲学的人应该更理性，看得也会更全面、更透彻：坚持全面的观点，一方面我们应该看到腐败问题的严重性，但另一方面我们也要看到腐败问题与党和政府性质水火不容的一面；坚持联系的观点，我们既要分析腐败问题产生的现实和历史原因，也要看到腐败问题是个国际社会面临的共同难题；坚持发展的观点，我们既要看到解决腐败问题任务的艰巨性，但更要看到我们党和政府对惩治腐败的决心和措施，相信腐败现象最终还是能够得以抑制和控制的。如果我们能够让所学的哲学知识成为自己强大的思想武器，我们对社会的观察和分析就会少一些盲目、多一份理性，少一点浅薄、多一层深刻，少一些片面、多一些全面。

3. 智慧对人生

哲学是一门给人智慧、使人聪明的学问。但这并不是说掌握了哲学知识就等于拥有了智慧和聪明。只有当我们把自己所掌握的哲学知识内化为观察社会、反思人生、指导行动的个人素养时，才称得上真正拥有了哲学所赋予的智慧和灵性。因此，学习哲学绝不仅仅是为了知道一些哲学知识，也不仅仅是为了认识和改造外在世界，学习哲学更在于修炼自我、使自己更智慧地面对人生。

中学时代处在人生的关键时期，受自身成长阶段的制约和外界种种影响乃至诱惑，难免碰到困惑、产生迷茫甚至一时的迷失。学习哲学要让自己能更正确地看待和处理人生道路上的种种艰难和困苦，拨开迷雾，让人生之路洒满阳光：懂得了辩证唯物论，就要从自身实际出发设计和规划人生，并充分发挥自己的主观能动性；知道了唯物辩证法，就要能够坦然面对挫折，又要脚踏实地、充分利用各种条件为成功而奋斗；知道了唯物辩证的认识论，就应该与时俱进，开拓创新，在实践中认识、发现、检验和发展真理，并使之成为自己不懈的追求和永恒的使命。学习哲学要让自己能更正确地看待和处理个人和社会的关系，走出狭隘的自我，让人生的目的更明确：懂得了历史唯物主义，就要努力使自己成为一个顺应历史潮流、具有强烈的社会责任感和历史使命感、对社会有益的人。不要让哲学学习成为自己的负担，而要让哲学成为一盏明灯，照亮我们前行的道路。

把握哲学知识、养成哲学思维、提升哲学智慧是哲学学习的三重境界。遗憾的是，很多人的哲学学习，仅停留在第一重境界上；更有甚者，连准确把握哲学知识都存在问题。其实，哲学学习与修养是一辈子的事，需要我们不断去感悟、去体会，并不断地将其渗透到自己的血肉和情感中，最终内化为自己的思想和精神，外化为自己的语言和行动。

（作者单位：浙江省春晖中学。本文发表于《中小学德育》2014年第5期）

核心素养培育视域下的"深度学习"

——以高中思想政治课教学为例

◇ 王锦飞

培育学生核心素养已经逐渐成为当前基础教育学段广大教师共同的价值选择与行为取向。站在通过培育学生核心素养实现教育立德树人根本任务的高度，广大一线教师在课堂教学实践中正在进行着许多有益的探索与大胆的尝试。笔者看来，许多指向培育学生核心素养的课堂改革方略举措似乎都有一个共性，就是要求课堂教学中要有"深度学习"在场。课堂教学中只有现实地发生了"深度学习"，对学生的素养培育才会更为真实有效。这里的"深度学习"之所以加上引号，是因为按照深度学习的本意，其主体不是"人"而是"机器"，换句话说，深度学习这一概念已经被机器提前注册。而加了引号的"深度学习"其主体是参与教学活动的人，包括教师与学生，所以这个意义上的"深度学习"是发生于教学过程中的师生的教学活动。

"深度学习"源于人工神经网络的研究，是机器学习研究中的一个新的领域。含多隐层的多层感知器就是一种深度学习结构，深度学习通过组合具体的显性的低层特征形成更加抽象的隐形的高层特征，以发现数据的分布式表示特征。显然在深度学习中，低层到高层、具体（显性）到抽象（隐性）就是深度学习的本质特征。据此，我们就可以从培育核心素养的角度，就发生在师生参与的教学中的"深度学习"作这样的概念框定：核心素养培育视域下的"深度学习"，是指在指向核心素养培育的教与学过程中，引领师生的知识层面、思维层级与思想层次从浅层到高层、从具体到抽象渐趋延展与拓掘的一种教学行为。那么，为何培育学生核心素养需要借助于"深度学习"？基于核心素养培育的"深度学习"会呈现出怎样的特质？这样一种教学行为对教学与评价又有哪些具体要求？笔者以高中思想政治课教学为例，就这些问题试着做些粗略思考，以引发大家对基于核心素养培育的"深度学习"这一课题进行更为广泛深入的研讨。

一、培育学生核心素养与"深度学习"的关系

把人作为主体的"深度学习"与以培育学生核心素养为目标的教学活动之间有无关系以及关联度如何，对这个问题的回答决定了这一话题是否具有研究的必要及研究的价值大小。我们认为，教学过程中提倡与践行"深度学习"与培育核心素养两者是互相契合的，是内在统一的。

首先，培育核心素养离不开"深度学习"。所谓核心素养是指学生应具备的，能够适应终身发展和社会发展需要的必备品格和关键能力。而学生必备品格的塑造及关键能力的培养并非易事，需要通过教育手段触及学生思想灵魂并产生烙印，沉淀成内在的稳定的品格，需要介入高阶思维，进而形成高阶能力。显然，这种思想灵魂深处的品格生成以及具备高阶水平的关键能力形成，离开"深度学习"是根本无法企及的。例如，作为思想政治学科核心素养的"政治认同"，就是一种必须内化于心的品格素养，必须借助于"深度学习"在思想层次上实现一次大的跃升，在灵魂深处来一场革命；再如"公共参与"这一学科核心素养是思想政治学科涉及的对学生培育的一项关键能力，而这项能力是与问题解决力、决策力、执行力以及创新力等高阶能力相关联，高阶能力的核心就是高阶思维，教学中只有引领学生不断向思维的广度与深度进军，才能触及高阶思维、形成高阶能力。

其次，"深度学习"助力核心素养的培育。培育核心素养的载体是学科知识，指向是提升学生的思维能力与思想认识水平，而知识、思维以及思想是分为不同层级的，教学过程中必然有一个由浅入深、由表及里的过程，如果教学过程只是停留在知识、思维及思想的表层，这样的教学显然是没有深度的浅层学习，这就无助于对学生核心素养的培育，反之，只有不断引领学生向知识、思维及思想广度与深度延展与挖掘的"深度学习"，才真正有助于核心素养培育目标的达成，从一定意义上讲，教学中"深度学习"发生的程度决定了核心素养的达成度。例如思想政治课教学中关于优秀传统文化的教学，不能仅仅停留在有哪些优秀传统文化这一表层，要引导学生进一步探究其为什么优秀？究竟优秀在哪里？新时代为何还需要这些优秀传统文化？这些优秀传统文化在当前如何与时俱进地补充新的时代内容即如何发展？在这样地对知识层层推进过程中，学生的思维的广度、深度也在层层推进，学生思想中的一些模糊的错误的认识也在不断得以廓清与澄清，学生内心对中华文化的自信也就会慢慢地油然而生，而这样的"深度学习"过程显然可以有效地培育学生的核心素养。

二、核心素养培育视域下"深度学习"的特质

之所以说核心素养的培育离不开"深度学习"以及"深度学习"能够助力核心素养的培育，其原因当然是由"深度学习"本身的特殊规定性所决定的。笔者认为，基于核心素养培育的"深度学习"的特质主要表现在以下几个方面：

一是思维的宽厚性。学习过程也是思维过程，学习是否有深度，当然也体现在思维是否深刻上。而思维的深度则表现为思维逻辑链条的长度，这种长度一般用思维宽度与厚度（广度与深度）来表示。既然是"深度学习"，那其思维的宽厚度必须得到足够保证。如前所述，核心素养培育需要高阶思维的介入，而不具备一定宽厚度的思维就自然谈不上高阶。在教学中我们常见师生们围绕某一知识点逐渐地加以拓展与挖掘，不断向知识的广度与深度进军，这就是在追求思维的宽厚度，就是在将思维不断由低阶向高阶过渡，这就是"深度学习"现实发生的显性表征。

二是思想的深刻性。培育学生核心素养需要我们在教学过程中以教育为终极目的，要树立教学为教育服务的观念，要让教育在课堂教学中真正发生，也就是我们常说的要变"学科教学"为"学科教育"，通过核心素养的培育实现立德树人的根本任务。如此，核心素养培育视域下的"深度学习"自然必须具有使得思想得以深刻的特性，这样才能保证教学活动借助"深度学习"真正担当起学科教育的重任，才能通过教学活动实现"学科教学"向"学科教育"的转型升级。思想政治课教学直接承担着对学生进行正确的世界观、人生观、价值观的教育重任，唯有通过那种触及灵魂的深刻的思想政治教育才能取得教育的实效。"深度学习"所具有的思想的深刻性特质对思想政治课教学中有效发挥教育价值显然是十分必要的。

三是主体的分层性。作为深度学习主体之一学生的学习基础的级差性，以及深度本身的相对性，决定了深度学习主体（这里主要指学生）的分层性。就某个具体学科的学习而言，学生的学习基础是有差异的，因此对具体的学生而言的所谓思维及思想的深刻必然是因人而异的，何况所谓的深度也是相对而言的。所以作为"深度学习"的主体之一学生的分层性在教学中必然会显现出来，这就要求我们在教学中要针对不同层级的学生采取有所区别的目标管理与教学方案。比如可以借助于科学合理的小组组建以差异化的思维及思想的层级要求展开教学的具体流程，以体现因材施教的原则。

四是学科的差异性。核心素养既有一些共性的内容，但不同学科也有着不同的核心素养内容，即所谓的学科核心素养。而"深度学习"当然必须借助于具体的学科教学而发生，针对不同的学科教学，"深度学习"也就自然要体现其学科的差异性。比如数理化等学科，其对学生思维能力的培养目标要求与政史地等社会学科有着明显的不同，表现在"深度学习"方面也就会有自身的特点。同样，思想政治课教学中的"深度学习"在思维能力的培养上尤其注重辩证理性思维或者说批判性思维，在思想教育上会带有较强的意识形态方面的教育特色。即便是同一学科，在不同学段开展"深度学习"也要结合学生的年龄特点体现出一定的差别性。

三、"深度学习"下课堂教学样态与评价维度

"深度学习"作为一种教学行为必须以具体的教学样态作为载体，而在借助于一定的教学样态的教学过程中是否发生了"深度学习"以及由"深度学习"产生的素养培育的效度如何也必须有一个评价的具体标尺。

首先，就"深度学习"下课堂教学样态而言，面上正在尝试实践着的借助"深度学习"以培育学生核心素养的教学样态其实并不少见。目前与思想政治课教学联系较多的常见的主要有以下三种：（1）辨析式教学。实现积极的价值引领是思政学科培育核心素养重要任务之一。但实现对学生积极的价值引领的有效方法绝不是一味地灌输与说教，而是在价值冲突中带领学生进行辨识分析，于是辨析式教学就为许多思政课教师所青睐。思政教师在教学中引导学生通过开放的辨析式学习过程，理性面对各种不同观点，在自主辨识分析的基础上，自主做出判断，实现真正有效的价值引领。而这种辨析式的教学不仅需要学生深刻的思维，还需要学生深刻的思想，正是这种思维与思想的深刻，确保了学习的深度。（2）议题式教学。打造活动型课程被认为是培育学生核心素养的一大创新，而活动型学科课程的教学设计关键在于确定活动的议题，这样议题式教学就成为核心素养时代一种重要的教学样态。教学中围绕某一议题，由浅入深，层层推进，"深度学习"的特色体现得可谓淋漓尽致。目前就思政课教学而言，面上采用议题式教学方式教学的已经有了一定的比例，这应该是与思政学科教学内容与生活联系比较紧密、与国内外发生的时事政治大事要事联系比较紧密、更容易使人产生认识分歧或情感共鸣等因素有关。（3）案例式教学。自从新课改实施以来，这一以案例为基础的教学样态一直备受师生们喜爱。就思想政治课教学而言，案例式教学运用的频

率较之中学其他学科明显更高。案例教学就其本质而言就是在教学中为学生创设一种两难的教学情境，一般没有特定的解决之道，教师在教学中的角色一般是案例的设计者与激励者，鼓励学生积极参与讨论，结合所学知识，寻求解决问题的方案措施。由于这种教学样态的目的就是解决问题，有时需要另辟蹊径即需要创新，所以所要求的能力当然是以高阶思维为核心的高阶能力，这必然有利于培育学生的核心素养。需要说明的，一是以上三种教学样态不是孤立的，教学中往往是这些教学样态的交叉与综合运用；二是课堂教学的样态应该还会有很多，我们认为，只要能有助于教学中的"深度学习"发生，有助于培育与发展学生的核心素养，就不失为好的教学样态。

其次，就"深度学习"下课堂教学的评价而言，评价的方式与维度当然必须指向"深度学习"的真实发生，指向学生核心素养借助"深度学习"的真正达成。基于此，笔者认为可以从这样几个方面去具体落实"深度学习"下的教学评价：（1）看思维的张弹程度。具体主要包括"思维的切入点找得是否精准、思维的展开是否符合逻辑性、思维广与深的程度是否适切、思维的预设成果是否已取得"等几个方面。这里重点强调一下思维广度与深度的适切性。思政课教学中我们常见针对某一知识时出现的思维的广度与深度明显不够或者思维广度过于延展及深度挖掘过度的现象，这严重影响了教学效果。一定要在充分了解学生已有的思维能级的基础上，本着"跳一跳、够得着"的原则去寻找学生思维的"最近发展区"。（2）看教育的实际效度。具体主要包括"师生是否在情境中心灵感动、学生是否在辨识中价值归正、一事当前学生选择是否正确、德育教育效果是否外化于行"等几个方面。其中要特别强调的是让学生在辨识中实现价值归正。因为学生思想中的错误认识如果得不到澄清，模糊认识得不到廓清，那就表明"深度学习"并没有真正发生，那其他一切也就不必多谈了。思政课教学在采用辨析式教学样态时，这一点必须密切关注。（3）看学科素养的达成度。具体主要包括"是否彰显学科教育专业特质、是否统整学科核心素养精髓、是否触及学科素养测量高层、是否使素养内化于心外见于行"等几个方面。学科核心素养的测量是有水平层级划分的，只有触及了水平层级中的高层，这样才算是真正的"深度学习"。以思政学科核心素养之一"政治认同"中"道路自信"为例，具体可以设计出这样的水平层级。水平1：能够列举走中国特色社会主义道路的成功事例；水平2：能够通过中国近现代史的回顾，证实走中国特色社会主义道路是历史的结论、人民的选择；水平3：能够比较各国发展道路，说明只有中国特色社会主义能够发展中国。如果只是停留在水平 1 上，这样的教学显然是浅层的，只有继续拾级而上，达到水平 3 甚至更高的层级，才算触及了素养测量的高层。以上三个评价维度，缺一不可。第一方面主要考查思维是否有深度，第二方面则主要考查思想是否有深度，而第三个方面就是在多大程度上达成了核心素养，这是最后的落脚点。

综上，在当前基础教育致力培育学生核心素养的新时代，我们把原本属于机器学习领域的深度学习，转化为培育学生核心素养服务的作为教育主体的人的教学行为，显然是必要的。教学实践已经初步证明并将继续证明，教学中倡导与践行这样的一种教学行为，以"深度学习"的实际效果去衡量与评价各种教学样态的优劣，特别是以这样的方式去测量学生核心素养的达成状况，对不断优化我们的教学范式，对提升课堂教学中培育学生核心素养的实际效果，乃至对实现立德树人这一教育的根本任务都是十分有益的。

（作者单位：南通大学附属中学。本文发表于《课程教学研究》2018 年第 3 期）

从教学广度到教学深度

——对思想政治教学内容深度分析的思考

◇ 杨　灵

　　贯彻思想政治课程的实践性和开放性原则，帮助学生理解教材文字背后的关键性思想，使学生的思想更加丰富、深刻、灵活；挖掘教学内容的深刻意义，提出真正有价值的问题，诱导发现、激励创新，促进学生的可持续发展，思想政治课堂对教师的专业水平提出了更高的要求。做好教学内容的深度分析，成为思想政治教师专业发展中值得思考的问题。

　　所谓"深度"，《现代汉语词典》这样解读：指触及事物的本质的程度，或说向更高阶段发展的程度。我们经常说要引导学生对一个学习主题深入探究，挖掘学习内容的意义和价值。那么深入什么层面才合适？追求深度，是不是就是把高校教材搬到高中课堂上来，提前让学生接触更高深的理论？追求深度，是不是会越教越难，增加教学内容的绝对量，加重学生学习负担？

一、基于广度的深度分析

　　对教学内容的深度分析，意味着要深入主题的表面之下去认识；广度意味着某一主题在横向上的延伸变化，教学内容的广度即"拓展观点的范围"。深度离不开广度。

　　1.课程学科背景的宽泛性，使得广度成为政治教师专业发展中的发力点

　　在工作中，常常听到很多中学政治老师这样评价自己："我们是个杂家，什么都要懂一些。"从一定意义上看，这话说得有道理。思想政治课是集政治理论教育、社会认识和公民教育于一体的综合性课程，既有特殊重要的德育功能，又有相对于一般学科更为宽泛的学科背景。思想政治学科模块教学的现状（经济、政治、文化、哲学四大必修模块及选修）要求思想政治教师对不同领域的专业门类知识都要了解。一些经济学、一些政治学、一些文化学、一些哲学，还有伦理学、

社会学、法学、美学，再加上一些教育学、心理学知识，这就是我们思想政治教师主要的专业知识构成。

课程学科背景的宽泛性，使得广度成为思想政治教师专业发展中的发力点。对学科教学广度的追求，表现为思想政治教师在专业发展中广泛涉猎，"什么都要懂一些"。在教学中较多地关注对某一学习主题的多角度认识，重视不同领域知识间的横向联系。表面看似零散孤立的知识之间由此形成有意义的联系，获得对世界认识的整体感。

深入理解一个教学主题时，广度是十分必要的。这种广度上的拓展使我们能由此及彼，发现并认识事物间的联系。在教学实践中有一些比较好的范例：如现代京剧的发展与文化创新、政府职责；人们的消费行为与人们的价值判断、价值选择；公民的文化素养与民主决策、社会发展；政府的结构性减税政策的哲学思考；制订社会经济发展规划与坚持辩证唯物主义；等等。这些范例反映了教学广度对于教学的影响。通过教学主题上的扩展会使人对认识对象产生新的认识，教师在教学内容上的拓展能丰富学生对现象的理解，有效地增进学生的理解力，从而透过现象深入探究事物本质。

2. 仅有广度是不够的

一些经济学、一些政治学、一些文化学、一些哲学……有了这些专业知识的涉猎，在教学实践中够用了吗？

有这样一个教学设计：

教师以当时流行的某流感事件为教学资源讲解"矛盾的特殊性"一课。

探究一：卫生部为什么要把它命名为某流感？

结论：不同事物矛盾各有其特点。

探究二：该流感传播发展史——同一事物在发展的不同过程和不同阶段有不同的矛盾。

概括总结：矛盾的特殊性及其特点。

结论：具体问题具体分析是正确认识事物的基础。

探究三：怎样才能知道自己是否得了该流感？

探究四：我们应该如何预防和治疗该流感？

结论：具体问题具体分析是正确解决矛盾的关键。

整个教学过程流畅得像光滑的丝绸，没有挑战、不必质疑，现象直接指向毫无异议的结论。然而，一个具体的个案怎么去证明矛盾具有特殊性这样一个具有普遍意义的哲学结论？矛盾的特殊性与矛盾的普遍性之间的关系怎样认识？对矛盾特殊性思考的意义和价值何在？学生到底收获了怎样的思想方法？这些问题都找不到答案。

　　分析这一课例，我们会看到，教师运用了联系社会实际的材料，注重情境的设置，引导学生关注生活，有意识地拓展了学生的学习主题。但只是把现实情境与教材知识一一对应，缺少激发、没有生成、无须迁移，学生在老师的明确提示之下，看到了那些业已存在的知识，并且如教师所愿，认真地记下结论。如果这只是 45 分钟课堂上的一个 5 分钟检测小环节，也许是可以接受的。而整节课都围绕这样几个问题展开时，没有能够激发学生对矛盾特殊性这一学习主题有真正的思考。没有了思维空间，这几个问题实际上就成了假问题，教师展示，学生接受。提不出有效问题虽与教师的工作经验、课堂驾驭能力相关，但对教学内容的理解不够深入是个重要原因。简单认为哲学就是要联系生活、指导生活，但没有体会到哲学实质上是我们对于万事万物共同本质的深入思考。教师自身对于矛盾观、对于矛盾的普遍性和特殊性的关系这一核心观点的理解也不透彻。

　　单纯追求知识的广度，带来的副作用就是停留在教学主题的表层，流于空泛和表面。"肤浅"意味着"浅显""空泛""没有意义"等，简单地重复着正确的观点，教学陷入所谓"全面的肤浅"。在具体的教学实践中，就成为我们看到的"A 现象"到"B 理论"之间的简单列举和对应。

　　3. 广度的拓展和深度的积累是统一的

　　避免教学内容的肤浅化，既应对我们的教学内容有广度的涉猎，更应对我们的教学内容有深度的分析。如在课题"树立正确的消费观"中"人们热衷于购买奢侈品"是教师常用的一个拓展实例，用来说明正确的消费观以及这一消费行为会对社会经济运行产生的影响。将这一学习主题延伸至哲学角度，在更宽广的层面思考消费行为，会认识到"对奢侈品的热衷"反映了人们自我认同的需要、人们不同的价值观。如果没有对于消费行为→消费观念→价值观念→价值选择的深刻理解，这种广度的拓展是难以实现的。通过广度的拓展，貌似毫无联系的知识点之间形成有机的联系，深化了对问题的认识。

　　知识无边界，思想政治教学本身也需要教师有更加复合型的知识结构。但是，如果我们只是了解很多，很多领域都知道，却不清楚具体为何得出某些结论，这样的广度会流于肤浅，这样的理解也算不上真正的理解。教学主题在广度拓展外需要有一个专业性方向的深度积累。对教学内容的深度研究是教师的核心专业技能，有了坚实的深度积累，便可触类旁通，拓展广度，举一反三。

二、基于案例的深度分析

对教学内容的分析理解应当有必要的深度，作为一个基本理念，教师是比较容易接受的，但如何把握具体的教学主题、设计教学过程，会不会增加课堂的难度使课堂晦涩难懂等问题，"知"与"行"的统一是个现实难题。

1. 深入主题的表面之下去认识对象

对教学内容的深度分析，意味着要深入主题的表面之下去认识。怎么就是深入？我们对传统习俗、传统文艺、传统思想、传统建筑如数家珍，说明传统文化就在我们身边，这会极大地吸引学生的注意力，激发学生的兴趣，但更要认真思考，为什么文化具有继承性，传统文化与时代的关系，传统文化的变与不变，只有这样才能真正知道我们应当怎样对待传统文化；我们准确说出货币流通规律的公式，并能根据所给条件计算出一定情况下的货币贬值率等，但这并不意味着我们真懂了货币流通中的种种复杂问题，只有认真思考货币发行量、商品价格总额、货币流通速度彼此间的内在关系，知道为什么会这样、条件发生变化时会怎样，应当怎样利用三者间关系进行调控等，才算是我们真的懂了。

要避免肤浅地理解教学内容，我们要知道教学内容属于什么问题、是怎样被推导出来的、在什么情况下适用、会受到哪些因素的影响、与其他问题相比有何相同或是不同、具体条件发生变化时会带来哪些影响等。重要的思想隐藏于纷繁复杂的现象之后，需要透过现象洞察事物的本质。对事实和概念的深度分析，让学习变得有意义。

2. 教学内容深度分析的案例

案例一：民主决策：做出最佳选择

在教学实践中，该教学主题的常见做法为：选择社会生活中民主决策的一个或多个材料对应公民参与民主决策的多种形式：社情民意反映制度、专家咨询制度、重大事项公示制度、社会听证制度，结合材料分析民主决策的重要性，被认为是学习任务比较轻松的一节课。但是，学生在教师的引领之下终于熟记了公民参与民主决策的多种形式及其意义，是否就达成了我们的教学目标？我们让学生充分理解民主决策了吗？

政治学是一门研究如何运用公共权力进行资源的权威性分配的学问，民主决策是人们寻求利益共识、进行最佳选择的政治实践。如何使学生在这一学习主题中，真正理解民主决策的深刻意义，并在此过程中学会寻求利益共识？

针对教学内容的深度，可以进一步对自己提出以下问题：

挖掘内容：民主决策作为公民参与政治生活中的重要内容，其政治意义和法理依据是什么？ 民主决策相对于精英决策，优势何在？

分析：普通公众、决策的利益攸关方、相关领域的专家、政府主管部门，各自可能有哪些不同的立场，为什么？ 民主决策的社情民意反映制度、专家咨询制度、重大事项公示制度、社会听证制度，彼此之间有关系吗？ 制度在社会政治生活中有怎样的重要性？

质疑：民主是多数人的民主，我们怎样对待社会中的少数？ 真理不一定掌握在大多数人手里，当民意与真理矛盾时，怎么办？ 怎样协调多元利益、寻求社会共识、实现公民权利？ 选票就等于民主吗？

证明：对以下观点进行争论，决策时普通市民与专家观点意见相左时，如何抉择？ 如果精英政府的决策比普通民众的观点更科学更高效，此时坚持民主决策的程序是否仍然重要？

联系事实：当地最近的一些重大决策是否都经历了民主决策的过程？ 产生了哪些现实的影响？ 如果没有，是哪些因素在制约？

延伸：其他地区和国家在进行类似决策时是怎样做的？ 本地区的民主决策现状如何？ 存在哪些待改进的地方？

公民意识的培养不是简单记住民主决策的制度和意义，而是真正理解民主的价值。通过一系列的问题，认识被课本表面的文字所掩盖的矛盾和难点，从而理解教学内容背后的深刻性。

案例二：收入分配与社会公平

在具体的教学实践中，该教学主题的常见做法是，以某公司的收入分配或我国的收入分配现状为例，认识我国收入分配的原则、实现社会公平的制度保证和重要举措，处理好效率与公平的关系。理解上有难度，观点庞杂，知识任务较重。这样一个本身的教学内容就很有深度的学习主题，还需要我们的深度思考吗？ 我们的深度分析会不会把课堂弄得越来越难？

经济学是关于如何力求经济的学问，也就是说，"花最少的钱干最多的事"。通俗而言，对于个人来说，就是要以最令人满足或能获得最大收益的方式来发挥你的能力，使用你的收入。对于整个社会来说，就是要发挥人们的技术和能力，使用好各种经济资源，获得最高的生活水准。提高效率、促进公平，是经济学家和社会学家讨论的永恒话题。

针对教学内容深度的理解，可以进一步对自己提出以下问题：

挖掘内容：怎样准确理解公平？收入分配的公平有何重要性？公平和效率之间的矛盾是怎样表现的？现有的理论研究和经济实践为应对这一矛盾分别提供了哪些思路？

联系事实分析：收入分配中事实上的差别是怎样形成的？有哪些因素？什么情况下人们会认为不公平？当人们感觉到不公平时，通常会有怎样的反应？政府在此问题上承担着怎样的职责？

质疑：收入差距的消除是否就意味着社会公平完全得到了实现？对社会公平的追求有负面的影响吗？

证明：对以下观点进行辨析，实行高税收政策可以增加政府财力，更好地促进社会公平。

联系事实：现阶段我国提高企业最低工资标准的做法是否有利于实现社会公平？谁可能支持这一做法，谁可能反对这一做法，会对效率带来哪些影响？

延伸：结合我国出现的私营企业主移民现象或某国的高福利危机，分析其中体现的效率与公平的矛盾。

3. 深度分析在教学实践中的价值

由前边案例可以看到，对教学内容的深度分析，是教师不断反思教学主题的过程。不是做理论加法，不是增加知识难度，而是通过深度思考，发掘教学内容的意义和价值。

（1）依托深度分析，教师可以更好地在教学实践中选择合适的素材和设问角度，更好地设计教学过程，避免就案例论案例，就生活谈生活，有利于提升对于生活的认识，实现生活逻辑和理论逻辑的统一。

（2）"感觉到的东西我们不能立刻理解它，只有理解了的东西才能更深刻地感觉"，对教学内容的深度理解，有利于减轻教学对象的记忆负担，提高课堂的有效性对学生而言，实为"减负"。

（3）从教材中简洁抽象的文字中发现重要而有趣的思想，学习的过程成为发现的过程，并能激励学生进一步自主思考、自主探究。有利于增进学生的理解力，为学生的终身发展服务。这是深度分析最重要的价值所在。

三、深度分析的操作路径

贯彻思想政治课程的实践性和开放性原则，帮助学生理解教材文字背后的关键性思想，使学生的思想更加丰富、深刻、灵活。挖掘内容的深刻意义，把追求教学内容深度的理念和教学行为结合起来，提出真正有价值的问题，激发深层思考，促进学生的可持续发展。结合前边教材内容深度分析的具体案例，对教学内容的深度分析可以有以下路径：

1. 深度分析首先应基于课程性质、课程理念、课程理论的分析，应当对教学内容在课程框架中的位置有认识

有高度才有深度，对课程的理解体现了我们对课程理想的追求。

如思想政治课的课程本质是什么？建构以生活为基础，以学科知识为支撑的课程模块，学科知识的支撑作用如何体现？同样是学科知识，经济学的思考方式和政治学的思考方式有何不同？哲学与文化之间有关系吗？是什么关系？有人说不同文化的冲突背后是不同价值观的冲突，你同意吗？为什么。

学科知识、学科思想、价值观教育的统一正是通过对这样一些问题的深入思考来实现的。

2. 对教学内容的深度分析应包括教师能够揭示和理解知识形成的历史

教科书给的是"站在前人肩膀上的"结论性的精华，教学内容的展开一般遵循这样的顺序：情境导入，情境分析，指向某一具体结论，用简短的语言论述归纳，情境回归，解读新情境中的问题。在教学实践中，有教师把这理解为是简单的生活—理论—生活，理论被生硬地用来映证和解读生活问题。但所有的这些知识，并不是一种简单的理所当然的存在。

如民主作为一种利益协调机制，最早是怎样产生的？当时所谈到的民主和今天的民主有差别吗？民主思想的发展经历了怎样的过程？我国的民主制度又经历了怎样的发展过程等。还原知识的产生过程，是人们尝试、失败、探讨、碰撞、论证等的结果，要让学生能够在似乎确定无疑的内容中发现疑难与问题时，学习的过程才会成为发现的过程，知识也因而具有了生命。

3. 对教学内容的深度分析应包括把握现象的丰富性和复杂性，由表及里认识事物的本质

现象是丰富多样的、具有生命力的，但也是个别的、表面的。我们看到的某一现象并不是全部，而且这一现象本身也会随条件的变化而变化。就像什么是善，

什么是恶，什么是好，什么是坏，很难用简单的语言概括。

就如效率与公平中的"提高企业最低工资标准"，一般而言工人是赞同的，认为体现了社会公平。那么一家出口玩具生产企业的老板会赞同吗？对效率会有什么影响？主管出口的政府部门和主管社保的政府部门对此的观点一样吗？

又如，发展民主政治已经成为当今时代的共识，大家都说"民主是个好东西"。当某国公众以全民公决的方式否决了一个有利于该国走出经济困境的法案，该国经济进一步陷入困境时，那么，民主还是个好东西吗？

真理是朴素的，理论观点不必复杂，而应重在把握现象的丰富性和复杂性，发现背后的本质，避免绝对化的、单向的思维。

4. 对教学内容的深度分析还应当包括准确把握核心概念和观点，从而理解教学内容的结构层次、适用范围、与其他知识的相关性等

以教学主题"体味文化——文化的内涵及其力量"为例，教师联系刚刚过去的春节晚会导出文化话题，列举了若干文化现象，指出文化包括意识形态方式方面的，也包括非意识形态方面，接下来就是要求学生讨论判断哪些是文化现象、参加过哪些文化活动、怎样培养文化素养？教师觉得自己讲解很清楚，但学生一直在追问到底哪些是文化现象。究其根源，教师在教学过程中，一直在强调文化的外延而忽视了内涵。我们不可能穷尽一切文化现象，但如果我们抓住了其中的核心观点，把握了文化的内涵、文化与人、文化与经济政治等。那么学生才可以对新遇到的现象进行分析，举一反三，从而获得迁移运用知识的能力。

在课堂实践中，很多的教师会把注意力放在"怎么做"层面，但如果不清楚"是什么""为什么"直接跟学生讲"怎么做"的内容，实际就变成了一种具体措施的灌输，从知识层面来说，"怎么做"属于事实性的知识，一旦情境和条件发生变化，相应的具体措施往往就要调整，老师们会觉得要不停地准备新内容。万变不离其宗，应当抓住教学内容的根本，把握核心概念和核心观点。

通过对教学内容的深度分析，用富有意义的案例来呈现教学主题，提供分析思路，提出有意义的问题；提供机会，引导学生在学习过程中对学习内容进行主动反思和自我调控；贯彻生活为基础、学科知识为支撑的课程理念，真正发挥学科知识的支撑作用。这一过程是教师专业成长的重要方面，而通过我们的教学进一步揭示事实，发现本质，发掘学习的意义和价值，也推动着学生的终身发展。

（作者单位：北京市西城区教育研修学院。本文发表于《课程·教材·教法》2013 年第 8 期）

明辨明理的有效提问策略

◇ 王文彦

当前，基础教育课程改革进行到深入推进的新阶段，深化课改的重心是将立德树人的根本任务落实于学校课程。核心素养体系的提出被认为是课改新阶段的破题之作。学生发展核心素养落实于课程的前提是确立各学科的学科核心素养。学科核心素养是学生发展核心素养在学科中的具体化，是学科育人价值的集中体现，是学生学习该门学科后的期望成就。想要在课堂教学中落实核心素养，教师要善用问题化教学，问题是思维的起点，也是思维的动力即所有的教学必须以学生学习为主线去设计，必须让学生真实的学习过程能够发生并且展开。教师要善于在课堂上运用问题来启迪学生的心智，引导学生主动探究，在开展深度学习的过程中，培育发展核心素养，使学生逐步具备适应终生发展和社会发展需要的必备品格和关键能力。

事实表明，批判性思维是中国学生素质上的重要缺陷。"无数被看作中国精英的留学生，只是成为西方研究所实验室中穿白大褂的农民工。"因此，具有思辨意识应当成为课堂教学改革与转变教学观念的重要方向，也是我们亟待解决的教学实践问题，根据问卷调查、课堂观察、访谈可以发现，许多教师在道德与法治课中的提问停留在记忆类问题，缺乏创造性、开放性、批判性的问题，这显然不利于学生核心素养的培养。

思辨明理的有效提问策略是指在教学过程中，教师设置合理问题，引导学生主动思考、辨析、分享、质疑，从而深入理解把握学科内涵，把握学科本质的策略。

一、用好的思辨问题，激发学生的思辨探究兴趣

"道德与法治"学科既包括心理、道德方面的知识，又涵盖法律、国情方面的知识。教师需要潜心研究教育教学内容，深入挖掘教材，精选值得学生思辨的话题，激发学生积极主动思考，对所学知识进行思维加工，经过深入思考获得的

知识更容易达到深入理解的状态。在学习"面对挫折要坚强时"开展"挫折的出现对一个人是好事还是坏事"的讨论；在学习"善用网络"一课时，开展"网络对中学生利大于弊还是弊大于利"的讨论；在学习"竞争和合作"一课时，开展"竞争比合作更重要还是合作比竞争更重要"的讨论；等等。

以"面对挫折要坚强"一课为例，在学习了造成挫折的因素有自然因素、社会因素、家庭因素、学校因素，学生理解了人生难免有挫折的观点后，教师提出一个思考问题：挫折的出现对一个人是好事还是坏事？请学生思考后任选一方观点，班级学生组成正反两方，正方、观点：挫折的出现对一个人是好事；反方观点：挫折的出现对一个人是坏事，正方反方进行辩论。对于初中学生来说，辩论的学习方式无疑能极大激发学生积极思维、参与课堂的积极性。辩论过程重点不在于输赢，而在于辩驳对方、肯定己方观点。学生需要积极调动大脑，组织语言，寻找对方存在的破绽和漏洞，从而展开质疑和辩驳。通过辩论，观点越辩越明确，学生的辩证思维能力得到提升，理性质疑的能力和逻辑思维能力都得到很好的提升和发展，教学目的和任务在辩论中得以实现，学生在此过程中很自然地理解了挫折既能发挥积极作用又能发挥消极作用的学科观点。

二、营造和谐、民主的课堂氛围，学生愿意分享、敢于质疑

著名心理学家罗杰斯认为，一个人的创造力只有在他感觉到"心理安全"和"心理自由"的条件下，才能获得最优表现和发展。在课堂教学中，教师要努力建立和谐融洽的师生关系，创设一个轻松、愉快、和谐的教学氛围，消除学生在课堂上的紧张感、压抑感和焦虑感，鼓励学生积极讨论，互相分享，大胆发言，提出自己的见解和看法，只有在民主、和谐的氛围中，学生平等对话，学生才能张扬个性，培育探索未知的信念、意志和品质，释放出巨大的潜能。让学生保持高昂的学习热情是培养创新意识、发展创造能力、潜移默化学到"理"的基础。同时在引导学生独立思考的同时，分享别人好的建议，学会倾听，掌握辩论的技巧和艺术；在思辨过程中，教师要积极主动予以鼓励、微笑、认同等肯定方式，让学生认识到与他人分享的快乐，享受积极思考的快乐。在这样一种氛围中，学生明确了与他人分享的过程就是思辨的过程，更是明理的过程。因此，教师要采用各种适当的方式，给学生以心理上的安全感和精神上的鼓舞，使学生思维更加活跃，探索热情更加高涨。只有这样，学生才会积极思考、愿意表达并敢于辩驳。

三、注重联系社会现实，树立正确的价值观

道德与法治课不在于让学生掌握多少知识，而要始终站在学生角度，聚焦学生成长过程中普遍遭遇的困惑、问题，承认、接受不同学生个体化的生活经验，给学生表达、分享与交流个体经验的机会，引导学生在价值冲突中识别观点，在比较甄别中确认观点，进而有效地提高学生理解、认同、确信正确的价值观念的能力，在潜移默化中落实立德树人的根本任务。如"面对挫折要坚强"一课，在学生完成挫折的出现对一个人是好事还是坏事的辩论后，教师出示事例：孔子在郁郁不得志的痛苦中写出《春秋》、屈原遭受流放的痛苦写出《离骚》、左丘明在失明的情况下写出《国语》、曹雪芹遭遇家破的痛苦写出《红楼梦》、富兰克林写出"只有痛苦会留下教训"、培根写出"奇迹多是在厄运中出现的"、别林斯基写出"不幸是一所最好的大学"的名言警句，学生很自然地总结出挫折的积极作用在于积累宝贵经验、激发人们的进取精神、磨砺坚强意志。随后，教师出示事例：2016 年大学生郑磊因为被高校劝退、找工作又受挫而导致精神失常，在龙岗街头流浪了近两个月，在深圳热心市民及民警的帮助下，终于与父亲团聚；昔日风光的童星李传，如今因为其父母前几年去世，意志消沉，流落街头，戴着口罩游走在大街小巷，靠睡马路，在垃圾桶里掏食为生。学生自然总结出挫折的消极作用在于给人身心打击和压力、造成精神烦恼和痛苦、使人的生活道路变得曲折，这样学生就能对挫折的积极、消极作用做深入分析，从而为学生全面分析、深入理解挫折的影响奠定了基础；随后教师出示事例：有一天，某个农夫的一头驴，不小心掉进一口枯井里，农夫绞尽脑汁想办法去救驴，但几个小时过去了，驴还在井里痛苦地哀嚎着。最后，这位农夫决定放弃，他想这头驴年纪大了，不值得大费周折去把它救出来，于是他便请来左邻右舍帮忙，打算把井中的驴埋了，以免除它的痛苦。农夫的邻居人手一把铲子，开始将泥土铲进枯井中。当这头驴子了解到自己的处境时，刚开始叫得很凄惨。但出人意料的是，一会儿这头驴子就安静下来了。农夫惊奇地探头往井底一看，出现在眼前的景象令他大吃一惊：当铲进井里的泥土落在驴的背部时，驴的反应令人称奇——它将泥土抖落在一旁，然后站到铲进的泥土堆上面。就这样，驴将大家铲到它身上的泥土全数抖落在井底，然后再站上去。很快，这只驴便得意地上升到井口，然后在众人惊讶的表情中快步地跑开了。这样一个有趣的故事，激发学生主动去看去想，加深了学生对学习内容的"感觉"，优化了学习效果，从而有利于学生辩证地看待挫折，虽

然挫折是客观存在的，但挫折发挥何种作用取决于人们对待挫折的态度。正如大文豪巴尔扎克所说："世界上的事情永远不是绝对的，结果完全因人而异。苦难对于天才是一块垫脚石，对于能干的人是一笔财富，对于弱者是一个万丈深渊。"同样，在学生进行分享自己竞争和合作哪个重要的观点之后，引导学生思考在现代社会：对个人来讲，竞争和合作哪个更重要？这样就跳出辩题，回归学生的实际生活，学生更能深刻地意识到竞争和合作都很重要。如果没有竞争意识，就会缺乏上进心，安于现状，无法获得更大的进步，而如果没有合作意识，就无法获得他人的支持和帮助，从而更好地理解竞争和合作的重要意义。在初中这个关键的人生观、世界观、价值观形成的重要时期，如此地引导就显得"独具匠心""意义深远"，而这些都是在教师联系学生实际生活的基础上形成的。

四、明辨明理策略的有效实施，学生的综合素养得以提升

策略的实施有效调动了学生学习、参与课堂的积极性，学生看待事物有了自己的观点和想法。学生敢于并乐于表达自己的观点，敢于质疑他人的观点；学生学会了倾听，交流分享，在引导学生开展深度学习的过程中，培育发展学生的核心素养，使学生逐步具备适应终生发展和社会发展需要的必备品格和关键能力。学生积极踊跃参加了模拟联合国比赛和市区辩论赛活动，在活动中，学生游刃有余，自信大方地表达自己的观点；并能针对别人的质疑，有理有据地予以回击。在"南锣鼓巷胡同寻踪"实践课活动中，学生通过对附近胡同的实地调查研究，提出自己对南锣鼓巷建设的意见和建议，学校还将整理出来的方案提交政协，得到有关部门的肯定与反馈，学生也切身感受到参与政治的自豪；在"消费者权益调查"实践活动中，学生对周边商店的消费者进行调查，运用课上知识了解消费者的具体权益，学会如何维护消费者的权益。通过专题研究和辩论赛的形式，培养学生收集、整理和归纳的能力，锻炼学生思维的准确性和完整性，提高了学生解决实际问题的能力。

总之，教师开展思辨明理的教学策略，不是为了培养辩论的高手，而是为了培养理性的现代公民，使同学们在面对现实问题时，能从我们的学科教学活动中掌握一种思维习惯、思维方法和探究能力，进而提高自身的综合素养。

（作者单位：北京五中分校。本文写作于 2017 年）

基于课堂教学的思想品德核心素养的培养

——以"家的意味"课堂教学设计为例

◇ 黄安红

人为什么要受教育？教育的目的是什么？是获得知识、掌握技能、取得成功、赢得尊重，还是享受乐趣？这些追问一直萦绕在我心头。约翰·纽曼说："只有教育，才能使一个人对自己的观点和判断有清醒和自觉的认识；只有教育，才能令他阐明观点时有道理，表达时有说服力，鼓动时有力量；教育令他看清世界的本来面目，切中要害，解开思绪的乱麻，识破似是而非的诡辩，撇开无关的细节；教育能让人信服地胜任任何职位，驾轻就熟地精通任何学科。"这很好地解释了"教育"的本源，那就是让受教育者成为一个有素养的人。素养是什么？对于它的解释众说纷纭，尚无定论。百度这样解释：有训练和实践而获得的技能或能力；《说文解字》中这样说道："素"为未染色之丝，"养"乃长久的育化。2014 年 3 月，教育部发布《关于全面深化课程改革 落实立德树人根本任务的意见》明确提出，要加强制定学习体系，并把核心素养落实到学科教学中，促进学生全面而有个性地发展。核心素养到底是什么？"核心素养"是指学生应具备的适应终身发展和社会发展需要的必备品格和关键能力，突出强调个人修养、社会关爱、家国情怀，更加注重自主发展、合作参与、创新实践。核心素养落实到学校来，就涉及"学科核心素养"的问题，"学科素养"究竟是什么？学科核心素养是学生发展核心素养在学科中的具体化，是学科育人价值的集中体现，是学生学习该门学科后的期望成就。笔者想以"家的意味"教学设计为例，对在课堂教学中如何对学生进行核心素养的有效培养进行探索，以达立德树人，促成让学生过上积极健康的生活，做一个负责任的公民之目的。

一、对思想品德学科核心素养进行科学合理的界定

北京师范大学林崇德教授认为，思想品德课程是以社会主义核心价值体系为

导向，旨在促进学生正确思想观念和良好道德品质的形成与发展。根据《义务教育品德课程标准》（2011 年版），思想品德学科是"以社会主义核心价值体系为导向，旨在促进初中学生正确思想观念和良好道德品质的形成与发展，为使学生成为有理想、有道德、有文化、有纪律的社会主义合格公民奠定基础"。因此，思想品德的学科核心素养，是学生学习思想品德知识后形成的必备品格和关键能力；是以公民素养为核心的调适力、思辨力、信念力和行动力"四位一体"的关键能力体现。要成就"四位一体"的高度，我们必须在自己的思想品德课堂上认真践行"五位一体"的发展理念，利用创设情境、经验引入、直面矛盾和困惑，进行道德判断和价值选择，让学生体验道德成长相关行为，从而得到一些行为能力以及方法指导。

二、以"创新"理念成就生命的"高度"

我们的课堂教学，只有好好让学生"上场"，这一节课才有好"下场"。要做到如此，用"创新"来驱动课堂教学是少不了的。笔者在对"家的意味"的教学设计的过程中，注重打破传统，善于创新，大到上课流程，小到问题的设置，都进行了重新组合和顶层设计。例如，教材原来的标题是"家的意味"，而笔者将其改为"住所　牵挂　责任"，这一改，让学生一目了然，明白本节课究竟要干什么，然后通过自己在教学中层层递进并不断升华，达到立德树人的目的。这对于培养学生的身心健康的核心素养大有帮助；又如，将习近平总书记的相关图片通过 PPT 进行展示，最后再以《国家》作为背景音乐进行呈现，从"小我"到"大我"的不断升华，对培养学生的"社会责任"和"国家认同"的核心素养很有好处。通过自己不断地对课堂教学内容进行深度挖掘，对课堂教学流程有效简化，让学生在课堂上与老师、同学进行"掏心窝"地对话与交流。长此以往，这有利于学生的人文积淀，增强学生的人文素养，提升学生的生命高度，也有助于实现立德树人的教育目标。

三、以"协调"理念成就生命的"力度"

协调理念要求学生把所学知识内化为品格，把信仰提升为品质，让自己真正学会生活、学会生存、懂得成长、理解生命，逐步从内化走向外显，从理性走向践行，从思维走向存在，从行动走向自我建构，以行动见证成长，为人生树起灯塔，为生活点亮火把。笔者在对"家的意味"的教学设计的过程中，既立足现实，又注重长远,对家的含义、家的作用不遗余力地进行解释与论述,对家的意味进行不断的深化,让"家"不仅是一个物质层面的需求,也是一个精神层面的寄托,更是一个家国责任的担当。这对培养学生的人文底蕴核心素养的"人文积淀"和"人文关怀"以及科学精神核心素养的"崇尚真知"和"理性思维"都有较大的帮助。这有利于真正把学生作为生命成长中的个体,站在培养人、塑造人、完善人的角度进行教学,为立德树人、培养英才发挥积极功用。

四、以"绿色"理念成就生命的"深度"

陶行知先生说:"给生活以教育、用生活来教育、为生活向前向上的需要而教育。"体悟生活真实情境,关注学生精神成长是思想品德学科的内在发展要求。笔者在对"家的意味"的教学设计的过程中,例如,在开课环节,笔者从学生做"抓阄"游戏开始,让学生进行自主选择,并让选到"星期五"的学生谈谈自己的感受,这种情感依恋与价值选择,不是老师在课堂上强行"灌入"的,而是学生自己情感的自然流露。又如,在比较"房子(household)?家庭(home)!"的时候,笔者打破常规的老师设问,让学生被动回答,由学生自行设计问题,通过合作探究的形式进行自问自答,待学生回答后,老师才进行"四两拨千斤"式适时、有效的点拨说明:是"房子"不一定是"家",是"家"一定得有"房子",否则我们会"居无定所""颠沛流离""风餐露宿",但是家仅有房子是远远不够的,还得"家有长辈"和"家有儿女"。因为家里有"亲人",家里有"亲情"啊!这为下一步的教学打下伏笔,做些铺垫。另外,就是在比较"房子(household)?家庭(home)!"的时候,笔者巧妙地用了"?"和"!"的设计,让学生感受到"成功答案"犹如一道虚掩的门,要用心、用智才能有效地推开。通过对这些细节的设计,对于培养学生的实践创新核心素养中的"批判质疑""问题解决"以及社会责任核心素养中的"诚信友善""合作担当"都大有裨益。

五、以"开放"理念成就生命的"广度"

国际竞争日趋激烈,人才强国战略深入实施,时代和社会发展需要进一步提高国民的综合素质,培养创新人才;青少年学生思想意识更加自主,价值追求更加多样,个性特点更加鲜明。这些变化和需求对课程改革提出了新的更高要求。今天的课堂是"小课堂大社会",开放办学、开放教学已经成为新常态。因此,我们必须与时俱进地有所作为,积极做出新贡献。对此,笔者在对《家的意味》

教学设计的过程中，并没有局限于本科目知识的传授，而打破了学科界限，办起了"百家讲坛"，有机地将英语、语文、历史等学科知识进行着有效的穿插运用。例如，在设计比较"房子（household）？家庭（home）！"区别的时候，将汉语与英语同时呈现，让学生耳目一新。又如，在对"家"的理解中，笔者巧妙地设计"说字解意"这一环节，让历史文化与现实情感无缝对接。再如，在让学生感受"家是牵挂"的时候，笔者巧借余光中的《乡愁》逐渐化身为"家庭版"的《乡愁》，道出了"家是责任"，让学生感悟：小时候，家是一张暖暖的小床，我在里头，父母在外头；长大后，家是一个大大的风筝，我在上头，父母在下头；后来呀，家还是一张暖暖的小床，我在外头，儿女在里头；我终于知道，原来呀，家就是责任的化身。从而体味到"大爱""坚强"与"责任"。最后通过亲情热线课堂延展到千里之外的打工现场，让家校互动达到高潮，引起强烈的情感冲击，为下一步"家是责任"做好预热与铺垫。这样，通过自己开放式的教学，让思想品德课充满"人情味"、具有"人性化"的特点，对落实审美情趣核心素养的"感情鉴赏"和"创意表达"以及学会学习核心素养中的"乐学善学""勤于反思"素养的培养帮助极大。

六、以"共享"理念成就生命的"温度"

弘扬正气、砥砺壮志、催人奋进，体现道德风尚，符合主流价值，引领道德践行，体现科学发展，把握时代脉搏，是思想品德课的"主旋律"。达成师生、生生、家校"共享"是思想品德课的"主目标"。作为"立德树人"尤为明显的学科——思想品德更应该凸现"共享"发展理念。笔者在对"家的意味"教学设计的过程中，运用了中华优秀传统文化，通过"说文解意"的方式将"家"字进行合情合理的解释；运用音乐知识，把《相亲相爱的一家人》与《国家》两首充满美感情趣、依恋情绪的歌曲进行择机呈现。本节课的最后以阅读《轮回》微型小说的形式将"家"诠释为"在一起"，由"家人生死相依"到"国家责任担当"，达到了"修身、齐家、治国、平天下"的育人目的。笔者在教学中坚持"师生互动""生生互动""家校互动"，目的在于"教育为了学生""教育依靠学生""教育成果由学生、老师、家长、社会共享"。这样对于充分调动学生的学习积极性、主动性、创造性帮助很大。同时，也有利于培养学生身心健康核心素养中的"珍爱生命""健全人格""适应发展"等素养的培养，有利于学生成为一个有素养、有温度的人。

在"知识核心"时代逐步走向"核心素养"时代的今天，我们的任务不再是简单地"灌输"知识，而在于智慧地"培养"学生的核心素养，我们的思想品德课也不再是冰冷的说教，而是师生生活的生动再现。教师与学生的生命意识是否被"激活"，师生真实内心生命是否"在场"并"上场"，已经成为新时期思想品德课质量高低的评价标准之一。当然，"立德树人"和学生"核心素养"的培养，既不是朝夕之功，也不是哪一节课就能解决的问题，它需要我们这些教育人久久为功，进行长时间的坚守和不断的探索。假如我们每一节课都能像"家的意味"那样去匠心设计、精心准备，努力做到"贴近生活""贴近学生""贴近实际"。那么，我们就能帮助学生开启一扇洋溢积极向上的青春气息和充满各种发展可能的青春大门，逐步培养学生的核心素养也并不是一件难事。

附：

住所　牵挂　责任
——"家的意味"的设计

开课前：

在网上下载习近平几张温暖的图片：1.带女儿骑自行车；2.推着父亲的轮椅散步；3.习近平与彭丽媛手挽手温馨的一幕(同时播放歌曲《相亲相爱的一家人》)。

开课：

情境体验活动1：学生抽纸团游戏(设计星期一至星期五的号码)，学生抓阄。采访抓到"星期五"的同学的感受，然后进入话题：

刚才听了这位同学的回答，老师也有想"回家"的冲动。今天，上完课，大家好好回家吧！同学们，家是什么？请看"说'字'解'意'"PPT展示"家"字。接着展示：

"家"字的外部像房子的形状，中间的部分像"豕"形，"豕"就是猪。上古时代生产力低下，打猎捕食的偶然性很大，生活没有保障，因此人们多在屋子里养猪备食，以防饥荒，房子里有猪就成了人家的标志。猪也是很早被驯化的动物之一，在古人看来，光有栖身之处还不算真正有家，还要加上猪才行。有猪的家，才算富足安定。

刚才大家看了"家"的由来，明白了古人造"家"的真实内涵，在科学技术日益发达的今天，家又是什么？让我们走进"住所　牵挂　责任"，一起去感受家的"意味"。

首先，一起感受"家是住所"PPT展示：房子（household）？家庭（home）！

师：同学们，看了这个标题，你们能设计出哪些主要问题呢？（学生自己设计问题，小组合作学习）

同学交流展示，老师适时点拨。这说明：有房子不一定是家，是家一定得有房子，否则我们会"居无定所""颠沛流离""风餐露宿"；但是家仅有房子是不够的，还要家有长辈和家有儿女，这才算是一个完整的家啊！

师：同学们，你们是否知道：1.家的含义？2.家的功能呢？（PPT呈现，学生自主学习回答）

老师总结：家是一个组织，一个亲属组织，一个由婚姻关系、血缘关系或收养关系而结合成的亲属生活组织，刚才大家从物质层面上回答了家的功能，老师还想从精神层面上给"家"穿上华丽的外衣，家不仅是我们身心的寄居之所，更是我们心灵的港湾，因为在这里，有激励我们奋斗的力量，有我们心灵伟大的依靠，它就是亲情！让我们一起走进"家是牵挂"。

老师语：秋去冬来，春节的脚步越来越近，我们班的同学"思思"想念长期在外打工的父母的心情高涨起来，这不，思思想给爸爸、妈妈打电话了……

学生情境体验活动2：亲情热线。（现场通话）

师：刚才，我们大家听了亲情热线，你的感受如何呢？

（学生回答）生1、生2、生3。

师：是呀，家是彼此的相思与牵挂，是代代相传的不灭香火，是我们最甜蜜、温暖、轻松的避风港。昨天，父母远走他乡，今天，我们走出家门来到学校，都是为了咱们这个家变得越来越好，让我们通过"家是责任"PPT展示一起感受：

小时候，家是一张暖暖的小床，我在里头，父母在外头；

长大后，家是一个大大的风筝，我在上头，父母在下头；

后来呀，家还是一张暖暖的小床，我在外头，儿女在里头；

我终于知道，原来呀，家就是责任的化身。

师：大家从诗中读懂了什么？

（学生自由回答）

师：从大家的回答中，我读懂了"大爱""坚强""责任"。有人说："树欲静而风不止，子欲孝而亲不在。"这告诉我们：孝亲敬长需当下，同学们！

学生情境体验活动 3：让我们来表演一个名叫"40 年后我的父母"的节目（模仿老人吃、喝、行、住的相关动作，PPT 展示歌曲《当你老了》。时间可以长一点）

师：刚才看了大家的表演，同学们肯定有很多的话想对自己的父母说，孩子们，拿起你们手中的笔……

学生情境体验活动 4：写一写就如何孝亲敬长自己的打算吧！（放《感恩的心》，时间可以长一点）

学生展示。

师：时光总是匆匆而过，我们相聚的时光即将结束。同学们，今天，我们不仅知道了家是生命的场所，也明白了家意味着亲情和眷念，更懂得了今天我与父母的"小别离"，是对家庭梦想的不懈追索。同学们，家是最小国，国是千万家，让我们用今天的努力，一心装满国，一手撑起家，把"个人梦"与"中国梦"结合起来，创造出无愧时代的业绩，我们在《国家》的歌声中去真切体会"家的意味"吧！

学生阅读辅助材料：（让学生感受：家，就是"在一起"）

《轮回》

多年前，每到清晨，她要送他去幼儿园。他总是哭着对她恳求："妈妈，我在家听话，我不惹你生气，求你别送我去幼儿园，我想和你在一起。"

急匆匆忙着要上班的她，好像没听见似的，从不理会他在说什么。

他也知道妈妈不会答应，因而每天都是噘着嘴边哭喊着"我不要去幼儿园"，边乖乖地跟在她身后下楼。

多年后，她年岁渐老，且患上老年痴呆症。他在为生计奔波打拼，没时间照顾她，更不放心让她一个人待在家里。

思虑再三，他想到了一个地方。

在做出抉择的前夜，望着他进进出出，欲言又止的样子，她的神志似乎清醒了许多："儿啊，妈不惹你生气，妈不要你照顾，不要送妈去养老院，我想和你在一起……"哀求的声音像是从遥远的地方传来，变得越来越弱，最后变成了哽咽。

（作者单位：重庆市石柱县第一初级中学。本文写作于 2017 年）

加强学生思维品质锻炼　让思想政治课更有味道

◇ 齐　刚

高中思想政治课是一门逻辑性、思辨性很强的课程。在教学中只有真正遵循政治教学规律，重视学生思维品质的训练，才能有效体现思想政治课的价值追求。要想培养和提升学生的思维品质，就要巧妙运用各类资源，精心规划有效活动，创新问题设计，注重教材挖掘，从而激发学生思考的兴趣，提升学生思维深度、梯度和效度。

一、有效资源激发学生思考

高中思想政治课是与现实生活紧密联系的课程，教学必须要坚持理论联系实际和贴近实际、贴近生活、贴近学生的原则。在教学资源选择上要注重"顶天立地"，坚持"向上看"和"向下看"相结合。除了选择国家大政方针、重大国际时事等资源外，还要特别注意选择典型的基于学生生活和基于学生已有知识（经验）的资源，这两种资源更能够激发学生学习兴趣，更容易调动学生思考的积极性，更明显地带来良好教学效益。

处处留心皆学问，日常生活藏资源。学生近期在家庭、社区所经历的实际生活印象深刻，更能引起学生的注意，用身边的生活资源作为素材符合贴近学生、贴近生活、贴近实际的原则，既可以让抽象的知识具体化，又可以增加学生的兴趣，还有利于培养学生善于观察生活、提炼生活的自觉性和主动性。有一次，笔者到学校附近的补鞋摊上补鞋，这个摊点的主要服务对象是学生。我一边等，一边与补鞋的老大爷攀谈。笔者问老大爷生意怎么样，大爷说这段时间生意不如以前，同时告知原因，因为现在整修塑胶跑道，学生活动量少，鞋子损坏得少，因此生意不好。后来，课堂上在给"事物的普遍联系"作小结时，就用了这个事例，在师生对话中，让学生更深刻地领悟了事物是普遍联系的这一原理。笔者原来工作的学校附近有许多早餐点，学生的早饭往往通过这些早餐点解决。后来，政府加大了治理力度，重点整治这些早餐点，学生吃饭遇到诸多不便。笔者在讲政府的相关知识时，就把此作为资源，让学生进行思考：如何才能既让学生早餐方便又能够让学校周围秩序井然？学生根据自己的思考为这件事情的解决想出了许多办法，提供了诸多方案，例如划定范围、限定时间等。课堂上，师生通过对这一事件的分析自然而然得出了政府必须要坚持对人民负责的原则。

温故利于知新。在思想政治教学中我们还要注意另一类资源，那就是学生已有的知识（经验），如能运用好这些知识，教学就可以化繁为简，变难为易。例如在讲混合所有制经济的含义时，笔者就用到了初中化学中的混合物概念，通过学生已经掌握的初中化学知识去讲解经济生活中的混合所有制经济，学生非常感兴趣，同时效果也好。在讲经济生活"投资理财的选择"时会遇到利率的计算，笔者在课堂上根据学生在初中学习指数和函数时所接触过复利的计算公式，拓展了知识点，和学生一起研讨了与现实生活更为密切的复利的计算。这样做，既利用了学生已有知识并没有加重学生负担，还进一步拓宽了利率计算这一知识点，紧密联系了实际生活。教学中，运用学生已有知识（经验）时，倘若能打破文理界限和学科界限，学生触动更大，思维更趋活跃，成效更为明显，这就需要我们平时注意学习并留意其他学科的知识，增加课堂的吸引力和实效性。

思想政治教材编排坚持隐性的生活逻辑和显性的理论体系相结合的原则。我们在教学资源的选择上，往往更关注一些大的社会时事热点，而忽视了学生基于生活和基于已有知识（经验）的资源，这些贴近学生实际的资源恰恰是最有效的、最能引发学生思考的资源。我们在教学中需要挖掘这些学生更易接受、更易引起共鸣的资源，激发学生思考的积极性，为实现和达成教学任务而服务。

二、有效活动提升思维深度

思想政治课的目标是立德树人，同时也是立德树人的主渠道。这就需要加强学生的社会实践活动，通过外在体验把主流价值观内化为学生的基本价值取向。新修订的课程方案把"社会活动"列入了必修课，值得关注和探索。在教学中，笔者也曾经尝试进行过活动调查，并把调查的结果运用于课堂教学。当时，笔者所在学校地处城郊，有许多蔬菜大棚，在讲"价格变动的影响"前，带领学生在课外活动时间参观过蔬菜大棚并和菜农进行过交谈。通过参观得知菜农在进行生产时有两种情况，一是不管价格如何变化，主要生产一种蔬菜，通过精细生产，加强管理，提高产量和质量；另一种是根据当年蔬菜价格的高低决定下一年种植的品种。学生运用实际调查得来的资料，分析价格变动对生产的影响，调动了学生学习的兴趣，把枯燥抽象的理论传授融合在生动鲜活的活动之中，亲身参与、主动探究，学生的学习热情高涨起来，学习效果显著增强。学生自身经历的、活动的、参与的，会一点一滴保存在学生身上，并逐渐内化为素养，这也许是让学生的核心素养培育顺利落地的有效途径之一吧。教学中，我们需要注重活动的这种功能，让学生去体验、去参与，通过这种方式，调动学生思维的兴趣，上出让学生难忘的有味道的思想政治课。

现在高中学生时间紧张，且出于安全考虑，让学生过多进行实地调查难度太大。在教学实践中，角色扮演和实验活动也是激发学生思维兴趣的有效形式。笔者在听课时曾经观摩一节精彩的课堂，教师巧妙地将理科实验引入课堂，出色地完成了教学任务。当时这位老师讲"生活与哲学"模块"人的认识从何而来"时，设计情境，我们在现实生活中经常遇到这样的问题：眼镜起雾、镜子起雾、车窗起雾的问题，给我们的生活带来诸多不便，如何解决这个问题？有网友提出肥皂、洗洁精、醋、糖水都能起到防雾的效果，这是真的吗？随后，展示实验的操作步骤，并让学生主动到讲台来做这个实验，将实验的结果告诉台下的同学们。在实验结果的基础上，通过设计四个小问题，让学生很好地掌握了实践是认识的基础这一知识点。这个实验让人眼前一亮，不仅形式新颖，而且避免了空洞说教，让学生在亲身实验中不知不觉领悟了知识，获得了教益。课后这位老师在和我交谈中说：她之所以设置这样一个实验，是因为科学实验活动本身就是实践的一种基本形式。而学生亲身的实践往往能够更加直接、直观地帮助学生理解问题。这也是借鉴了理科教学的特点，在理科的教学中，通过实验的帮助更易于让学生理解知识。这个实验本身比较简单，操作性强，并且耗费的时间也不长，在课堂上完全可以实行。课堂上围绕实验过程，设计相应的问题引发学生思考，能够顺利达成相应的教学目的，取得相应的教学效果。

思想政治教学应该开放，这种开放一是必须要注意密切关注国内外政策变化、重大热点，让课堂更加鲜活，更能引起学生思维的兴趣；二是要利用社会活动等让学生更密切地接触社会实际，让课堂更接地气，更具生活气息；三是借鉴其他学科的方式，让我们的课堂更加灵动。这三种方式所获取的资源运用于课堂教学，再辅以问题设计和教学技巧，肯定能让教学现场弥漫思考的气息，呈现真正的动感，收获课堂的精彩。

三、有效问题提高思维效度

在教研活动中我们往往会看到一些很热闹的课，课上，教师和学生的互动很多，可是，课后回味并没有值得让学生深思的问题，不会给人留下深刻的印象。这种课并没有起到锻炼学生思维的作用，我们可以称这类课为"无效课堂"。无效课堂的产生，就在于教师对教材的解读、提炼和概括不够，没有真正抓住主干问题，没有注重问题之间的内在联系。

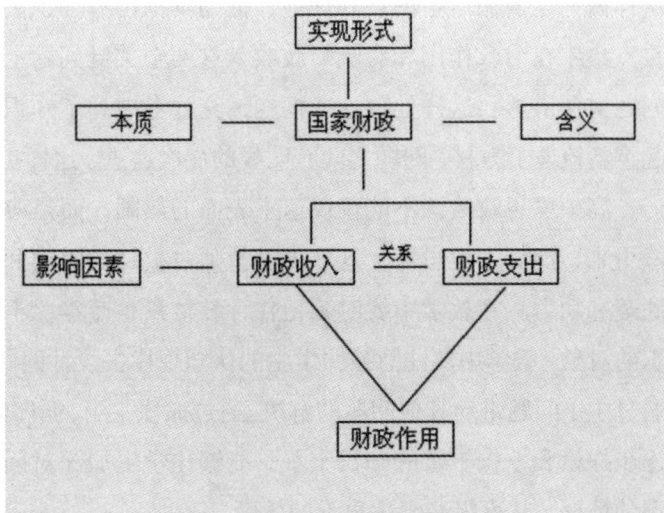

《经济生活》第八课第一框《国家财政》不仅是第三单元的重点也是整册书的重点。这个框题知识点很多，而且教材结构也不甚合理，让学生很难理解。该框题包括三个大问题：一是财政，这个问题又包括财政含义、本质和实现方式；二是财政的作用；三是财政收入与支出，这个问题又包括财政收入的含义、渠道、影响因素，财政支出的含义和具体用途，财政收入和支出的关系。同时，教材在编排上先讲财政作用后讲财政收入和支出。财政作用要有效发挥，需要通过财政收入和支出的变化才能实现。如果不预先讲清财政收入和支出的话学生很难真正理解财政的作用。许多老师在处理这个框题时往往会眉毛胡子一把抓，按照课本顺序对问题逐个讲解，大大小小十几个问题，有时候需要占用两节课的时间。对于这种框题的处理需要抓住主干问题——国家财政，通过抓主干把教材内容清晰呈现给学生（见右上图），同时要注意舍弃小问题，那样才能更有精力抓住重点。在讲解这一框题时我们完全可以换一种思路：首先，让学生自己处理国家财政的含义、本质和实现形式。然后，再讲把财政收入的含义和渠道以及财政支出的含义和具体用途，通过出示图片的方式让学生判断图示内容属于财政收入或者支出的哪种形式？这些收入和支出的形式能够发挥财政的哪些重要作用？要想发挥好财政的巨大作用，你认为增加财政收入和优化财政支出哪个更重要？理由是什么？

可不可以随意增加财政收入？财政收入会受到哪些因素的制约？片面强调增加财政收入会有怎样的影响？通过这些问题的层层破解，有效处理了教学重点和难点。这样做一是遵循学生的认知规律，借助本框已有知识去处理后面的知识，二是把重点集中在财政作用和影响财政收入这两个关键问题上，利用充足的时间把这个问题讲深讲透。这样处理这一框题，充分考虑到了知识间的内在关联，和学生一起重新梳理了教材，问题之间有明显的层次递进，这样更能提升学生思维的效度。

高中思想政治课不能仅仅追求表面的热闹，而是应该提出有效的问题让学生静下来，能深入地思考，这取决于教师对教材的解读和挖掘能力，取决于教师的底蕴和功力。在教学中要时刻记住，教材只是蓝本，不是圣经，是我们解读和加工的对象。教学中要注意按照学生的认知规律去设计问题，同时要抓住主干问题，通过主干问题带动其他问题的解决。通过抓住主干，循序渐进地引领学生由浅入深、逐步探索和挖掘丰富的知识宝藏，能够让学生加深对问题的理解，避免水过地皮湿的情形，从而提高学生思维的效度。

四、文本解读助推思维品质

思想政治教材具有很强的概括性、抽象性，对学生获取和解读信息的能力要求更高。这需要我们教师和学生要学会解读文本把握关键信息，提炼文本主旨。要改变碎片化学习方式，学会综合看问题；要改变只从表面看问题的方法，要透过现象看本质，要学会多问几个为什么，学会更好地挖掘教材。

思想政治教材中的单元结构、单元导语是我们学习单元前和学完单元后需要认真研读的文本，同样，单元探究需要我们认真地去思考，因为单元探究中有许多在课文中没有的知识，最典型的一处就是"生活与哲学"模块第三单元综合探究中内外因这一知识点。有时候我们在教学中重视单元结构、单元导语和单元探究而忽视了课文导语（导言），课文导语（导言）具有承上启下的作用，可以让我们了解本课的主要内容和学习本课的目的和意义，因此，在学习本课前和学习本课后要注意课文导语（导言）的作用。思想政治课教学还需要我们学会研究文本之后隐藏的知识，这也是培养学生和教师提炼、概括能力的一种手段，显性的文本正如冰山之一角，其背后的支撑内容浩渺无限，值得我们思考、求索、遨游。如经济生活模块"市场配置资源"这一框有句话：市场中好像有一只"看不见的手"引导着商品生产者、经营者，调节人、财、物在全社会的配置。如果教学中只是泛泛谈这句话，只能说明市场在资源配置中的决定性作用，实际上分析这句话，里面说明了资源配置的两个层次，一是在部门和行业之间配置，二是在企业之间配置。

思想政治学科的特点决定了我们要学会教材的挖掘和概括，同时还要学会知识的迁移和拓展，这几年全国高考一卷中的试题也要求我们教师和学生要学会去获取和解读新信息，调动并整合所学知识。在平时的教学中，师生一起把教材隐藏的内容挖掘、重构的过程，实际上是在逐步改变学生的思维习惯提高学生的思维品质的过程。

我们在思想政治课的教学中一定要避免像一片云随风飘过不留下一点痕迹的情况，要通过资源的选择、活动的开展、问题的设计、文本的解读，去进一步拓展学生的视野，激发学生思考的兴趣，改变学生的思维习惯，提升学生的思维品质，让我们的课堂能够静思、深思，能够真正调动学生的思维，让课堂更深入、更智慧、更灵动，达到一种静水流深的意境，让课堂更有味道。

（作者单位：山东省淄博市临淄区教研室。本文写作于 2017 年）

培育思考能力

　　死记硬背难以有效提高学生的学习成绩和整体素养，过人的思考能力、学习能力却是成绩优异的决定因素。改变人生的不会是死的知识，而是思考的方法和能力。在学科学习中培育和提升思考能力，会让你聪明起来、智慧起来，也一定会让你受益终身。那就从小事做起，从细节抓起，用点点滴滴的努力去堆积人生的高度吧。

思想政治思辨能力培养的课堂有效设问策略探析

◇ 洪少帆

思辨能力是指存在于思维活动和思维过程中具有客观意义的能力，它包括思维正确理解和处理整体与局部、现象与本质、发散和集中之间关系的能力。思辨能力作为一种以独立思考精神为核心的能力，是人类精神创造和创新的基础，是人类形成正确价值观和情感态度的理性基础。这种能力并不是源于人类的天赋，而是人类后天教育和训练的结果。与其他课程一样，高中思想政治课的基本目标之一就是要培养和提升学生的思想政治思辨能力，这也是高中思想政治新课程改革的基本追求。

思想政治思辨能力是指学生围绕思想政治的知识内容，运用比较、演绎、归纳等方法，对具体事物进行分析、推理、综合、判断，从而得出正确结论的认识活动力。良好的思想政治思辨能力应具备四个特性：一是独立性。人们每天都会面对纷繁复杂的政治、经济、道德、法律等社会现象及问题，能否独立正确面对这些事情，是考察一个人是否具备独立思考能力的前提和关键。面对各种社会现象及问题盲目附和，人云亦云，甚至是非不明，这此是缺乏良好思想政治思辨能力的基本表现。二是全面性。良好的思想政治思辨能力还表现为能够应用唯物辩证法全面地看问题，坚持两点论和重点论，客观公正不偏执。三是深刻性。思想政治思辨能力的深刻性表现在思维过程中善于钻研问题，善于透过事物的现象揭示事物的本质。面对真善美、假恶丑的现象，能用正确的世界观、价值观、人生观来分是非、辨美丑、识善恶。四是逻辑性。思辨能力的逻辑性表现为在思维过程中能够注重前后因果关系，讲究前后连贯，层次分明，条理清楚，理由与论据充足。

高中思想政治教育的基本任务就是要培养学生运用所学的理论知识理解社会生活中的基本现象并解决社会生活中的基本问题，面对纷繁复杂的社会能够养成正确的情感态度和价值观。这一切目标能否得到有效落实，关键在于学生是否具有良好的思想政治思辨能力。因此，培养学生的思想政治思辨能力应该成为高中思想政治教育的重点和基础性工作。然而，在新课程的教学实践中部分老师存在忽视思想政治思辨能力培养的倾向，或者缺乏培养思辨能力的有效实施策略。本文拟从如何在课堂教学中进行有效设问来探析高中思想政治思辨能力的培养的问题。

一、有效设问是培养思想政治思辨能力的基本途径

当代教育心理学理论认为，只有当学生在学习过程中遇到未知的问题，用已有的经验、知识和已掌握的方法不能解决时，才会产生强烈的求知欲，其思维的积极性和主动性才最为活跃。"问题性"无疑是推动学生思维能力发展的基本动力，因为有了问题意识，学生才会有解决它的欲望和兴趣，才能创造出相应的理论和方法。美国教学法专家斯特林·卡尔汉也认为"提问是老师促进学生思维、评价教学效果以及推动学生实现预期目标的基本控制手段"。由此可见，以问题为导向的教学能激发学生的求知欲、激励学生积极主动地投入学习，并使学生在思考问题的过程中获得知识、发展思维，有利于形成和培养学生的问题意识，激发学生勇于探索、创造和追求真理的科学精神。所以，以问题为导向的教学过程既是学生创造性学习的过程，也是思辨能力的培养与形成的过程。教师不同的提问行为和方式对学生的思维产生的作用是不同的。良好有效的问题设置，能引起学生内部的认知矛盾冲突，激起学生积极主动的思维活动。

什么是有效设问？目前学界尚未形成统一、完整的概念。笔者认为有效的课堂设问是指教师结合教学内容及学生的实际情况，在创设良好的问题情境的基础上，于教学前精心预设问题及教学中生成适当的新问题来引导学生主动思考和参与对话，诱导学生主动发现解决问题的方法，进一步就学生的思考结果和思考过程提出批判性问题，引导学生自觉发现其不足，建立新的认知体系，并逐步形成思维的独立性、全面性、深刻性和逻辑性的过程。

从设问是否有效、良好来看，目前的思想政治课堂教学存在以下问题：一是"满堂问"，使学生缺乏思维的时间。教师的课堂提问像连珠炮似的一个接一个，有的一节课多达二三十个问题，使学生脑袋塞满了问题，根本无暇思考。这样不但不能培养学生的思维能力，还导致教学的重难点难以真正得到解决。二是问题的思维价值不高，学生缺乏思维的空间。不少问题或是填空式的，学生无须思索便能答出来，或是学生照书读就可以对付。这样的一问一答，好像是在培养学生

的思维能力，实则问题没有多少思考的价值。三是问题大而空，缺乏针对性或超出学生的认知水平，学生缺乏思考的指向性，结果或是学生东拉西扯，浪费时间，或是老师最后只能自问自答，达不到设问的目的，更难以培养学生的思辨能力。

二、基于思想政治思辨能力培养的有效设问策略

为了探索有利于思想政治思辨能力培养的课堂有效设问艺术，提高课堂教学的实效，笔者对此进行了近3年的课改研究和实践。结合自己的教学实践及思考，笔者认为着眼于培养学生的思想政治思辨能力，课堂有效设问应该采取以下策略。

第一，设问应具有未知性和可及性，以更好培养学生思维的独立意识

这一策略是要求所设置的问题要符合学生的认知结构和发展水平，能够激发和调动学生的思考兴趣，符合"可及"而"不可立即"的特征，即在学生的临近发展区中，寻找问题和设计问题，使提出的问题既适应学生的认知水平又带有激发性。以下述案例为例：

教学内容	课标学标要求	具体情景	设问
文化的多样性	赏析不同民族文化的精粹，展现不同民族文化的差异，确认文化多样性的价值，树立尊重不同民族文化的观念	播放三段视频：分别为《雀之灵》、芭蕾舞《天鹅湖》、非洲舞蹈	设问1：她们跳得好吗？从中能看出文化的多样性吗？什么是文化的多样性
			设问2：请评述这些舞蹈
			设问3：这三段舞蹈你最喜欢哪一段？为什么？从这三段舞蹈的特点看反映了这些国家的文化有什么不同

从设问的有效性角度看，设问1缺乏思维含量，缺乏未知性，学生除了回答好或不好，能或不能，或照书读一遍文化的多样性，无法体现各自的思维过程，更难以感悟到保持世界文化多样性的意义。设问2过于抽象，超出学生的认知水平和生活实际，令学生要么不知从何说起，要么乱说一气，影响了课堂的实效性。因此，这两个设问都难以引发学生的思考兴趣，使课堂的思维生长力大打折扣。设问3能较好激起学生的兴趣，令学生有话想说，有话可说，学生在互动过程中相互激发思维，更能深刻认识各民族文化的特点，客观地对待文化的多样性，并因此衍生出独立思考的意愿及动力。实践证明，把问题设置在学生认知的"最近

发展区"，能很好地激发学生的思考兴趣和培养学生思维的独立意识及独立能力。

第二，设问应有整体性及层次性，以更好照顾到不同思维层次的学生，培养学生思维的逻辑性及深刻性

设问的整体性是指问题设置要围绕课堂的核心目标，结合情景，整体布局，综合考虑课堂与课后的延伸性，使问题之间环环相扣，共同构成一个有序的问题系统，从而既培养学生思维的逻辑性，又能实现课堂教学效果的总体最优。设问的层次性则表现在两方面：一是设问要结合课标要求分层次提出，层层推进，形成思维坡度，有利于引导学生透过事物纷繁复杂的现象，认识事物的本质。二是设问要兼顾不同层次学生的认知水平，难易搭配，使每个层次的学生都有思考的空间和锻炼的机会，不同层次的学生都能够引起思维共鸣，从而帮助学生在探究体验中自然生成新认知，同时促进学生的逻辑思维、抽象思维和创造性思维的提高。以下述课堂教学案例为例：

教学内容	课标学标要求	具体情景	设问
和平与发展是时代的主题	评价和平与发展的国际形势，探寻维护和平、促进发展的有效途径	视频：战争与和平（材料以许多具体的史实讲述了世界和平与局部战乱的状况及阻碍和平发展进程的原因，时间5分钟）	设问1：结合视频材料谈谈： （1）在世界的某些地方，战争与冲突不断，饥饿与贫困依然困扰着人们，为什么还认为和平与发展是主流 （2）有哪些因素阻碍了和平与发展的进程 （3）应该怎样推进世界的和平进程
			设问2：结合视频材料谈谈： （1）结合视频归纳和平、发展的因素和局部战争、贫困的因素，正反两类因素都存在，为什么还认为和平与发展是主流 （2）你认为在阻碍和平与发展的进程的众多因素中，威胁世界和平与发展的最主要障碍是什么？它是借助什么得以实现的？我们应该如何应对威胁世界和平与发展的主要障碍 （3）建立国际经济政治新秩序是维护和平、促进发展的唯一途径吗？你还有什么建议

笔者认为，设问1中的三个问题虽然着眼于整个知识框架设置，也有一定逻辑性，但每个问题都比较大，问题之间缺乏衔接，且问题的层次性及梯度不够，

难以体现思维及推理的过程，不仅不能兼顾不同层次学生的认知水平，也不能很好引导学生在思维的关键点上思考，不算是一个好的问题系统。设问2中，问题（1）、问题（2）、问题（3）是系统的问题链，引导着整节课的进程，每一个问题内部再分解为几个小问题，引导学生有逻辑地进行思考，问题难易结合，问题既源于材料又高于材料，并能考虑课堂与课后的思维延伸性，令不同的学生都有思考的空间，有利于学生在探究体验中自然生成新认知，促进学生的逻辑思维和创造性思维的发展。

第三，设问要有针对性及导辩性，以更好地培养学生思维的全面性及深刻性

设问的针对性是指问题设置要尽量结合具体的情景材料，从学生的生活实际和教学目的、内容、要求的客观实际出发，设置具有明确方向、具体指向的问题，使学生能很快进入问题情境，围绕教学内容进行思维活动；同时，设问应具有导辩性，即要结合情境，把疑点设在重难点、易混点、思维的转折点处，或者现实问题的道德冲突处、思维的矛盾区，从而引起学生在认知上的冲突、激发学生探索质疑的欲望，培养学生辩证全面地看待问题，加强学生对复杂事物本质的把握能力。

再看一个案例：

教学内容	课标学标要求	具体情境	设问
社会存在与社会意识	了解社会存在与社会意识的含义，辩证把握二者的关系	观点一：德国哲学家尼采认为历史的意义在于"超人"的诞生，他主张"统治和奴役的意志是决定一切的力量" 观点二：新中国开国功勋毛泽东则认为："人们的社会存在，决定人们的思想。而代表先进阶级的正确思想，一旦被群众掌握，就会变成改造社会、改造世界的物质力量"	设问1：什么是社会存在？什么是社会意识？尼采和毛泽东的观点有什么冲突？你赞成哪一观点？为什么 设问2：这两者的观点在对社会存在及社会意识的关系认识上有什么冲突？你赞成哪一观点？请结合史实谈谈你的理由。如果我们赞同第一个观点，我们该如何解释现在社会普遍实行的民主共和制

根据课标的要求，本教学内容的重点在于辩证把握社会存在与社会意识的关系，对于社会存在及社会意识只是要求了解，因此教学上可通过举例让学生了解

就行了,不必在此专门再设置问题影响学生对重点问题的关注力,设问1中,对"什么是社会存在?什么是社会意识"等问题的设置既没必要,也与情境关联度不高,应舍去。对"尼采和毛泽东的观点有什么冲突?为什么"的设置指向性不明,容易使学生摸不着头脑,或离开教学目标侃侃而谈,发散过宽,浪费时间且未必能把学生引导到对"社会存在及社会意识的关系"的认识上。设问2能围绕课标的重点问题设问,且对设问做了知识范围上的限定,并要求学生用学过的史实进行论证,突出思考方向。同时,情境中引用了两位名人的观点作为思考对象,并设置开放性的问题"你赞成哪一观点?为什么"来让学生畅谈,引发学生认知上的冲突,促使学生在不同的观点碰撞中,反思、修正及完善自己原有的认知,使思维更具全面性及深刻性。

第四,设问应有一定的开放性及灵动性,以使学生的思考更具全面性、深刻性、创新性,能更好引发学生的质疑精神

设问的开放性是指问题和问题解决的过程都存在一个可拓展的空间,使问题解决的方法和策略的多样化,以至问题的解答不唯一等。问题和其解决的过程中都存在一个使学生充分自由展现自己思维的空间,有利于调动学生思维的小宇宙,引发学生对一些固有的知识观点及方式方法的质疑,促使学生多角度多范围寻求问题解决的可能性。例如在本文的第二个案例"和平与发展是时代的主题"中,对于推进和平和发展的途径,加设一个问题"建立国际经济政治新秩序是维护和平、促进发展的唯一途径吗?你还有什么建议"就能够使学生的思维一下打开,因为不用局限于教材,学生们畅所欲言,提了许多建议。有的同学指出发展中国家应该联合起来,对抗霸权主义及强权政治;有的同学认为建立国际经济政治新秩序对于各国来说只是维护和平、促进发展的外部条件,更重要的是各发展中国家要致力于本国的国力的提升。显然,设问的启发性及开放性大大地拓展了学生的思维空间,使学生的思考更具全面性、深刻性、创新性。

由于问题本身存在延伸、拓宽的空间,能引发出新的问题和新的结论,因此,课堂教学中不能拘泥于原有的预设,可根据学生回答的问题适时追问,即设问要有灵动性。例如在本文的第三个案例中,就"你赞成哪一观点?请结合史实谈谈你的理由"的设问,学生在引用史实来论证自己的论点时,教师也要适时准备一些更具体的设问来启发学生反思自己的推导的正确性。如当学生讲到正是因为有启蒙运动才有资产阶级革命时,可让学生思考启蒙运动产生的根本原因,当学生谈到正是有个别伟人的正确领导才能引领革命走向胜利时,可举例并反问"同样

是能人，为什么有的人一呼能带来百应，而有的不行"，从而引导学生反思自己的观点，促使学生自我修正，正确处理思维的发散与聚合，思维的逆向性及抽象性，进而培养学生的思辨能力和质疑精神。

教学实践证明，在课堂教学中，以问题教学为突破口，并使设问符合未知性和可及性、针对性及导辩性、整体性及层次性、开放性及灵动性等要素，能更好地促进学生思想政治思辨能力的提高，使学生的思想政治思维更具独立性、全面性、逻辑性和深刻性。

（作者单位：广东省广州市执信中学。本文写作于 2016 年）

让人难忘的一缕"乡愁"

——从全国文综一卷第 39 题谈思想政治课"人文素养"的提升

◇ 高保卫

"有坚守精忠报国、宁死不屈民族气节的，有传承诚信为本、诚实待人村风的，有秉持积善成德、助人为乐精神的，有倡导邻里和睦、守望相助的，有崇尚生命、敬畏自然的……"这就是 2015 年全国文综一卷第 39 题的背景材料，强烈的人文气息扑面而来，让人拍案叫绝！

一、管中窥豹，可见一斑

第 39 题以中央电视台纪录片《记住乡愁》为背景材料，用诗一般的语言为载体，发掘乡愁中蕴含的诚信为本、积善成德、尊重生命等中华民族传统文化特质，围绕记住乡愁、传承中华美德提炼问题，要求学生：运用文化生活知识说明社会主义核心价值观与中华传统美德的传承关系；运用认识论的相关知识，并结合材料，分析不同学者从《记住乡愁》中获得不同感受的原因。最后又开放性地提出要求，让学生为如何记住乡愁提出两条建议。整道试题充满浓郁的文化气息，突出考查考生的人文素养。具体表现在：

1. 关注生活

故乡去哪儿了？诗人余光中写于 40 年前的一首《乡愁》，曾打动无数读者，而今，"乡愁已成为中国人的普遍情愫。在城镇化建设大背景下，在成千上万青年为了生计或梦想，一如候鸟般在中国大地上长途迁徙的征途上，在环境破坏后青山绿水难觅的乡野，在人文素养缺失、尘土飞扬的社会戾气中，乡愁像一道深深的车辙，烙印在每个人心上"。第 39 题以诗一般的语言作为载体，充满了生活气息，让考生感觉亲切而自然，呈现生活化特征，也引发了无数人对我们故乡更加地关注和眷恋！

2. 关注时代

故乡的远与近，存与亡，关乎个人的是乡愁；关乎社会的，是文化的传承、社会的和谐稳定；关乎经济的，是产业的结构和资源分配。出于不同角度，各人心目中的故乡或许大相径庭。正因为此，在新的时代背景下，关注我们的传统文化，是每一个新时代的青年人应该承担的责任。本题以"乡愁"为载体，考查"社会主义核心价值观"，突出体现了时代性这一特征，也反映了人们对中华文化的眷恋之情，体现了当代人对传承中华传统美德的愿望和期盼；记住乡愁、传承中华传统美德，为培养和践行社会主义核心价值观提供了重要载体和丰厚的历史文化养料。

3. 关注文化

习近平总书记强调：文以载道、文以化人。"乡愁"，说到底就是一个文化的元素。既然乡愁是一个文化元素，那么在美丽乡村的建设中就需要保证文脉的通畅，而文脉的通畅根植于文化遗产的保护上，尤其是很多传统村落的保护。第39题的第三问创造性地设问，要求考生对如何记住乡愁，提出建议，实质上是对如何延续文化血脉提出建议，在对乡愁的回味中，感受到了本民族的文化体温，感受到了生生不息的生命涌动，并渐渐涵养出我们走向未来的勇气与信心。

从对该题的分析中，我们不难看出它充满浓浓的人文气息，内蕴人文素养的灵魂，倡导的是"以人为对象、以人为中心的精神"，其核心内容是对人类生存意义和价值的关怀，这就是"人文精神"。在各地的考试说明中，"关注优秀民族文化成果，重视考生人文素养和人文精神考核"被多次提及。如2015年北京的考试说明，明确强调要加大对传统文化的考查，同样2015年海南卷的海上丝绸之路、全国文综2中"苏轼的《琴韵》"等无不散发着浓郁的人文气息。

二、困惑——当理想和现实碰撞

2015年阅卷的具体数据还没有出来，但是从同学们考后的反馈以及阅卷老师阅卷的感受来看，此题的得分并不让人乐观，作为文综试题中的一个重要组成部分，我们有必要分析一下其中的问题，以便对症下药。

1. 痼疾——投身题海，顾不上人文素养培养

受传统思维的影响，有些老师喜欢搞题海战术，在高三上学期就进行综合科目的模拟测试，要求学生多做题、多练功，误以为高效复习总是以多取胜，更有老师角色错位，与学生一起在题海中游弋，认为这是对学生负责任的表现，没能

充分发挥高屋建瓴的指导作用；也有同学对文科综合存在恐慌和忧虑心理，认为综合科目的满分为 300 分，每小题分值很高，很早就买来几套文科综合模拟试题，搞题海战术，认为题做得越多，自己越心安理得。

令人担忧的是长期以来人们对"题海战术"见怪不怪，似乎形成了惯性，其结果只能是消解学习的潜能，严重耗损备考师生的精力，造成一系列情绪紧张和心理增压等负面影响。这种恶性循环，更谈不上去关注传统文化，提升文化素养。积弊不改，无助于高考选拔人才，无助于新课程课改的深入发展以及全面素质教育的提升。

2. 下药，治标不治本——重知识传授，轻人文素养培养

随着新课改的深入推进，近年来的文综试题也不断呈现出新的面貌。文综试题不再单一地围绕学科知识点进行考查，而是更多地将学科知识与社会生活、时政热点紧密结合。由于长期受"应试教育"的影响，我们的教育偏重于教学内容和教学方式的研究，注重的是教师的"教"，而忽视了学生的"学"。教师不停地讲，学生不停地写，学生备考被动的现象一直没有大的改观，这也是造成文综考试一直以来成绩停滞或徘徊不前的重要原因。

随着高考制度的改革，对人文素养的要求越来越高。仅从应试教育角度来看，必要的训练和考试是必要的，然而单纯的知识传授，空洞的说教是不能有效提升人文素养的，教学应是一种以人的生命发展为依归的教学，它尊重生命、关怀生命、拓展生命、提升生命，蕴含着高度的生命价值与意义，是对生命的一种终极关怀。为了学生的终身发展，我们的转变应该势在必行。

3. 隐患——教学单兵作战，人文素养培养重视不够

综合能力考试的测试，不是各学科单科考试能力的考核，而是考查考生学科内以及学科间知识的内在联系、强调理论联系实际、强调自然科学与人文社会科学的交叉、渗透、融合的综合能力，这种综合能力更注重研究学科内知识的内在联系，更要加强政史、史地、政地以及政史地三科之间的联系，更加突出对学生人文素养的考查。

然而，在我们平时的教学和复习中，教师习惯了单兵作战，同学们也局限于单科范围之内，忽视学科之间的知识联系，而不去涉及其他相关学科，更谈不上人文素养的全面提升。随着新课改的不断深入，也随着高考改革新形势的要求，打破各个学科之间的界限，全面提高人文素养势在必行。

三、清晰目标——思想政治课人文素养的界定

康德说，教育的目的是使人成为人。蔡元培说，教育是成就人格的事业。教育家苏霍姆林斯基也在《怎样培养真正的人》一书谈道："我们教学的目的，应当去创造我们社会最重要的财富——人。"由此我们可以认为，我们教育的根本目的是促使人更加和谐和持续地发展，从而更有价值地生活。

什么是人文素养？现在，教育界一般把人文素养定位于两个层次，一是指掌握语言、文学、历史、哲学、音乐、美术等社会学科基础知识的程度，二是指依靠这些社会学科的基础知识，结合生活实际，通过内心反省、感悟而形成的道德、情感、态度、价值观，自由、自觉、批判及超越精神，对人生意义与价值的判断和思考，即人文精神。

很多专家学者也对此进行了解读，但无论是哪种解读都离不开对"人"的关注，著名学者肖川曾经对此进行了详细的解读，笔者比较认同肖教授的这几点理解，人文素养就是"对于人的命运，人存在的意义、价值和尊严，人的自由解放，人的发展与幸福有着深切的关注；是对人的心灵、需要、渴望与梦想、直觉与灵性给予深切的关注；是内心感受明敏、丰富、细腻与独特，并能以个性化的方式表达出来的素养"。思想政治课新课程标准也对"人文素养"进行了解读，强调学生通过对思想政治课的学习，更加注重自己对精神方面的追求，加深对人生命运的关怀、体验和思考，从而促进学生人文精神的养成；力求通过思想政治教育加强学生的人文素养，使学生更文明、更高尚，培养出一个完整的、和谐的人。

四、突出重围——全面提升思想政治课教学的人文素养

1. 上一堂有"人文情怀"的思想政治课

非常欣赏作家龙应台的一段演讲，她把文学比作"白杨树在水中的倒影——帮我们认识虚的世界"，把哲学比作"人在迷途仰望星空——助我们走出迷宫"，把历史比作"绽放的沙漠玫瑰——让我们知道任何美好都不是现成的，而是基于过去一点一滴的积累"。三段精彩的比喻可以让我们更加深切地感受"人文"的魅力。假如把龙先生的演讲看成一堂课的话，她的课堂是熠熠生辉的！

其实任何一门学科都是人类文化的结晶，绝不可以仅仅当成一门学科来教，尤其是思想政治课，作为人文学科，它涵盖了经济、政治、文化、哲学四个模块。在课堂上既要开发人的理性潜力，更要开发人的"非理性"潜力。在教学中要以

人为出发点，又要以人为归属点，这样才能促进学生知、情、意的平衡发展。

在我的思想政治课教学中，我做了以下尝试：讲"传统文化的继承"我带学生一起走进青岛的糖球会，以它为载体讲述青岛的历史和发展，讲述别样的青岛。讲"文化创新的途径"我和学生一起领略"西部歌王"王洛宾的音乐以及音乐背后的故事，同学们在动听的音乐中，感知文化的创新。讲"国际关系的决定性因素：国家利益"一课，我以甲午中日战争120周年为背景，在课堂上大量地使用最新的图片和视频素材，极大地丰富了课堂效果，在低沉的音乐里，我深情地讲述那风雨交加的甲午战争，很多同学都流下激动的泪水，同时我们登录甲午战争纪念馆进行留言和评论，同学们的习作和评论，甚至有同学现场做出《甲午战争120年祭》，同学们的家国情怀得到了充分展现。在讲"实践是认识的基础"一课时，我把教材的知识整合成新的题目——"寻路"，把一节哲学课做成了一锅心灵鸡汤，不仅渗透了王阳明的"知行合一"理念，贯穿了陶行知的教育思想，而且有古人《愚公移山》到如今青藏铁路的修建，在渗透人文精神的同时，巧妙地处理了教材的重难点。在完成知识传授的同时，又恰当地把课堂的高度推向了"治国篇"和"人生篇"，让学生感受到无论是每个人的人生旅程和国家的治理都在"寻路"。不仅让学生有了人生的启迪，更有了肩上的责任和家国情怀。有了人文精神主题的统领，平淡的教学突然有了亮点，也为学生的心灵送去了一缕明媚的阳光。

2. 做一名有"人文情怀"的思想政治课教师

作家梁晓声认为，人文的实质就是一种根植于内心的素养，一种无须他人提醒的自觉，一种以承认约束为前提的自由，一种能设身处地为别人着想的善良。我们走进课堂，既要传授知识，更是在进行一种人文的素养传递，那么就要先做一个具有"人文情怀"的思想政治课教师。

政治教师通常在人们的印象里是呆板的，满口马列主义经典，课堂上夸夸其谈，这样的老师很难被学生喜欢，也很难适应新课标下的思想政治课教学，究其原因也是一个缺乏"人文素养"的人。其实我们政治老师应该是关注天下事，关注时代发展，具有强烈家国情怀的人；应该是视野开阔，胸怀宽广，具有丰富学科知识素养的人；应该是有良好审美能力、举止优雅的人，具有良好个人魅力的人……

因为学科的缘故，我认识了很多思想政治课教师，如贡和法老师、王国芳老师等。他们身上具有一个共同的特质，都是具有独立思考，具有浓郁人文气息的人，他们在传授知识的时候，都不忘人文思想的浸润，他们不仅积极探索知识的规律，更加注重人的培育，在这样的课堂上，我们感受到的不仅是知识，更会从老师身上感受到人文的魅力，感受到思想政治课教学的魅力。这也给我们其他思想政治课老师很多启示，我们除了要不断提高自己的学科知识，在课堂上认真传授学科知识，更要有人文素养的传递，只有教师真正以人文之心关注自己的发展和学生的成长，我们才有理由相信，教育的明天会变好。

印度文学史上最著名的泰斗、诺贝尔文学奖获得者泰戈尔先生曾深情地说道："教育的目的应是向人们传送生命的气息。"政治课的外延是生活的全部，生活犹如万花筒，万般色彩尽在其中，一个对生活有着真切关注和思考的灵魂，其课堂一定闪烁着睿智的光芒。

我们的政治课教学要引导学生，引导他们与时代的脉搏连在一起，引导他们为农村里解决不了温饱的农民而忧心忡忡，为社会道德沦落而焦虑不安，为信仰危机而振臂呼号……因为只有培养出真正有民族责任感的中学生，我们的教育才会有希望，民族才会有希望！

路漫漫其修远兮，吾将上下而求索！

（作者单位：山东省青岛第二中学。本文发表于《新课程研究》2016年第4期）

在"品德与社会"教学中
运用思维导图提高学生的学习能力

◇ 胡秀荣

在小学阶段积极培养儿童的学习能力，是各学科教学的重大任务之一。在教学过程中，教师要有意识地帮助学生学会并逐步提高各种基本学习能力，使学生不但掌握知识，而且掌握学习的方法。如何更好地做到这一点，近一段时间，我们在小学"品德与社会"课教学中尝试运用思维导图这一思维工具，帮助学生理解学习内容，激发学生积极主动地思维，教给学生有效的学习方法，提高了学生的学习能力。

一、思维导图与小学生学习能力发展

思维导图是英国人托尼·巴赞创造的一种图示笔记方法，和传统的直线记录方法完全不同，它以直观形象的图示建立起各个概念之间的联系，托尼·巴赞认为思维导图是对发散性思维的表达，因此也是人类思维的自然功能。

小学品德与社会课程着重培养学生多种能力，比如使用地图、图表的技能，收集、整理、运用信息的能力，问题解决的能力，价值判断和选择的能力，等等。由于小学生年龄比较小，抽象和概括的能力还比较弱，因此对小学生学习能力的培养就需要有适合他们的学习工具。思维导图呈现的是一个思维过程，学习者能够借助思维导图理清思维的脉络，并可供自己或他人回顾整个思维过程。在展示原有思维内容的基础上，不断补充新的思维内容，从而提高发散思维能力。在开展品德与社会的学习活动中，可以利用思维导图作为帮助小学生逐步形成学习能力的一种方式，特别是帮助学生形成有目的地收集、整理、运用信息能力以及问题解决的能力，使他们在合作学习中主动探求知识，敢于质疑问难，个性得到发展，真正成为学习的主人。

二、思维导图在品德与社会课堂教学中运用

"品德与社会"是一门综合性的课程，教材呈现的内容多是与学生社会环境、社会活动、社会关系密切相关的各种社会要素，涉及学生与家庭、学校、家乡、祖国、世界等不同社会领域，而这些社会要素又是综合的，社会领域也不是单一的，而是交叉的、多元的，因此反映出这门学科学习内容综合性比较强。品德与社会课程标准指出要引导学生学习收集、整理、分析和运用社会信息，能够运用简单的学习工具探索和说明问题。

在日常的教学中，我们发现学生对于知识的了解、问题的认识与解决方法都是多样的，引导学生将思维过程记录下来，更加方便他们的学习和重新构建自己的认知结构，是十分必要的。在这一阶段的摸索尝试中，发现思维导图作为一种学习工具在我们的生活学习和工作的很多方面都可以应用，有利于学生在学习过程中面对多个主题进行有目的的选择和进行计划与安排。由于在交流展示过程中呈现的思维导图简单流畅、可视性比较强，可以帮助学生理清自己的发言思路，无论介绍者还是听众对所说内容印象更深刻；同时思维导图能够比较明显地体现出小组成员的个体作用，提升团队归属感。

1. 利用思维导图，培养学生整理资料的能力

在品德与社会课堂上学生经常收集一些与教学内容有关的资料，但是对于资料的处理，学生中比较好的做法是能够主动圈画出重点内容。运用思维导图可以帮助师生掌握正确有效的学习方法策略，促进教学的效率和质量的提高。因为在制作思维导图的过程中，会涉及如何快速地阅读和信息整理的内容。通过整理和绘制思维导图时对学习内容的关键词和核心内容的查找，可以更好地帮助学生建立有机的联系，帮助学生建立起各知识点之间的有机联系，使之不再是零散的，彼此毫无联系的，从而加强学生对所学知识整体的把握和理解，进一步深化所学的知识。

比如，学习"形态各异的民族住所"，学生通过观察图片在思维导图上简单记录了蒙古包的外形特点（见图1），之后通过阅读、整理教师提供的资料，了解到蒙古包的其他特点，学生撰写思维导图的过程反映了他们对资料的理解过程，不仅要阅读而且要提取相应的反映蒙古包特点的关键词。在这个过程中学生对蒙古包特点进行了初步的了解，同时培养了他们整理资料的能力。

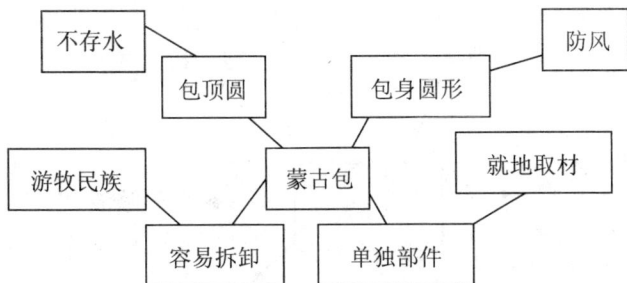

图1

2. 利用思维导图，培养学生提出问题、解决问题的能力

品德与社会课程的目标之一是引导学生尝试合理地、有创意地探究和解决生活中的问题。引导学生提出问题及解决问题的整个过程实际上是思维训练的过程。在教学过程中我们采取互动式，努力促进师生间的交流与沟通。在实践中，将思维导图运用到课堂讨论中，促使学生思考问题，捕捉讨论中的灵感，让学生看到思维导图学习方法的价值，有利于学生掌握丰富的知识，开发自我的潜能。

在应用思维导图教学的过程中，以学生为主体，教师做引导，可以充分发挥学生学习的主观能动性和创造天赋。比如进行"不同地域的服装"一课教学时，我引导学生不仅在思维导图中（见图2）记录服装的特点，同时针对服装的一个特点提出一个感兴趣的问题，考虑到学生的年龄特点，引导学生将这个问题明确地写在思维导图的下面。在教学过程中，教师的作用主要是做积极正面的引导，并指导和回答学生在完成学习任务的过程中所遇到的问题。师生间可以比较自由地交流和沟通，可以让学生有更大的发挥自我的空间，让学生根据自己的实际情况和已有认知在交流中不断提出感兴趣的问题，不断进行梳理和归纳，探讨对学习内容的认识。例如学生根据藏袍肥大这一特点提出的与之相关的问题：藏袍有多肥？这么肥大怎么穿？为什么肥大？这么肥大除了穿着以外还有什么作用？学生在不断质疑的过程中把当前学习内容所反映的事物尽量和自己已经知道的事物相联系，并对这种联系加以认真的思考。而"联系"与"思考"是意义构建的关键。建构主义学习理论认为如果能把联系与思考的过程与协作学习中的协商过程（即交流、讨论的过程）结合起来，学生建构意义的效率会更高、质量会更好。在这一过程中学生根据思维导图撰写的服装特点不断提出问题、并结合自身经验尝试解决问题，激发了问题意识。

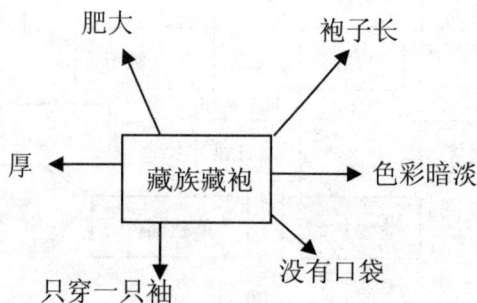

我们提出的问题为：藏袍为什么肥大

图2

再如，在进行"泰山的研究"教学中，我请同学们利用思维导图的形式把想要研究的问题写下来，最初写的时候，学生的思路很窄，想研究的问题也就是泰山的位置、名胜等问题，经历了小组交流、思考、组内整合的过程，在短短的5分钟时间内，学生的头脑中多多少少都有了一两个想要研究的问题，学生的发散思维得到了训练。通过交流，学生可以在原有思维导图的基础之上进行补充，整理，于是就产生了多个想要了解的泰山的相关内容，如想要研究泰山位置、著名景点、特点等一系列有价值的问题，学生还根据问题的轻重标出解决的先后顺序。

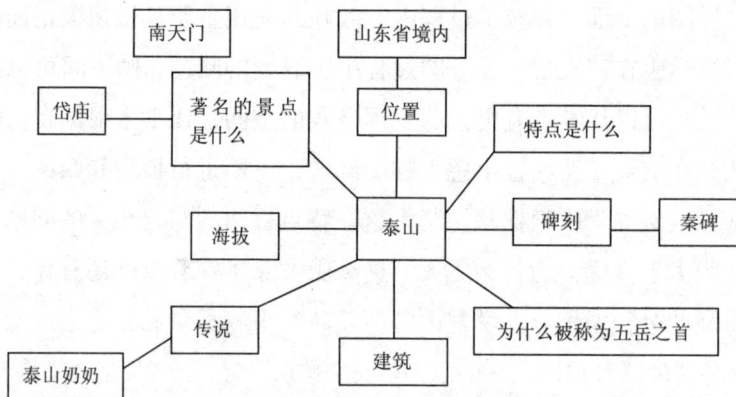

图3

3. 利用思维导图，引导学生在合作中注意发挥个体作用，提高小组合作的实效性

学生以小组为单位共同合作制作思维导图，既要体现出小组合作过程中的集体智慧力量，又要特别注重个体在合作中的作用。在形成思维导图的过程中，首先给小组成员个体以充分的思考时间，充分尊重学生个体，个体的积极有效参与是小组合作的前提。将个体思考的问题以及个体已知的答案写在自己的导图上，然后小组进行问题和答案的汇总、补充、完善，共同选择感兴趣的研究专题。总之，在制作思维导图的过程中，每个组员的意见都被考虑，小组共同思考时，也可产生更多思维碰撞与资源分享，最后的思维导图是小组共同合作的结晶。同时，学生对学习内容的认识不断加深，提升了综合能力，也提高了小组合作的实效性。

三、运用思维导图的效果

1. 进一步激发了学生主动学习的兴趣

思维导图的运用使学生学习的主动性提高了。一方面学生的加工处理信息能力在逐步增强，课堂上逐步呈现出由原来的读资料转变为现在主动地对资料加工理解后的总结，主动地与他人交流。由于学会了一定的加工信息、处理资料的方法，学生们更加热情地通过各种途径调查相关的资料，与此同时开阔了眼界，丰富了知识，发展了自己的综合能力。另一方面原本显得有些枯燥的学习内容，学生由于习得了思维导图这一学习方法，使得他们参与探究合作学习的主动性增强了，变得更加乐于学习。比如，五年级学生在学习"新疆的沙漠和绿洲"一课时，对坎儿井显示出浓厚的兴趣，因此小组共同提出问题，想研究坎儿井的历史、数量、分布、水流量、构造、样子等各方面的问题，教师引导学生进行收集资料的活动，由于学生有比较高的积极性，在课下自觉将收集到的资料制作成了思维导图（见图4），在课堂上与大家交流，分享他们的调查成果，效果非常好。

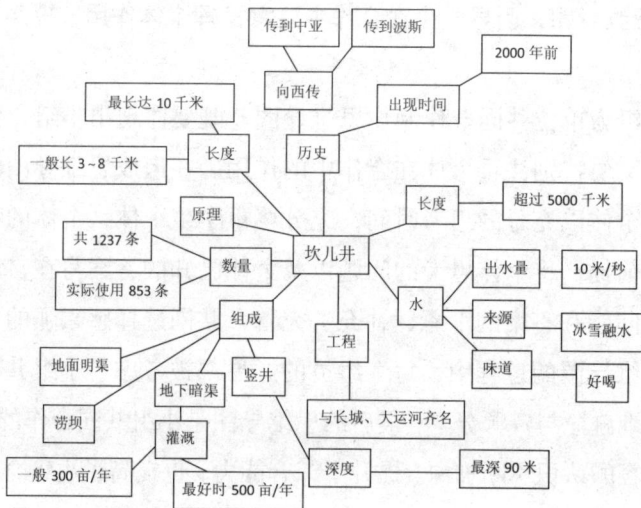

图 4

2. 拓展了学生的学习空间

在以往的研究活动中，学生的思维受到老师确定主题的局限，很难把一个主题内容研究深入。在"设计社区环境情况调查表"的主题活动中，从最先开始只是对社区基本情况的调查，到同学们利用已经掌握了的思维导图的方法，进行相关因素的联想，产生了对基本情况、社区设施、环境保护问题、社区服务者的工作等的深入研究，不难看出思维导图激发了学生的发散思维，学生以一个主题为核心多方面思考，从而拓展了学生的学习空间。

3. 转变了学生的学习方式

思维导图的呈现，使学生以往被动的学习，转变为主动的学习方式。"品德与社会"的课堂更是需要师生双方在学习过程中逐步建构生成，随着学习活动的不断展开，学生的认识和体验不断深化，创造性的火花不断迸发，新的学习目标和学习主题不断生成，同时也在不断完善学生的认知结构。

在"不同地域的服装"一课的学习中，小组学生研究服装的特点，整理并写出思维导图，并针对一个特点提出想进一步研究的问题，在这个过程中充分考虑到多方相关因素及各个因素之间的相互影响，如当地气候、地形等环境特点，当地文化形成的影响作用，学生在不断探讨认识的过程中，不断根据发生的新问题调整自己的认知，在调整的过程中，也就不断地产生了新的问题，从而将学生被动的学习转变为主动学习。

思维导图引入课堂，使学生的思维发展成为教师关注的重点。教师不能再要求学生在自己精心设计的圈圈里打转。教师在研究问题的过程中不再是指挥者，而是学生学习的引导者、伙伴、朋友，学习过程对学生来说更具真实性。

4. 提高了学生的综合能力

"品德与社会"是一门综合课程，要不断提高学生的综合能力，为他们将来的工作、学习，乃至从事科学研究奠定良好的知识和能力的基础。将思维导图纳入课堂，为学生提供多渠道获取知识并将学到的知识加以综合应用于实践的途径和机会，促进学生形成积极的学习态度和良好的学习策略。

在学习过程中，一方面引导学生借助思维导图这一方法整理与归纳信息，学会判断和识别信息的价值，并恰当地利用信息。另一方面鼓励学生利用可视化的思维导图学习在内容之间建立联系，因为联系是培养综合能力的基础，知识间的各种联系是客观存在的，进行知识的综合，就是以"联系"为纽带。引导他们善于发现、挖掘和表达各种知识的联系，自主地发现、提出问题，并尝试解决问题，帮助学生逐步形成应用已有的知识与经验，发现和解决问题的能力，在一定程度上培养了他们的综合能力。

四、在课堂教学实践中实施思维导图带来的思考

运用思维导图进行学习，是一种有效的学习方法。但在教学实践中，还需要注意一些问题。思维导图的运用可能并不适合所有的学生。学生对待思维导图的态度是不相同的，主动制作思维导图的学生一般来说对学习内容非常感兴趣，他们不仅能够在课堂上按照老师的要求制作思维导图，而且在课下也乐于完成；相当一部分学生还存在懒于动笔的现象，原因是多种的。由此可以看出需要教师在课堂上进一步激发学生的求知欲望，使他们能够主动地持续不断地将学习热情投入到课堂中来。学习方法的培养，是帮助学生建立起独立思考的方式和方法的契机。因此教师要把引导学生绘制思维导图的学习和运用作为一种习惯来培养，这会是一个长期的过程，是培养学生爱动脑、勤思考的过程。

通过在品德与社会课程中引入思维导图，我们发现它不但有助于转变任课教师的教学观念，还拓展了学生的学习空间，从根本上促进了学生学习方式的转变。同时也引发了更多的思考，即如何将思维导图的思维方式内化，如何更好地挖掘思维导图这种工具的内在功能，这些问题我们将继续深入地加以研究。

（作者单位：北京市第一实验小学。此文发表于北京教育学院学报 2009 年增刊）

透过小分统计看高三政治学科能力的培养

◇ 张于翠

自实施新一轮的基础教育课程改革以来，"一切为了每一个学生的发展"成为教育教学的最高理念，政治新课程标准当中也相应提出了新的教学理念，即"面向全体学生，培养政治科学素养，提倡探究学习，贴近生活实际"。在多元化的社会中，学生对社会科学的学习，如学生的科学精神、科学思想、科学方法和严密的科学素质不可能建立在不可靠的想象上，政治学科也需要以科学为准绳。所以，同其他学科一样，政治学科教学也应十分重视对学生学科能力的培养，点燃学生的思想火炬，激发科学思维的活力。

基于核心知识主题的学科能力从课程内容看，《政治生活》主要传授给学生必要的政治观、国家观、人权观、民主观、政府观、政党观、民族观等政治学基础知识，培养学生初步具备有序参与政治生活的政治素养和基本技能，引导学生逐步树立公民意识、民主意识和法治意识；《生活与哲学》则主要传授给学生必要的世界观、人生观、价值观等哲学基础知识，培养学生初步具备辩证看待问题的哲学素养和基本技能，引导学生逐步树立正确的世界观、人生观和价值观，用正确的方法论引导社会生活和人生发展。而学生的学科能力主要包括学习理解能力、实践应用能力、创新迁移能力等。那么在高三的教学中我们该如何提高学生的政治学科能力呢？实践中笔者通过小分统计培养学生的学科能力，使学生获得科学知识、科学方法，提高运用知识能力。

海淀区在高三第一学期期中考试中，试题突出理论联系实际的学科特点，突出能力立意；主干知识与非主干知识考查相结合，突出主干知识考查；以能力立意为基础，突出对学生理论联系实际能力的考查。试题题型有选择题和非选择题。考查内容如下：必修2、必修4、选修3。其中不同能力考查分值分布如下（表1）：

表1

	提取归纳信息、调动运用知识	描述阐释事物、论证探讨问题
题号	1~24	25~29
分值	48分	52分

我校在不同能力考查的得分如下（表2）：

表2

	提取归纳信息、调动运用知识	描述阐释事物、论证探讨问题
题号	1~24	25~29
得分	38.8分	26.49分

从以上两表对比中，不难发现"描述阐释事物、论证探讨问题"能力比"提取归纳信息、调动运用知识"能力要弱很多，也就是选择题得分的情况比非选择题得分的情况要好一些。选择题主要考查学生"提取归纳信息、调动运用知识"能力，学生在利用已有知识储备的情况下能对题干与题肢做出正确的分析，但对于解答主观性试题则表现出学科能力的欠缺，特别是理解和运用能力，也就是学生的实践应用和创新迁移能力不强。相当多的学生不能识别有关知识的不同方面，不清楚知识之间的联系，因而不能超越知识本身对结果做出推论。

高考说明中对于考生的要求是文科综合能力测试强调对政治、历史、地理各科目知识的整体、综合把握，反映各科目之间的联系，注重多层次、多角度分析、解决问题的思维能力。高考说明中对考查考生目标与要求有明确的规定，其中"目标"即综合测试的能力目标，"要求"是分别对每一考查目标不同层次和水平的界定。

目标＼要求	第一层次	第二层次	第三层次
获取和解读信息	获取试题提供的信息，理解试题要求以及考查意图	提炼信息的有效内容和价值，并对其进行分析与整合	组织和应用相关学科的信息，形成综合性的信息解读
调动和运用知识	将所学知识与试题的形式和内容建立正确的联系	准确运用相关知识和相关信息，认识和说明问题	体现学科渗透，运用相关学科的知识原理分析问题
描述和阐释事物	正确表达事物的现象，准确描述和解释事物的特征	把握事物的本质和规律，并做出正确的阐释	辩证的、历史地考察事物，对事物进行学科的和跨学科的描述与阐释，意义完整
论证和探讨问题	运用判断、归纳、演绎、比较、概括等方法论证问题	在论证中观点明确、表述清晰、逻辑严谨	综合运用相关学科的原理和方法论证和探讨问题，体现创新性思维

针对高考能力要求重点应该提高学生第二及第三层次的能力，提高学生运用所学知识对政治生活和问题进行分析判断的能力；提高学生运用社会生活中的事例分析说明问题，并提出解决方案的实践应用能力以及综合运用不同的学科知识、学科思维进行综合评价的发散思维能力即迁移能力。高三教学中尤其提高学生主观性试题的解题能力。要想解决该能力就需要掌握学生在哪些模块中哪些知识中存在更多的问题，我校学生在主观性试题中反映的情况如下（表3）：

表3

知识	选修3	政治生活	历史唯物主义	唯物辩证法	政党
得分率%	61.2	58	37.1	29.11	56.67

显而易见学生在"政治生活"的解题能力要好于"生活与哲学"中唯物辩证法与历史唯物主义的解题能力，问题最严重的是唯物辩证法。该试题如下：

中共十八大是在我国改革发展关键阶段召开的一次十分重要的大会。会议根据形势和任务发展变化对党章进行适当修改，同时，这次大会为我国解放思想、推进改革、科学发展指明方向。

材料一 《中国共产党章程》的修改反映了中国共产党带领中国各族人民对中

国特色社会主义道路、中国特色社会主义理论、中国特色社会主义制度的长期不断探索的历程和成就。

《中国共产党章程》重要修改概览

十四大	明确我国处在社会主义初级阶段和党在本阶段"一个中心，两个基本点"的基本路线
十五大	把邓小平理论确立为党的指导思想
十六大	确立"三个代表"重要思想为党的指导思想
十七大	科学发展观是发展中国特色社会主义必须坚持和贯彻的重大战略思想
十八大	科学发展观是党必须长期坚持的指导思想

结合材料一，运用唯物辩证法的相关知识，说明建设"中国特色"社会主义的理论依据（9分）

学生在答题中从能力测试的目标和要求看，首先是获取和解读信息能力不足，即提炼信息的有效内容和价值，并对其进行分析与整合的能力欠缺。题中明确指向说明建设"中国特色"社会主义的理论依据，但有部分学生用联系、发展、矛盾、辩证否定观、创新等知识答题，四面撒网重点不突出导致得分低；有的学生只用发展的相关知识答题，表明调动和运用知识能力不足，没有将所学知识与试题的形式和内容建立正确的联系，没有抓住材料的主旨和核心；还有些学生调动了矛盾的普遍性和特殊性辩证关系原理，但在论证和探讨问题时又不能准确运用学科语言描述和阐释事物，解题思路不清楚、方法欠缺，缺乏辩证思维能力，不会理例结合有理有据地多层次、多角度分析问题。

在《思想政治课程标准》中关于必修4的要求是我们要以邓小平理论和"三个代表"重要思想为指导，帮助学生了解马克思主义哲学的基本原理，学习运用辩证唯物主义和历史唯物主义的观点和方法，正确看待自然、社会和人生的发展，坚持解放思想、实事求是、与时俱进，能够在社会生活中做出正确的价值判断与行为选择，树立和追求崇高的理想，逐步形成正确的世界观、人生观、价值观。学生所暴露的问题与课程标准也有一定的差距，教学中如何提升学生学科能力素养不妨从以下方面入手。

第一步：引导学生先从设问读起，在读设问时明确知识的限定，主体的限定，问题指向性的限定，带着问题去读材料。读材料时注意抓住材料的中心，材料围绕该中心分解成几个层次，每个层次的问题又是什么，它们之间有何联系，理解试题要求以及考查意图，提炼信息的有效内容和价值，并对其进行分析与整合，形成综合性的解读，提高获取和解读信息能力。如在本题中知识的限定是唯物辩证法相关知识，学生要调动联系、发展、矛盾、辩证否定观、创新等知识。问题的指向说明建设"中国特色"社会主义的理论依据。抓住"中国特色"社会主义这一有效信息，培养学生的学习理解能力。

第二步：明确知识限定后，调动该知识相关的知识体系，结合材料对调动的知识进行筛选，将所学知识与试题的形式和内容建立正确的联系。既然问题是要说明"中国特色"，"中国特色"应该是矛盾的特殊性；"社会主义"应该是矛盾的普遍性；"理论依据"应该是二者关系。材料中的核心都是围绕中国特色社会主义展开，十四大至十八大也是围绕中国特色社会主义进行党章修改，那么要运用的知识便是矛盾的普遍性与特殊性辩证关系原理。这样才能提高学生实践应用能力。

第三步：运用原理分析实际问题，使理论与实际有机结合起来，正确表达事物的现象，准确描述和解释事物的特征。矛盾的普遍性与特殊性之间的辩证关系原理便是建设中国特色社会主义的理论依据，结合材料说明为什么是，材料中是如何体现这一依据的。

第四步：论证和探讨问题时论点要清楚。首先要紧扣题意，对有关原理和涉及到的重要概念或含义作完整的阐述；论据要准确，确定解题的理论依据和实施根据，分清哪些是主要的，哪些是次要的；论述层次要清晰，运用原理分析实际问题要步步深入。指明试题涉及的理论知识并简述理论依据及有关原理或知识点，运用有关原理或知识点先重点后一般逐步分析说明论题；从正反两方面说明坚持马克思主义原理的意义及违背马克思主义原理的危害。有些论述题还要依次摆出事实根据，并从正反两方面反复论证，适当批判错误观点，以此提高学生的实践应用能力和创新迁移能力。

当然高三学生的政治学科能力提高不是一蹴而就的，需要长时间的培养，在平时的教学过程中，我们既需要适当的精讲更需要必要的精练。在精讲的过程中通过有效问题的设计、知识结构的立体构建落实基础知识，注重学生学习理解力的提升；在精练的过程中通过练讲结合经典的高考试题找出解题的一般方法，提升学生实践应用和知识迁移的能力。

（作者单位：北京市中关村中学。本文写作于 2014 年）

从一节初三复习课引发的
"如何提高学生政治学科能力"的思考

◇ 付玉娟

李晓东教授在《政治学科能力及其表现研究》一文中将中小学政治学科能力分为三个层级：即初阶学科能力是学习理解能力；中阶学科能力是实践应用能力；高阶学科能力是创新迁移能力。拜读李教授的文章受益匪浅，对指导日常教学意义重大。针对初三学生的学习基础和认知特点，笔者设计了一节复习课，针对性地提高学生的学习理解能力，实践应用能力和创新迁移能力。本文即为这节复习课引发的思考。

一、通过完成思维导图，培养学生的学习理解能力

在李教授的文章中，将学习理解能力的表现表述为观察体验、了解认识和记忆概括三个方面。笔者设置的课型是一节初三年级的复习课。观察体验能力和了解认识能力的提高，更适用于在常规教学内容的新授课中实现。在这节复习课中，笔者的设计重点是提高学生学习理解能力中的记忆概括能力，采取的策略是完成思维导图。

本节课复习的范围是北师版《思想品德》教材九年级全一册第2、3、4、7课。为了提高学生的学习理解能力，我以课为单位，编制每课核心知识思维导图，并将必知必会的知识点设置为填空，要求学生在读思维导图的过程中填空。设置目的有两个：一是用思维导图的方式帮助学生在脑海中建立知识之间的联系，将单一的知识点穿成线，形成面，变单一为立体。二是用填空的方式帮助学生夯实基础知识，巩固完成教学目标，备战中考。

思维导图如下：

2015 级初三年级上学期第一次月考复习材料（思维导图 2、3 课）

命制人：付玉娟　　2017 年 9 月 16 日

2015 级初三年级上学期第一次月考复习材料（思维导图 4、7 课）

命制人：付玉娟　　2017 年 9 月 16 日

二、通过圈画关键词，培养学生的实践应用能力

李教授认为，实践应用能力是学生的中阶学科能力，表现为综合归纳能力、

分析解释能力和搜集运用能力三种能力。在这节课中，为了提高学生的实践应用能力（综合归纳能力，分析解释能力和搜集运用能力），我采取的教学策略是结合当下时政新闻，圈画关键词，寻找关键词与教材的结合点。

在准备时，我将第2课《了解经济生活》归纳为"经济"方面；将第3课《参与民主政治》归纳为"政治"方面；将第4课《把握时代坐标》归纳为"经济和政治"方面；将第7课《坚持依法治国》归纳为"道德与法治"方面。这样将四课内容汇总到一起，可以高度概括为"经济""政治""道德""法治"4个词语。在这样的思考准备基础上，我精心筛选了切合主题的四则时政新闻。分别是与"经济"主题切合的新闻《将改革进行到底》；与"政治"主题切合的新闻《"十九大"习大大发声》；与"道德"主题切合的新闻《治"老赖"有招》；与"法治"主题切合的新闻《年轻人与"两会"》。

在课堂上，我要求学生以小组为单位，抽选其中的一个时政新闻，深入探究，圈画出关键词，寻找材料与教材所学知识之间的一切联系。课堂上学生仔细阅读时政材料，充分挖掘材料中的关键词。将关键词作为思维的起点，由近及远，无限联系。将课堂所学与时政新闻完美结合，将知识之间建立起联系，编制成网络。学生每每发言，语出惊人，掌声雷动。在课堂的生成过程中，学生的综合归纳能力、分析解释能力和搜集运用能力均得到锻炼和提高。除此之外，学生的语言表达能力，交流合作能力等也在学习过程中得到了训练和提升。

三、通过探究式教学，培养学生的创新迁移能力

创新迁移能力是李教授文中所述的政治学科高阶学科能力，它包括迁移发散、价值判断和价值选择三个表现。在设计这节复习课时，培养学生的创新迁移能力是我设计的终极追求。我认为一名初三的学生，创新迁移能力是其必备的终身学习能力。为了提高这方面的能力，在这节课中，我采取了如下策略：

1. 从关键词到教材，完成迁移发散能力的提高

《政治学科能力及其表现研究》一文明确提出，迁移发散能力是"从输出到高阶输出的标志，其主要表现是从发现'近联系'到发现'远联系'，从初步运用所学内容到拓展发散到相关现象解释与问题解决的能力"。笔者设置的圈画关键词，寻找关键词与教材一切结合点的环节，完美呈现了学生从"近联系"——关键词到"远联系"——教材相关知识的思维过程，帮助学生完成了思维的迁移，将知识由点及线，由线到面，不断拓展延伸。

2. 从素材到命题，完成价值判断能力的提高

价值判断能力在《政治学科能力及其表现研究》中被表述为"人们对事物能否满足主体的需要以及满足的程度进行判断"。由此可推断，价值判断能力主要是在完成情感、态度、价值观目标过程中提高的一种学生学科能力。在课堂上，笔者选择用命题完成学生这方面能力的提升。比如，在《治"老赖"有招》的这则新闻下，通过学生的充分探究，交流共享，启发生成，我们师生共同完成素材与教材之间的迁移发散。在对材料有了充分分析的基础上，笔者向学生呈现自编试题：为了让"老赖"寸步难行，请从法律和道德两个角度提出建议。设置这样的一道试题，学生的思维需要经历先形成价值判断，再进行问题解决的过程，在这个思维过程中，提升了学生的价值判断能力。

3. 从学习到实践，完成价值选择能力的提高

建立在价值判断的基础上，价值选择能力是学生的行为能力，即学生会在生活中怎么做。客观的讲、行，是学生自己的行为，教师能做的只是"导行"。好的政治教师会通过有效的教学形式指导学生形成正确的价值判断，帮助学生用正确的价值判断引导正确的价值选择。在这节课上，我将课堂变成了一个未完成课堂。所授内容，留有余地。希望学生自己参与相关内容中，不做看客，而做经济生活、政治生活的参与者，做道德与法治的践行者。比如说"年轻人与'两会'"话题下，我就发出"希望同学们做有担当的年轻人，参与到国家建设和管理的实践中"的倡导！通过课堂教学培养学生的学科能力，发展学生的学科核心素养不是一蹴而就的，更不可能在一节课中就"毕其功于一役"。但是，不放过任何一个教育环节，不放任任何一节课，心中有目标，手中有方法，科学设计，精心施教，坚持不懈，就一定能不断提高学生的学习理解能力、实践应用能力和创新迁移能力。

（作者单位：东北师范大学附属中学明珠学校。本文写作于 2018 年 3 月）

探究思考过程

　　有什么样的过程就会有什么样的结果。所以有人说，意义在于过程而非结果，注重探究思考的过程就显得尤为重要。充满思考魅力的德育课堂，一定会锻造思考的链条，环环相扣；一定会搭建思考的阶梯，循序渐进；一定会引来思考的活水，流淌不息。

课堂教学关注学生思考的策略

◇ 李晓东　米安然

随着普通高中课程方案和各学科课程标准的发布，以"核心素养"为主要标志的新一轮课程实现了从理论研讨到教学实践的"华丽登场"。面对新时代，教学的内容和形式都要随之进行相应的调整。这对广大一线教师来说，是个不小的挑战。如何改变传统的机械灌输的教学方式，"体现素养培育的要求"，成为很多老师纠结的问题。尤其是对思想政治教育学科来说，如何实现从"背多分"的惯性思维向课程育人的方式转化，成为当前课程改革的一个重要问题，成为中学德育课程改革的关键点和突破口。为探索实现这种转化的优化路径，北京师范大学政治学科教学论工作团队在北京、山东等地开展了以政治学科能力改进与提升为主要目标的教学改进实验。通过实际的教学改进和探索，我们发现：只有真正关注学生的思考，才能追求课堂的实效。以下，我们就结合北京市人大附中朝阳学校米安然老师执教的教学改进课，分析如何在教学中落实这一目标的基本策略。

一、把握学生认识的起始点

德育的根本任务是立德树人，而完成这一任务的重要标志就是学生的思想认识在课程学习之后有所提升。而要实现这一点，我们首先必须分析学生的思想认识起点在哪里。只有充分把握了这一点，我们的课堂展开和德育实现才有了基础和根据。

米老师的教学内容为是非观教育，对应的课程标准点为"能够分辨是非善恶，学会在比较复杂的社会生活中做出正确选择"。在试讲中，她给学生提供了如下的一个情境："这是小 C 和小 D 的故事，他们两个人是初一年级的同学。一天，他们走到芍药居地铁口，看到了一个钱包孤零零地躺在地上，四处无人，小 C 就捡了起来。发现里面有身份证，好几张银行卡和医院的就诊卡，就诊卡上有电话号码，但是没有现金。"之后，教师出示了两个选择：A. 联系失主；B. 不多管闲事，让学生选择正确的做法。在这里，教师的意图显然是希望学生选择 A，这样在之后的展开中就可以抖开"包里没有现金"的思考。但在教学实践中，很多学生对于"不多管闲事"存在不同理解，就产生了意见分歧，在是与非的问题上变得"说不清楚"。学生在教学中提出了"交给警察"等方案，教师试图引导学生"换位思考"，甚至采取"道德绑架"试图让学生给出教师需要的答案，结果很不理想。在课后评课环节，这一问题也成为专家组聚焦的一个重要问题，认为设置的第二种情况"不多管闲事"不够明确，容易让学生产生混淆，很多学生在讲的实际是第三种情况"用更正确的方式处理这件事"，所以课堂上老师的引导就显得很困难。在正讲环节，米老师将这一部分改成了如下的方式：先问学生"你会怎么做"，再将前述两种选择设置为两个同学的具体做法，让学生去评判是与非。这样的处理，就兼顾了"设身处地"的"感同身受"与"超然事外"的"独立判断"，让学生有更为充分的机会表达自己的观点和态度，使得教学效果有了显著的提高。

从这个课例的改进中，我们可以看出，要实现教学的目的，就必须通过有效方式准确地把握学情，真正了解"学生在哪里"。在教师的备课环节，我们都要有对于学情的基本把握，但这种"备学生"的设计如果只是停留在"表层"和"大概"的层面，我们就很难在课堂上真正把握学生和打动学生。所以，必须采取有效策略，切实实现在具体教学任务、特定教学情境等方面的学情把握。具体而言，可以采取的策略有：问答，结合具体的教学问题或者教学情境，让学生直接表明自己的观点和态度，教师通过反问或者追问等形式帮助学生明确观点，为进一步推进教学提供基础；问卷，将一些与教学内容有关的问题，转化成学生可以理解的具体问题，以问卷的形式提前让学生作答，在课堂上通过展示班级整体回答情况和典型回答情况等方式，让学生了解相关问题的回答情况；小组活动，以探究式活动的方式，将对情境的处理交给学生，让学生在课前进行充分准备，或者在课上进行充分讨论，然后由学生进行课上展示，说明自己小组的发现和困惑；社会实践，运用学校组织的各种社会实践活动，设置具体活动内容与教学内容的有效关联，让学生将自己对参与这些社会实践活动的感受和思考在课堂上进行呈现，以作为教学推进的起点。除了以上策略，教师还可以根据自己学校和学生的具体情况，创造性地提出和发现更多策略，以实现"把握学生认识起点"的目的。

在上述策略的实施过程中，需要注意的就是对于"度"的把握。在教学实践中，教师往往有两种极端的表现。一种是"着急"，基于推进教学进程，对学生的回答或者呈现不做充分回应，甚至不管学生说什么，都简单地一句带过，直接进入下面的环节。另一种是"跑偏"，对于学生的发言缺乏控制力，任由学生在一些具体的细节问题上纠缠，或者每个简单问题都会提问多个学生。这样的做法，看起来给了学生非常充分的展示机会，实际上因为失去对于课堂进程的有效控制，也对教学进程和教学效果有不利影响。为避免出现这样的情况，在教学改进实践中，我们提出了"提问不超过两个学生"的策略。同一个问题，两个学生都给出理想答案的，直接推进到下面的教学流程，不继续纠缠；两个学生都给不出理想答案的，不再去学生那里找答案，而是将"学生尚未掌握或者理解这个问题"作为起点，由教师进行讲解说明。

二、聚焦学生思维的困惑点

中学德育课以其思想性成为中学课程体系中特色鲜明的课程。思维碰撞的火花和条分缕析的思辨，成为德育课堂的魅力所在。因此，要实现素养培育的任务，就必须在学生思维展开的关键环节下功夫，充分研究和聚焦"哪些问题学生不容易想明白"，并将这些问题作为教学重点和难点予以突破。找到学生的思维困惑点，并围绕这个"关键点"设计教学、组织活动，可以让我们的课堂更为高效。

米老师在教学中将"是"与"非"的理解作为学生思维的困惑点，先从显而易见的是非问题起步，让学生对"是就是是，非就是非"的简单情境表明自己的观点和立场，再让学生理解"更加复杂情况下的是与非"，让学生理解是非问题的"善辨"并不是一件容易的事情。为了便于学生理解，教师给学生设置了如下的情境：初一同学小 B 晚上想从家里的停车场抄近路回家，却突然遇到了小混混向其要钱，小 B 赶紧跑，但是两人紧追不舍，小 B 灵机一动，一边跑一边猛拍周围汽车，很多汽车发出了警报声，引来了保安……这件事是"是"还是"非"？这时候学生的讨论，就不是简单的是非问题了，还会涉及利弊权衡、手段与目的等因素的考虑。学生的积极性被充分调动起来，在对情境进行细致分析的同时，对于教材上的相关教学内容的理解和呈现也就有了新的形式。

从这个改进来说，聚焦学生思维的困惑点，其关键点在于"聚焦"，即将学生的注意力和教学的关键点置于教学的核心内容上。从这个意义上说，学生思维的困惑点，正是激发学生思考的"燃点"。只有准确把握住了学生感兴趣但不容易想明白的问题，才有可能引起学生的探究兴趣，让他们在寻求答案的过程中展开思考、深化认识。在某种意义上说，聚焦于学生思维困惑点的首要策略，在于让学生通过提出问题，呈现自己的思维困惑，以让教师明确学生"纠结于何处"。

教师在备课和授课环节，也要有意识地围绕教学关键点设计和提出问题，以便在学生思维出现停顿和阻滞的时候，用问题引导学生思维。在问题呈现较为清楚之后，聚焦思维的教学策略就表现为"突破"，即教师通过提问与追问、讨论与辨析等形式，促使学生深化和拓展自己的思考，利用情境结构、知识调用、实践分析、生活关联等手段，在更为复杂的意义上思考问题，寻求解决问题的更佳方案。

需要说明的是，聚焦学生的思维困惑点，需要教师充分发挥引导作用。教师既不能以自己的想象代替学生确定问题，也不能采取放任的态度，完全不管不顾，让学生的思考"野蛮生长"。教师在这个过程中的角色，应该是优秀的"指路牌"，在关键的时候通过适当引导，让学生理解自己应该"往哪个方面想"。这就需要教师及时回应学生在思维展开过程中的疑惑，在总体节奏和根本方向上"掌好舵"。教师应该清楚，让学生展示问题的目的是解决问题，而解决问题的目的，则是完成本节课教学任务。所以，聚焦的问题不能过于散漫，学生的思考也应该在教师的引导下"形散神聚"。教师作为课堂教学的"总导演"，应该充分把握课堂节奏，通过恰当方式推进学生思维进程。只有这样，学生们呈现出来的问题才能成为课堂教学的"推进剂"，而不是成为引导课堂"旁逸斜出"的"导火索"。从这个意义上说，教学过程中对于学生思维困惑点的聚焦，除了"集中专门处理"的意思之外，还应该包含"聚焦于相应教学内容"的意思在内。学生所有的思维困惑都会成为他们学习的起点，而集中于相关教学内容的思维困惑，则会成为他们在德育课堂实现精神成长的关键点。

三、明确学生情感的升华点

德育课程的教学指向，应该致力于学生的精神成长。而体现这种成长的根本，并不在于学生对于相关知识的掌握程度，而在于学生通过德育课程的学习，在情感态度价值观方面的进步。在某种意义上说，只有在教学的过程中自觉实现了情感态度价值观的培育，教育的"育"才真正落到了实处。因此，关注学生的思考，就必须在课堂教学中实现提升，明确学生情感的升华点，采取恰当策略，助力学生在情感态度价值观中的升华。

米老师在教学的最后，也有一个比较值得称道的设计。在学生的讨论渐入佳境之后，米老师给了学生一个如下的情境：初一同学小 E 是一个非常优秀而努力的韩国明星的忠实粉丝，追随三年不离不弃。但是最近听到这位明星所属公司明确表态支持在韩国部署"萨德"反导系统，因此小 E 的偶像在中国的很多活动被取消。作为小 E 的好朋友，这时你有什么建议？在学生说出对"支持韩国偶像和爱国并没有什么关系""建议不要追星"等问题的看法之后，教师进一步引导："作为个人的我有小是非，我有粉丝之心，对于大的事件来说，我们也有大的是非之心。韩国媒体前段时间也发表了这样一个调查，也很代表我们的心声，是说很多韩粉在纠结之后都选择了爱国。这就是我们在爱国和爱偶像之间做出的选择。在大是非和小是非面前，我看到很多同学都选择了大是非。"在允许学生充分表达观点之后，教师明确提出了"小是非"与"大是非"的比较问题，并明确提出了"很多同学都选择了大是非"的价值取向，对学生的总体表现给予肯定，这就为学生的爱国自豪感升华提供了重要基础。之后，再让学生讨论，"我很爱国，所以我看到有人在乐天玛特里购买商品的时候，我就去指责人家骂人家；看到有同学追韩国明星的时候我就不分是非地去辱骂同学，这些做法合法吗？"让学生理解"爱国也要合法，坚持理性爱国"的重要性。让学生不仅对应该爱国有了充分的认识，更多的是对如何爱国有了更深刻的思考。

从这个课例我们可以看出，德育课程对于学生情感态度价值观的升华，既要有充分的基础，又要有恰当的角度和合适的程度。从充分基础来说，情感态度价值观的升华，不能"平地起高楼"，用高大上的抽象命题，生硬地直接抛给学生结论。从恰当角度来说，要从学生的视角出发，从学生"在想什么"说起，引导学生实现"该想什么"的方向定位。从合适程度来说，就是要将教化隐于温和的故事之中，注重学生的生活体验和实际感受，"说生活事，喻深刻理"，实现教育的"春风化雨"。按照这个方式实现的德育教学，才能真正体现德育课的魅力，实现立德树人的根本任务。在某种意义上说，这种无痕教育，正是德育课程追求的方向。

需要说明的是，不是上升到国家文件层面的教育才可以实现情感升华。从学生成长的角度来说，所有能让学生有所触动的东西，都可以作为情感升华的"点"，落实于教学之中。特别是社会主义核心价值观、中华优秀传统文化等方面的内容，都不是靠抽象的口号和教条化的记忆打动学生的。所以，在学生情感升华点的确定方面，不一定用宏大叙事的"大场面""大事件"和"大道理"，其关键在于找到学生情感共鸣的关键点，并在此基础上落实德育课程的主要任务。

（作者单位：北京师范大学哲学学院、未来教育高精尖创新中心；中国人民大学附属中学朝阳学校。本文发表于《福建教育（德育版）》2018 年第 6 期，略有改动）

解码德育教学的教师秘籍

◇ 周文君

随着统编《道德与法治》教材在全国的逐步推开，如何使用新教材，使之正确发挥价值引领作用，对德育课教学产生实际的指导，就成为广大教师关心和焦虑的问题。面对德育课程改革的新时代，教师也应该有自己的"法宝"和"秘籍"。笔者有幸作为观摩者参加了山东省初中道德与法治德育优秀课例展评活动。在这次活动中，有六节课是对统编《道德与法治》教材（七年级上册）的教学展示。通过对这六节课的观摩学习，我也对德育课堂的实施策略有了新的理解。下面我就将自己对于德育教学的理解进行"解码"，并期待这些"教师秘籍"能对奋斗在道德与法治课教学一线的各位同人有所启发。

一、德育教学要注重价值引领

培育和践行社会主义价值观，是统编教材贯穿始终的重要要求。要落实这一要求，就需要德育课教学将社会主义核心价值观培育作为重要的价值取向，予以充分重视。只有告别了着眼于知识的死记硬背，关注教学过程中学生的感悟和思考，才能充分体现德育课的本质，彰显德育课的育人价值和独特魅力。教师采取循环往复、螺旋递进的呈现方式，设计丰富多彩的活动，引导学生积极思考，从不同角度感悟和践行社会主义核心价值观的要求，引导学生做到"内化于心，外化于行"，是落实这种引领的必经之路。

比如，临沂第十二中学张立梅老师执教的"心怀责任 勇于担当"一课，教师通过播放一段视频，内容是残疾女孩孙奉岩为母还债，让学生谈对责任的认识。从身边同龄人的故事说起，到让学生理解、感悟责任。教学中的问答耐人寻味：

生：因为欠债还钱是法律规定应尽的义务，是母亲欠的债，但是她还承担了这个责任，是道义上的一种美德。

师：假如是你处在孙奉岩的境遇当中，你会有怎样的选择？

生：我觉得她会有两个选择，一个就是坚持把债还清，另一个就是不还债。

师：假如是你，在这两个选择中，你会做出怎样的选择？

生：我会像孙奉岩一样，把债还清。

师：如果我们处在孙奉岩的处境上，她选择不还钱的话，你们觉得可以理解吗？

生：可以理解。

师：说说她不还钱的理由，你为什么认为她可以不还钱呢？

生：因为她母亲已经不在了，她又残疾了。

师：但事实上孙奉岩的选择是偿还了，偿还了之后你觉得她承担起了或者履行了哪些方面的责任？她尽到了对谁的责任？

生：尽到了对自己和他人的责任，因为责任无关法律，要对得起自己的良心。

师：说得非常棒！在这个案例中，孙奉岩承担起了作为子女应尽的责任，对得起自己的妈妈，她还承担起了哪一种角色应尽的责任？

生：她承担了还债人应尽的责任，她不仅还清了债务，还照顾自己的奶奶和妹妹，承担起家庭的责任。

在这个片段中，教师并没有简单地将责任和担当作为结论直接塞给学生，而是通过换位思考和问题引领，让学生感受到孙奉岩勇于担当责任所体现的优秀品质，以及这一优秀品质对于学生的示范和引领。张老师通过一个小的切入点，步步引领，让学生感悟到责任与担当的大道理。寓价值引领于无痕德育，充分显示了教师娴熟的教学技巧和高超的教学智慧，对听课教师很有启发。

二、德育教学要学会恰当留白

大教育家孔子在《论语·述而第七》中对于如何实现启发式教学有一段非常经典的说明："不愤不启，不悱不发。举一隅不以三隅反，则不复也。"学者将这一原则概括为"举一反三"，认为让学生能实现"有话可说"才体现了教育的本质要求。德育课堂中的恰当留白，就是实现让学生有话可说的重要策略。一个优秀的教师，不会把所有的话都全部说完，而是在关键的时刻"欲言又止"，把说话和表达的机会留给学生。就如意蕴深远的中国画，以不着笔墨的留白，激发学生的想象，为他们留下说话的空间。好的留白处理能使学生根据自己的生活经验，从生活中真实的问题切入，提出自己的解决办法，给学生更多思考发展的余地，也有助于学生动手动脑积极参与教学过程。

此次课例展示中，临沂实验中学的王鑫老师在执教"做手机的主人"时，就很好地利用了留白的艺术。教师先出示了一张照片，照片中的白发老奶奶说："放假到奶奶家来玩好吗？我装了 Wi-Fi。"之后，教师就这张照片与学生展开了讨论，让学生感受奶奶的心酸和无奈。待学生陷入沉思后，教师又出示自己和 80 多岁的姥姥的美图秀秀照片，这是姥姥照过最漂亮的照片。然后提出问题：同学们，手机在我们手里，我们应该学会怎样去使用它？在给学生充分思考的空间之后，学生的回答让所有的听课老师喝彩。

生 1：我们不能沉迷于虚拟世界，要珍惜和身边的朋友家人相处的时光，要合理地利用手机，不要让手机操控了我们。

生 2：手机，固然有趣，其实放下手机，你会发现周围的世界更有趣。

生 3：拿着手机，就会忘掉身边的人和事，其实应该放下手机，去望一望这个美丽的大自然和那些重要的人。

生 4：当你沉迷于手机的时候，你不会发现你身边的爱人、你的家人、你的孩子，你所喜爱的一切事物，都在离你远去，放下手机你会发现，原来他们那么美好。

生 5：玩手机可以让我们获得一时的满足感，但是我们会发现，我们的梦想、我们的生活会离我们越来越远。放下手机你会发现，这个世界有更多有趣的事情等着你。

师：谢谢大家，你们说得真好！最后，老师也有几句话要送给大家：放下手机，抬起头来，用眼睛去欣赏屏幕外的风景；关掉屏幕，抬起头来，用行动去珍惜眼前人的关心；停止刷屏，放弃依赖，让大脑有足够多的可以独立思考的空间；人与人的沟通靠的不是工具，而是心灵。

在这个案例中，教师没有放任学生思想信马由缰，而是先给了学生恰当的引导和示范，然后让学生充分展示自己的真实想法。之后，教师也不是无所事事，而是根据学生的回答展示适时引领提升。这样的留白，恰到好处，给学生的精彩呈现留下了余地，也让教师的引导与提升有了坚实的基础，还是很值得学习的。

三、德育教学要把握逻辑主线

统编《道德与法治》教材有很多非常诗意的语言，这对课程的生动性具有积极作用。但是，在教学中，有不少老师因为这样的风格，有些摸不着头脑，在教学中放弃了逻辑主线的设计，进而使得德育课教学的思想性特色无法呈现，还是非常可惜的。德育课教学要把握逻辑主线，就如预先修好引水渠。通过教学的展开，让学生的思路如流水一般顺势而下、水到渠成。逻辑主线的选择和把握，需要考虑以下几个因素：一是经验导入，设置情境活动导入，与学生生活相联系，这样才能选好起点；二是聚焦主题，正面陈述有一定知识支撑的观点原则，这样才能落实教学任务；三是揭示矛盾，深入分析，这样才能深化思考；四是相关行为和行动能力的指导，这样才能落实践行。

比如济宁学院附属中学赵娜老师执教的"深深浅浅话友谊"，就很好地安排了教学的逻辑主线，让课堂的诗意和思想"各美其美"。赵老师按照新课标的要求，以生活逻辑为立足点，设计了明暗两条逻辑线索。明线是王凯的系列故事（王凯的纠结、王凯的为难、王凯的失落、王凯的烦恼）。

情景一：王凯的纠结

今天老爸答应下午陪我去看经典国产大片《战狼2》，听说这部电影票房突破500亿，我已经期待很久了。而我的同学张华打电话给我，让我帮他解决作业里的几道数学难题。我该怎么办？

你认为王凯应该怎么办，你该怎样回复王凯？

情境二：王凯的为难

再过几天就是好朋友张华的生日，我送他什么礼物呢？张华父母做生意很有钱，我送的礼物太寒酸怕拿不出手，但又不好意思向爸妈开口要，爸妈每月要还房贷，负担已经很重了。

如果你在生活当中碰到王凯这种情形，你打算送什么样的礼物给你的好朋友？

情境三：王凯的失落

班里推荐一名同学到市里参加歌咏比赛，我和好朋友张华都很喜欢唱歌，我俩都报了名，结果我被选上了，他落选了。这几天张华看我总是淡淡的，也不愿意听我说话。

王凯内心当中对友谊是一种什么样的期待？

情境四：王凯的烦恼

今天我的一个好朋友在学校被人欺负了，他一定要报复，要我一起去教训教训那个欺负他的人，老师，我该怎么办呢？好烦啊！你认为王凯应该怎么办？

这些场景都是学生比较熟悉的。而通过王凯系列故事的情景设置，教师巧妙地将友谊的三个特质，以及友谊需要澄清的问题嵌入其中。在此基础上，教师还将每一个知识点与其背后的学生实际生活结合起来，比如"说一说你与朋友之间是怎样互相帮助的？说出来与大家分享"等，让学生能从自己实际的做法中明确帮助王凯解决问题的方案，达到了比较好的效果。这种"接地气"的逻辑呈现，对于教学目标的达成具有积极的作用。

同时，赵老师还巧妙地安排了第二条逻辑主线，即作为暗线的榜样线。比如用"高山流水话知音"说俞伯牙与钟子期的故事，让学生谈自己对古代友谊的看法，理解珍视友谊的传统典范。再比如选取羽毛球运动员林丹与李宗伟两个世界冠军"既是对手又是朋友"的故事，让学生理解友谊的丰富内涵。这条逻辑线的规律是从具体案例上升到抽象理论，再从理论回到实践，通过来自生活的报告形成观点，再通过学生的合作探究对这个问题有更深刻的理解，最后走进学生的生活用来指导我们的践行。

一节好的德育课堂，需要教师进行多方面的充分准备。除了上文提及的三个方面之外，教师还要注意对预设和生成的把控处理、语言的优美严谨、及时有效的点评等。但只有从价值引领、留白处理和逻辑主线等方面对课堂的整体进展"成竹在胸"，才能搭好优质课堂的框架，进而对这些方面的准备"驾轻就熟"。这种教学智慧，需要我们在教学实践中不断揣摩、仔细研究。

（作者单位：山东省青岛市西海岸新区教育发展研究中心，本文发表于《教学月刊（中学版）：政治教学》2018 年第 10 期，略有改动）

学情调研与教学设计构建的策略

◇ 肖 月

随着课程改革的不断推进，课堂教学逐渐由教师的教转向了学生的学。在教师的指导下，学生是否得到了相应的发展，成为关注的热点。美国著名的教育心理学家奥苏泊尔指出：影响学生最重要的因素是学生已经知道了什么。教师要进行有效的课堂教学，首先要对学生已有的知识经验和生活经验进行深入的调研和分析，了解学生已有的知识基础、生活经验，以及已有经验与新知识的结合点，学习新知识时的兴趣点和难点。学情调研分析就好比是有效教学的"探雷器"，它能帮助我们更加全面、准确地了解学生，更有针对性地确定教学目标、设计教学内容。因此，学情调研与分析是教学设计与实施的基础与依据，而教学设计与实施能反映学情调研与分析的结果与成效。

在现实的教学中，教师的教学设计仍然更多地从如何教的角度来考虑，很少关注学生的学习现实，更没有进行过系统的分析。他们总习惯地认为，这些知识学生学过了就应该会，那些是新知识他们没学过应该不会，更多的是凭借经验对学生进行一厢情愿式的估计，自然很难找准学生学习的真实起点和困惑，导致教学实际与预设的效果相差甚远。因此，学情调研与分析必须应用于教学设计和教学实施中，才能有意义、有价值。

一、依据学情制定教学目标，加强教学针对性

学生学习的基础、认知水平、生活体验、价值判断的现状、行为习惯、思维方式与习惯、学习方法与能力等基本情况如何，都是制定教学目标的重要依据。只有依据学情制定教学目标，才能使教学难易度定位准确，加强教学的针对性。

如一位教师在讲授"我的手"一课时，通过调查了解到学生对于自己的手已有一些认识，知道手在学习、生活中的作用，但缺乏对手的深入分析与系统的认知。针对这种情况，帮助学生在原有认知的基础上，提升认识，增强体验、升华情感

尤为重要。

基于对学情的调研，教师设计了如下教学目标：

知识与技能目标：1. 初步了解手是自己身体的一部分，了解一些手的特征。2. 知道手在生活、学习、游戏及传递信息方面的作用很大、很神奇，生活学习离不了。

过程与方法目标：1. 通过观察、尝试、讨论、探究等活动，了解手的知识，感悟手的作用大。2. 通过列举实例与回顾生活经历，感受手的灵敏、灵活、有力、神奇。

情感态度价值观目标：悦纳自己的心灵手巧，激发增强手的本领的情感，从而产生保护手的愿望。

教学重点：了解一些手的知识，感悟手的本领大，很神奇。

教学难点：懂得手的作用大，产生增强手的本领的愿望。

可见，本节课教学目标的制定体现如下特点：

一是依据学情，体现课程价值。此课的教学目标设计反映出教师对品德与生活课程价值的深度理解。既珍视学生生活的价值、关注学生的成长发展，又能够立足于儿童与自然、儿童与社会、儿童与自我的课程主线，落脚于学生生活经验和自然与社会的现实，教学目标制定体现课程的意义，为有效教学奠定了良好的基础。

二是依据学情，体现课程理念。教师能处理好知识与技能、过程与方法、情感态度价值观等目标之间的关系，并根据具体的内容、学生的情况确定教学目标的重点。整个教学过程围绕着落实教学重点，突破教学难点来进行，有效体现新课标的理念。教师尊重学生身心发展的规律和特点，注重学生的参与，运用多种方式触动学生的心灵，激发学生学习的兴趣。

总之，以学生生活为基础，就会建构一个针对学生实际，符合学生学习需要、符合学生生理和心理特点的教学框架。

二、基于学情选择教学内容，加强教学的生活性

教学内容的选择是教学设计与实施的重要一环。根据学生的学习需要、学生生活、学生思想和行为表现，以及学生生活中遇到的有关问题，选择、确定、补充教学内容，这样会使教学更能贴近学生，更符合实际，更易引发学生思考，更能触动学生的心灵，使教学更具感染力。

如一位教师讲授"做个有礼貌的小学生"一课，课前对学生使用礼貌用语的情况进行了调查。基于学生不能恰当地使用礼貌用语、缺乏使用礼貌用语的主动性、不能真正地理解使用礼貌用语的意义等问题，在教学中以学生的生活作为教学资源，提高对礼貌用语含义的理解；创设生动的模拟生活事件的情境，激励学生更好地运用礼貌用语，并生成新的认识；并通过对比情境的体验，使学生感受到真诚地使用礼貌用语，是尊重别人和有礼貌的表现。

那么，在基于学情进行教学内容的选取上，我们还要注意：

1. 基于学情理解教材，准确把握内涵

教材是知识化、文字化、实体化的课程，能够系统地反映课程目标、课程内容、课程评价等要旨。但是，有些课程目标、课程思想是无法全部显示于教科书之中的。如果仅仅解读教材文本，显然不能激发学生真正的道德情感，对价值观的引领显得力量不足。因此，教师要特别重视分析新学习的内容和学生已学过的内容间有什么联系，在以后的学习中又有哪些运用和发展，这样可以使知识的学习一环扣一环，层次分明，循序渐进，逐步形成完善、系统的知识结构。教师还要重视与社会生活实际的联系，引导学生从多个角度分析和解决实际问题，获得尽可能全面的认识。

2. 基于学情选取内容，促进学生的发展

我们进行教学内容分析选取，一定要思考这样几个问题：根据学生的实际如何对教材进行调整？需要补充哪些内容？可以利用的与教材密切相关的课程资源有哪些？教学重点、难点是什么？结合教学内容采用的有效教学方法有哪些？如何获得课堂教学的实效性等。

因此，教学设计是否真正做到促进学生的发展，不在于课堂表面的热闹，而是取决于教师是否真正把握了课程标准的要求，是否基于学生的生活，恰当选取适合儿童发展的教学内容。

三、尊重学情确定教学策略，加强教学的主体性

教学策略的选择与设计是教学设计的中心环节，课堂教学组织得如何，在很大程度上取决于教学策略是否设计得科学、合理、有效。教学策略是为实际的教学服务的，是为了达到一定的教学目标和教学效果。因此，要遵循学生的年龄特点和认知规律，尊重学生主体，尊重学生个性特点。要根据学生学习的需要进行教学的方式方法的选择与确定，积极采用多种学习方式调动学生的学习积极性和

主动性。要有效运用多媒体创设情境，引导学生参与教学活动，积极发挥他们的主观能动性，促使学生在实践活动中、问题解决中实现自主学习和自我教育。

如一位老师讲授"多种多样的交通运输方式"一课时，通过课前调研发现四年级学生对生活中的各种交通工具比较了解，对运输方式的特点也有基本的感知。因此，教学中大胆舍弃原来设计的"讲授—实践"的模式，而是选择真实的"为玉树灾区运送救援人员、急需物品和后续物品"的生活情境，引导学生分组讨论如何选择合适的运输方式。在探究过程中，学生结合手中的资料，通过选择、比较，了解了航空运输、铁路运输、公路运输、水路运输的特点，并在学习的过程中，提升了学习能力，获得了成功的喜悦。

此案例中，老师结合学生的知识掌握程度和学生心理发展的需求，恰当运用任务驱动式的探究学习方式，既满足了学生的好奇心和求知欲，又完成了学生自我建构知识的过程，促进了学生的主体参与。

四、围绕学情实施教学过程，加强教学的实效性

教学过程是学生学习的认识过程，是一个促进学生身心发展的过程，是学生学习生活和社会化的过程。在教学过程中，教师有目的、有计划地引导学生能动地进行认识活动，学习调节自己的志趣和情感，循序渐进地掌握知识和基本技能，会促进学生智力和品德的发展，并为学生树立正确价值观而奠定基础。一句话，教学是为了学生的发展，那么教学过程必须紧紧围绕学生、紧扣学情进行，才能有实效。

一位教师在实施"坐立走姿势好"一课教学时，紧紧围绕学情，充分开发利用了学生的生活资源，为达到教学目标，解决教学重难点起到了重要的作用，不仅拓展了学生学习空间，更增强了教学的实效性。如教师通过课前问卷调查，了解到学生对于为什么要有正确的坐立走姿势还缺乏深层次的认知；有些学生不能坚持正确的姿势，在家在学校表现不一样，等等。因此，教学从儿童自身的生活实际出发，将学校常规教育内容的《坐立走姿势好》的视频、学生在学校生活中听课、看书、写字时的坐姿等作为教学资源。因为教学内容的"儿童化""生活化"，使学生感到很亲切，才能更好地融入教学。再有，教师考虑到学生在学校各项活动中坐立走方面的行为表现，创设活动体验、交往对话的生活化课堂教学情境，促进了教学过程中师生、学生之间信息的交流和相互的沟通。通过体验操练，自我展示等，使教学实施过程真实可信。

在教学实施的过程中，我们还要关注：时间分配——要留给学生足够的时间讨论与思考；反馈调整——要及时响应学生对教学内容、方式、效果的反馈；学习方式——既要面向全体，又要尽量满足个别需要，既要组织学生体验、讨论、思考，又要及时点拨与引导。总之，我们要紧密围绕学情实施教学全过程，使教学更具实效性。

五、结合学情开展教学评价，加强教学的发展性

教学评价是教师教学活动设计和实施的重要组成部分。如何科学地实施教学评价，对于教师及时调控教学活动，提高教学质量具有重要的意义。

课程标准中强调：本课程评价的主要目的是激励每个儿童的发展，促进每个儿童的品德发展与生活能力的提升。本课程的评价以课程目标和课程内容为基本依据，充分体现本课程的基本理念和基本特征，尊重每一个儿童在品德与行为习惯、生活态度及探究能力方面发展的独特性。倡导多元、开放、整体的儿童评价观。

在进行课堂教学评价设计时，教师应特别注意以促进儿童发展为本，不但要注重结果，也要注重过程；不但要注重学生的今天，也要注重学生发展的可能，从而促进品德与生活、品德与社会课程发展性教学目标的有效达成。

首先，教学评价的实施要符合面向全体学生的课程理念。结合学生具体实际，制定多元化的评价标准，采用多元化的评价方式，鼓励学生参与评价过程，运用评价反馈指导学生改进提高。教学评价最终的目的是确保教学目标的达成，促进教师和学生的共同发展。

其次，在教学评价实施过程中，要关注学生在课堂上的自我感受状态，关注学生的情绪和情感体验，关注学生学习效果的展示，因人而异激发学生的情感。

最后，全面了解学生的现实发展水平，准确把握教学起点，是教学设计与实施的一项重要内容。教师要学会在帮助每一个儿童发展的过程中研究每个儿童的生长和生活变化，研究每个儿童品德形成和发展的状况，关注儿童的生活状态和生活经验，关注儿童的道德认知、道德情感和道德行为，针对实际，有的放矢，给予儿童科学有效的指导，引领学生学会生活，这样才能促进学生向着更高、更成熟的水平发展，为有效教学保驾护航。

（作者单位：北京市通州区教师研修中心。本文发表于《教育前沿》2017 年 1~2 期合刊）

关注学生的思维过程

——"透视群体行为　学会分辨泾渭"的叙述故事

◇ 倪科嘉

引言：

学生 A：不对的东西就是对于国家、社会还有我们本身会产生危害的东西。

学生 B：有些群体是混乱的，比如黑帮，要选择适合自己健康发展的群体。这样群体发出的言论也会更积极向上。

学生 C：比如微信谣言，会对社会造成恐慌。

学生 D：对我们这个年龄来说还是要有利于我们自己。

教师：我要问两个问题，第一，什么叫作有利，什么叫作不利，你们还没有给出标准；第二，个人的需要跟社会发生了冲突怎么办？

学生 E：个人、社会、国家有不同的道德框架，在更大的框架中要遵守相应的道德。

这是我执教"透视群体行为　学会分辨泾渭"一课的一个片段。显然学生的发言更多的是依据自己的经验，并以此为出发点，对群体行为的性质及产生的影响作出直观的判断、阐述。其中已经隐含着一个重要的判断前提，即分辨不同性质的群体行为，必须有一个标准。换句话讲，学生在这一学习环节中，已经不再把"标准问题"看成一个问题，倒是在谈这一标准在不同领域或是范围中的不同表现，已走到了教师的预设或是思考的前面去了。

那么，问题出在哪里？教师的设问应该指向哪里？是教材中的知识要点，或是基于学生思维过程的启发，从而引导学生构建知识？

一、预设什么样的问题好——以思维为基础

就问题设计的内涵指向而言，大致可以分为两类，一是基于事实的问题，二是基于思维的问题。前者更容易为教师掌控，如这件事情应该是怎样的？但是出

现了偏差，那么我们应该怎么办？师生之间的对话，更多的是一种泛泛之谈，最后把问题的答案归结为教材中的一些"知识点"；而后者，就难以为教师掌控，但更突出了学生对具体问题、现象的深入分析、思考，较好地锻炼学生的思维能力。

对于初中学生来讲，以严格意义的概念、知识、原理为主要载体的思维线索并不合理（基于初中学生的认知特点而言）。因而，基于思维的问题设计就必须源于学生实际的生活体验，以及具体的认识起点，并以一具体的问题设计，引发学生不断推演、深入，形成对问题的逻辑分析、思考。根据课前开展的问卷调查情况分析，学生对于知识点的理解并没有很大的问题，反而提出了一系列具体的问题，如分辨群体行为的标准是怎样形成的？为什么明明群体中有标准，还是会有人破坏规则？有的学生觉得有些群体行为的影响是否有利一时间看不出，参与时觉得是有利的，而随着事态的发展结局却背道而驰，群体行为的事态又是怎样发展的，受到什么影响呢？该如何做出正确的预判呢？

分析这些问题、寻找其答案并不简单，需要做具体分析、讨论，从不同角度、层面进行思考。为此，我对已有的问题做了修改：

1. 说一说：在你身上有没有发生过受到群体行为影响的事情？请举出一个事例。

2. 想一想：结合事例思考个体为什么会受到群体行为的影响呢？

小组讨论：在复杂的环境中，我们该如何做出正确的、合理的判断和选择？结合大家所举出的例子。

这样的问题设计呈现了一定的开放性，学生能从不同角度、视角去思考问题，能从自己的生活体验中去考察群体行为所产生的影响，并在此基础上形成自己对分辨群体行为不同性质的标准；另外，这样的问题设计，较好地呈现了思维线索，引导学生一个问题的思考为基点，并逐步深入对问题的思考，形成相互关联的知识学习，从而呈现学生获得知识的思维过程。

从以上问题设计的演变情况分析，以思维为基础的问题设计必须要有以下要素的思考：

一是问题的设计必须源于学生实际的生活体验，或是学生自己的已有认知经验。这并不仅仅解决学生学习兴趣的问题，更是解决了学生思维训练的起点问题。对于初中学生而言，其思维过程往往源于某一具体情境，或者具体问题的思考，宽泛的、抽象的分析、思考，并不能引领学生思维。

二是问题的设计必须是开放的，即能引领学生根据已有的知识经验，从多个角度思考、分析问题，形成自己的推论过程，并获得不同的结论。

三是问题设计必须有丰富的内涵，即呈现出一定的逻辑线索，以引导学生从一具体问题的思考，逐步推演到更为深入层面、广泛领域的思考，从而帮助学生形成逻辑思维。

二、怎样抓好生成——关注思维过程

如何敏锐地发现学生思考、分析中的问题，并及时形成新的问题设计，对于任何一个教师而言，都是不容易的。于我而言，更是一种困难。

在这一节课的备课、试教过程中，这一问题始终纠缠着我。一次又一次的"冷场"，不断地磨砺着自己。于是有了以下一段师生之间的课堂对话。

学生A：还有比如中午午休的时候，可能我并不想做作业，但是全班同学都在安静地做作业，这时我也会跟着去做作业。

教师：这个事情对你来说是怎样的影响？

学生A：克服了我的惰性。看到大家都努力，自己也会努力。

教师：自己去完成作业。对于午休时间做作业，有没有同学有不同的选择？

学生B：我认为午休时间就应该睡觉。

教师：为什么你跟他的选择不一样？

学生B：我觉得别人的行为，我不一定要跟从。

教师：此时此刻，你觉得你最需要做的是什么？

学生B：休息。

教师：如果休息好了，你可以更好地进入学习状态。那你当时为什么会选择做作业呢？

学生A：当时觉得大家都在做作业，我觉得我也需要去完成作业。因为一般中午午休都不睡觉的，这种习惯已经没有了。

教师：对你来说，你没有这样的需要。你们两个的选择有没有绝对的对和错？

学生A：没有。

教师：主要根据自己的？

学生A：需要。

不难看出，教师的问题设计总是源于学生的回答，并一步步引导学生从具象到较为抽象的思考，一步步引导学生转变视角，从更高的层面思考相关问题，形成逻辑思维，引导学生呈现个人行为背后的思考和态度，学会辩证分析。

　　由此，我也在课堂实践的基础上，形成了对"生成问题"设计的基本思路，即学会聆听学生的发言，学会分析学生的思考，及时发现、提炼学生的观点。在此基础上，进一步引导学生从两个维度上思考问题：一是从广度上引导学生进一步思考问题，引领学生不仅仅站在个人的角度上看问题，更要站在群体、集体、社会、国家乃至全球的立场上做问题思考，即以更为广阔的视野去看待、分析问题；二是从深度上引导学生分析问题，指引学生透过现象看到本质，并最终形成较为理性的思考。只有这样，才能不断引导学生在师生对话中，进一步加强思维，呈现学生学习、思维过程。

（作者单位：上海市向明初级中学。本文写作于 2017 年）

蜕变——带给学生有温度的政治课堂

◇ 冯艳泽

古希腊哲学家赫拉克利特曾说"人不可能两次踏进同一条河流"。因为当人第二次踏进这条河的时候，是新的水流而不是原来的水流在流淌。作为新时代的道德与法治教师，当学生每次走进课堂的时候，能否给予学生新的水流呢？能否让学生走进课堂前和走出课堂后对一个问题的认识是有变化、有提升呢？如果能，那么这新的水流又是什么？以核心素养为主要特征的课程改革为教师指明了方向，也提出了新的要求。如何摆脱道德与法治课固有的"大话连篇""死记硬背""生硬抽象"的印象，如何基于学科核心素养，设计有效的教学活动，让学生在不断思考中收获，带给学生有温度、并非道德说教式的课堂成为我努力的目标，同时也是我的困惑。在北师大专家团队和教研员的帮助下，通过课例《人格尊严不容侵犯》从说课到试讲再到正讲教学变化的全过程，让我不断改进、不断反思，也渐渐体会到一节道德与法治课的温度。

一、课堂的温度源于学生的生活

从学生的生活中挖掘教学素材，构建知识与生活的价值链接，让课堂教学能够服务于学生的生活，学生才愿意走进课堂。

《人格尊严不容侵犯》在知识内容上向学生介绍法律对人格尊严权的相关保护。但是，单纯地向学生讲解什么是人格尊严权、法律是如何保护人格尊严权的，显然枯燥乏味，学生感受不到法律与我们的生活有什么关系，这无形中割裂了法律和生活的联系。因此，了解学情，立足于学生的生活实际是建立法律与生活联系的桥梁。同时还要关注学生的困惑，作为教学素材。例如，学生在关注 2017 年全国两会期间就提出了"校园欺凌"的相关问题，我发现学生不同程度地遇到校园欺凌或类似欺凌的问题，而且大部分涉及对人格尊严的侵犯。基于对学生情况的了解，希望能够通过教学解决学生的真问题，于是我确定了从学生生活中起外号现象出发，经过逐步推进案例发展，最终引导学生正视"校园欺凌"问题，升华到"维护自己的人格尊严，也要维护他人的人格尊严"的整体设计思路。

经过说课、试讲、正讲的教学设计的变化调整过程，我发现尽管我力图以学生生活为切入点，解决学生的真问题，但是在具体教学实施过程中并没有摆脱说教的枷锁，反而绑架了学生的生活实际为说教服务，并没有达到教学效果。仅使用学生的生活素材是不够的，还要能讲好学生的生活故事，才能激发学生的情感体验。

例如，说课时，在导入环节，选择我校一名同学被叫"傻大个儿"的实例，仅设问："你同意别的同学叫他傻大个儿吗？为什么？"这一问题对初二的学生而言太过简单，学生很容易就说出这是对同学的不尊重。这时直接点题人格尊严不容侵犯很唐突，而且在课前安排了预习提纲，直接让学生回答"什么是人格尊严权？人格尊严权包括哪些内容"等一系列问题，致使略带温度的案例导入直接变成了冷冰冰、生硬的法律知识。学生生活实例的使用与法律并未建立联系。因此在后续的试讲、正讲中我都将预习这一部分取消，取而代之的是课前学生问卷调查中"校园内是否存在起外号的现象，被起外号后的态度如何"的统计结果。在这一部分能够呈现学生对这一生活现象的真实评价，作为导入案例的支撑，突出学生的感受，切实引起情感共鸣——"人格尊严不容侵犯"，顺其自然进入课题，为整节课奠定基调，为后续教学活动奠定基础。

以学生为中心，关注并讲好学生自己的故事，让学生在生活中探究知识，在生活中体验知识的意义，在生活中感悟知识的价值，在知识和生活的紧密联系中激发学生学习的内在驱动力。

二、课堂的温度源于教师的目光

政治学科能力主要表现为学习理解能力、实践应用能力和创新迁移能力，呈阶梯上升的关系。在以前的教学中，理论上我理解培养学生高阶能力的重要性，但在实践中往往更重视低阶能力的训练。这根源于一个顾虑：学生基础不扎实，不会做题怎么办？但经过教学改进，我认识到，将目光着眼于学生实践应用、创新迁移高阶能力的培养，才能为学生提供广阔的成长空间，也为教师开拓教学空间。

首先，要摒弃单调的说教式宣讲，突出理解应用能力的培养。

例如，本节课的新授部分以"一例到底"的形式展开：以主人公范彤彤被起外号从而想要改名字、被恶意P图后在网上传播、成绩退步后同学要求取消她之前取得的荣誉称号、最终同学马雷将垃圾桶扣在彤彤头上这样的四段经历分别讲解姓名权、肖像权、荣誉权和名誉权。在试讲中，这一部分的侧重点放在了法律知识上，为讲法律而使用案例，是机械的一一对应。比如对肖像权的介绍使用了严格而枯燥的法律条文，学生是不理解的，能记住的可能就是几个残缺的法律名词，也并不能对案例做出准确判断，思路是混乱的。因此在正讲中，这一部分简化了法律知识的讲解，直接出示言简意赅的法律条文，更具权威性，学生直接抓住要点，精准地判断案例是否违法侵权，并且增加"学校未经学生同意，在公众号上发布学生照片用作宣传是否构成侵权"这类相对复杂的生活问题的分析判断，学生在理解的基础上学会实践应用。

其次，要强化有张力的问题链，激发学生思维碰撞，学生在探究的过程中深化认识。

例如，在最初的教学设计中，彤彤被扣垃圾桶后愤怒地拿起了铁铅笔盒对准了马雷的头，设问："要砸下去吗？她应该怎么办？"这样设问限制了学生的思维，并且情节设置给学生处理问题方式直接呈现唯一性，没有起到正面引领的作用。后来这一环节变更为："彤彤被气哭了，这时的她会怎么办？"这样给学生以开放的情境，学生就分析出多种可能性，如继续忍气吞声、打击报复、无力反抗、求助老师家长……也就在分析的过程中，同学之间再互相进行比较辩驳，最终找到最佳解决方案，即人格尊严不容侵犯，在受到非法侵害后要合法维权。同样在彤彤最终结局的设计上，一开始直接设计为维权后的彤彤内心受到创伤无法抚平，意图突出自觉尊重他人人格尊严的重要性。这样的设计同样表现出极大的局限性，最终改为"请大家猜想经历这样风波后彤彤的生活变化"，学生的悲剧式、圆满式的猜想，反映出学生对真实生活的思考，反映出社会生活的复杂性，也建立了整个案例发展中同学们的行为、自己的反应和最终结果的因果联系。最后再结合调查问卷结果，呈现校园欺凌话题，建立生活现象和社会热点的联系，设问"如何避免彤彤最终悲剧的发生，做到防患于未然"。在试讲中，直接并列给出四个维度让学生思考具体措施，但在正讲中由于教学过程的调整，学生通过学习，结合生活实际，水到渠成般从学校、家庭、社会、自身多角度分析措施，并且能够思考四者间的关系，感受到防患于未然的关键在于我们要自觉维护他人人格尊严，体会更为真切。

设计有张力、有梯度的问题链，激发学生的充分思考和讨论，能更好增强学生的获得感。而思考辩驳的过程则是开阔思维、培育政治学科核心素养"科学精神"

的过程。并且，通过课后做习题的反馈看，学生对于基础知识的掌握程度并没有减弱，并且对知识的理解、应用、迁移能力增强了。事实证明，将教学目标着眼于高阶能力的培养，能够大大提高学生的学习能力。

三、课堂的温度源于价值的体现

在以客观的态度分析完彤彤的案例后，学生完成了完整的情感体验，最终再把视线回归到导入案例，回归到现实生活："你会怎样对待这位同学？"试讲班和正讲班的同学都回答说"同学间要互相尊重"。但是因为教学过程的差异，明显感觉试讲班同学的回答是应然的结果，正讲班同学的回答则是经过学习后情感态度上必然的反应，并且有同学说不会再叫别人外号，也有同学说可以起一个肯定他表现的外号、赞美式的外号，这也足以证明尊重在他心中的烙印，足以证明法律在他内心中的坚守。同时出示这位同学愉快地和同学交往的照片，再次印证与案例主人公有着一样的开始但因为处理方式不同，结局却大相径庭，最后升华到每个人的微笑、每个人的尊重让我们更阳光。也就在这节课结束后，正讲班里两个素来结怨的男生直至放假也没有发生争执。这些让我重新审视了自己的教学价值，我的教学不是为了让孩子们记住法律知识，而是让孩子们在冷静思考、仔细辨别后从内心信守道德与法律，在道德和法律的保护下自由地更好地生活，这样才能带给学生有温度的课堂。

回首本节课教学的不断改进，像破茧成蝶的蜕变一般，伴随着些许痛苦，冲破固有的思维模式，从使用学生故事到讲好学生故事，从冷冰冰的说教到有温度的体会；从讲法律知识到帮助孩子更好地生活，我有幸亲历了和学生一起摆脱局限、开拓思路的过程，亲历了和学生一起探索生活之道的愉悦，最终体会到身为道德与法治教师的价值所在。我会以此次教学改进为契机，在改进教学理念，提高教学技能，培养学生核心能力、核心素养的道路上不断实践探索。

（作者单位：北京市西罗园学校。本文写作于 2017 年）

思忖思想政治教育的原点

——基于核心素养导向的学科课堂教学改进研究

◇ 王　馨

　　放眼目前新课改浪潮下的课程教育教学改革，新高考指挥棒一挥，基于塑造学生能力，亦是一种气质的高中思想政治课教学改革正呈燎原之势蔓延开来。当三年的课程完毕，学生走出思想政治课堂，应当具备遇到实际问题善于和乐于调动课本知识去解决的能力，具备独立思考、独立判断的能力，具备观察生活、了解生活、关心生活的能力，具备认同国家、制度、政党的能力。各种能力交织在一起，即目前高中政治课所倡导的核心素养：政治认同、科学精神、法治意识、公共参与。

　　虽然不能在一节课中穷尽素养，亦不能在一节课养成素养，但万丈高楼平地起，为实现这一目标，不再停留在输入知识的低阶能力以及应用知识的中阶能力培养，转而注重提升和培养学生迁移与输出知识的高阶能力。为此，青岛第三十九中学的项目式教学、昌乐一中的翻转课堂以及各地深入而细致的教育试点改革应运而生，不断重新思考思想政治教育原点。

　　课程的重构永远没有确定的答案，只有不断前行。阶段性课改结束，有幸到青岛三十九中学习项目式教学、昌乐一中翻转课堂以及北京名师班教师的高端研究课，一方面不断加深对于核心素养和高阶能力培养的核心认识，另一方面也在深思老师们有哪些优点值得学习，又有哪些问题可以加以改正，如果是我上这节课我是否能够上好，是否能够比这位老师上得更好。下面我从整体的思路构建以及具体展开进行阐释。

一、整体思路

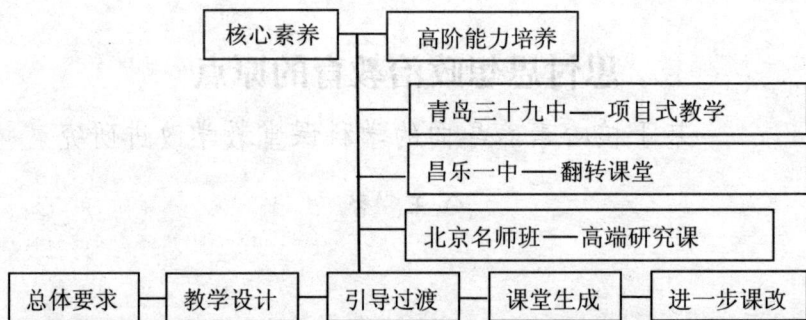

二、具体阐释

1. 总体要求：细节决定成败

老子在《道德经》中言：天下难事必作于易，天下大事必作于细。想要让一堂课上得精彩，必是力求做到各个环节臻于完美，在项目式教学的改革与实践过程中尤其如此。手有五指，课具五细。选材谨细，力求生活小切口；教态精细，站姿、手势、口语精准拿捏；环节细密，节奏松紧有度；问题细致、有效且有力量；沟通细腻，引导与生成恰如其分。

2. 教学设计：选材源于生活

设计一节课，追求一节好课，素材非常重要。面对项目式教学，立足一个案例，小切口多方面探究，选取案例变得更加考究。正如同烹饪，首先要有新鲜丰富而营养的食材，方可能做出饕餮盛宴。纵观课改展示，课堂的选材越来越讲究两贴：贴近生活，贴近问题。首先，选材要贴近学生生活实际，在生活中有发现、有启迪、有尝试，学生自然而然就会觉得课堂并非亭台楼阁，仅为讲课而讲课，而可以面对生活，进而产生莫大的兴趣。不仅要贴近学生生活，更要贴近生活中的问题。我们常常在粉饰生活，尤其在课堂上，总想呈现给学生生活当中的真善美，而害怕让学生面对真相。当学生在课堂中所学与课堂外现实生活脱节，久而久之便丧失对课堂的信任和兴趣。当前，这真的需要我们教师不断反思，不怕学生看到生活中的问题，而真的是有问题才会去讲问题，并不需要回避，反而将问题变成一个极好的契机，放手让学生去讨论、去思考。此时，书本中需要学习的知识犹如工具，是解决生活问题的一把利器。当学生回到生活，不再感到生活与课本的脱节，面对新鲜的境遇和问题，也不必迷茫和焦虑。当学生能够用课本的知识去解决生活中的一个问题，何愁不能迁移到其他新情境，解决新问题，当学生不断借助课本中的知识成功解决现实问题，何愁学生不会如饥似渴地一再从书本汲取知识？思想政治课，便是应对学生生活问题的锦囊妙计。所以，找到生活的痛点，追寻思想政治教育的原点。

3. 引导过渡：问问题的艺术

问问题，从来都是教师上课的好方法，用问题自然导入，用问题考查知识，用问题承前启后，用问题不断生成，用问题拓展思考，用问题塑造能力。问题无处不在，贯穿课堂的始终。但思想政治课，不能让问问题变成禁锢，甚至变成学生的紧箍咒，一念便噤若寒蝉、沉默寡言。关键是要让问题变成一件艺术品。对于问题，教师不是随口一问，不是随口乱问。首先，呈现在幻灯片当中的问题力求无错字、无病句、无拖沓，最重要的是不问无效的问题。比如，教师应尽力避免用十几个字洋洋洒洒问出的问题，学生一个"是"或"不是"便能作答。其次，教师应尽可能问让大多数学生都有话可说的问题。教师问问题的目的不是为了难倒学生，而是想让学生充分发表自己的见解和看法，哪怕只有一知半解，也是学生自我思考、自我启发的过程。教师不经意的问题，很容易让学生不会答、不能答，进而不敢答、不屑答，这恐怕是做老师最不想看到的结果。最后，问出的问题，尽可能"真"，是一个"真情境"下的"真问题"，需要学生真正去讨论、去回答、去解决，落到实处。高中生有自己的是非和判断，能够基于自己的理解去行动。虚拟和虚伪也许可以让学生敷衍，但绝不能走进学生的内心世界。

4. 课堂生成：与学生对话

好的课堂，让人酣畅淋漓，重在生成。老师和学生组成了课堂，而课堂的主角是一个个鲜活的个体，是我们可爱的学生，不同学生所带来的不同生成结果，最是扣人心弦。经常看到老师在讲台上侃侃而谈，学生沉默不言。学生在老师孜孜不倦的耕耘下，究竟吸收了多少，又接纳了多少，不得而知。我们总是希望能够让学生真心接纳这门课，或者至少接纳这节课。这时，教师应该停下脚步，想想思想政治教育的本源，是否是单纯的一言堂和灌输知识。课堂应该还给我们的学生，真正和学生对话，以学生为主体。教师化身脚手架，为学生搭建起框架，让学生一步步摸索和攀登，一步步生成课堂的效果，教师所能做的，便是看到学生一点点在成长、一点点在进步。也许学生不能一节课获得很多知识、培养很多能力，但学生在追求知识的过程中会自发地为获得知识而努力，这个过程更显得弥足珍贵。而且也有理由相信，学生渐渐适应这样的方式后，反而更具内驱力。

5. 进一步课改：实施与推广

课程改革永远在路上，思想政治课的课改也一直在找寻最质朴和最有温度的原点，项目式教学便是目前正在探索的方式之一。目前项目式教学还仅仅在试点，在小范围尝试和推进。未来，希望将项目式教学应用在日常教育教学当中，真正落到实处。但从试点到推广，仍任重而道远。其一，分层教学、选课走班是大势所趋，让不同层次的学生都能够接受并且受益于项目式教学，是需要探讨的问题。其二，目前高中思想政治课内容繁杂且跨度较大，不同章节能否都以项目式教学的方式开展，也需要不断努力尝试。其三，高中生面对的依旧是高考，新高考改革下依旧唯"分"不破，让学生在高考中拿到高分、考取理想的大学才是重中之重。学生在项目式教学的学习模式下，能够取得良好的成绩，也是我们势必关注的问题。但还好，教师从低头走路到开始抬头看路，再到回望来路，一直在反思，也一直在努力。我们一直在路上，孜孜以求，精进不休。

（作者单位：山东省青岛第三十九中学。本文写作于 2018 年）

明晰课堂教学使命　发展学生核心素养

◇ 梅立苹

教育的根本任务是立德树人，其核心价值在于培养全面发展的"完整的人"，而"核心素养是学生在接受相应学段的教育过程中，逐步形成的适应个人终生发展和社会发展需要的必备品格与关键能力。它是关于学生知识、技能、情感、态度、价值观等多方面要求的结合体"（《21世纪学生发展核心素养研究》第29页）。因此，我们的教育行为必须把能力培养与品格培育有机结合起来，既要"教书"更要"育人"。那么，如何在课堂教学中发展学生的核心素养，是我们在基层工作的一线教师必须思考的问题、必须担起的重任。

以发展学生的核心素养为灵魂和引领，重新审视学校当下的课堂教学，我们会发现"应试教育和分数至上"还大有市场，"知识本位和学科本位"还大行其道，"机械重复和死记硬背"还"大有作为"，这些都与"立德树人"的目标渐行渐远。与此同时，社会上出现的一些令人痛心的事件也促使我们追问教育、反思课堂。例如，备受瞩目的上海复旦大学研究生林森浩投毒案已经尘埃落定，林森浩以故意杀人罪被执行死刑，连同他投毒害死的室友黄洋都永远离开了这个世界。学识丰富的名牌大学研究生为什么会走上违法犯罪的道路？是林森浩自身科学知识匮乏吗？是他高分低能无法学以致用吗？是他内心狭隘性格有缺陷吗？是他人生观价值观扭曲吗？这给我们学校教育、给我们的课堂教学以怎样的启示呢？

细细想来，林森浩在漫漫求学路上跋涉走来，知识水平应是不断上升进步的，能够考入复旦大学研究生院，说明他学业优秀，是莘莘学子中的佼佼者，但投毒事件的发生又说明他绝不是教育想要培养的人才，完全背离了学校教育的初衷。所以在日常的课堂教学中，绝不能仅仅停留在传授文化知识的层面，绝不能只"教"不"育"，需要把核心素养作为课堂灵魂，担起传播知识、培养能力、培育品格的课堂教学使命，不可偏废。

第一，传播知识自然是课堂教学中不可或缺的。所谓知识是指人类在实践中认识客观世界以及人类自身的成果。一般认为，学生在接受学校教育、发展智力水平的过程中，第一个层次就是认知，即知书知理。掌握真理性知识无疑是有很大价值的。早在16世纪，英国思想家培根就亮出了"知识就是力量"的经典名言，日常生活中我们也常常会感受到知识的正能量。2004年发生的印度洋大海啸，横扫了印度洋沿岸数千公里内的城镇村庄，23万人死难。在这样的严酷灾难里，却也透露出些许知识的光芒。海啸发生时，年仅10岁的英国女孩蒂莉·史密斯看见海水开始冒泡，泡沫发出咝咝声，海水在涌来，但却不再退去。这与她在地理课上学到的海啸发生前的迹象完全一样。在她的警告下，100多名游客迅速撤离海滩，挽救了他们宝贵的生命。这是蒂莉充分利用掌握的地理学知识带来的灾难中的温暖、黑暗中的光明。现实社会中，人们可以凭借专业知识解人燃眉之急、帮人困难之际，或指点迷津，或指导行为，甚或救人性命，时时播洒着知识的阳光。同时，知识亦可驱散心中的疑虑和谜团，让人保持清醒和理性。明白了物质构成元素的不同，就不会相信"水变油"的神话；懂得了能量与守恒的知识，就不会追求"永动机"的传奇；知道了身体的病变常识，就不会接受"巫医神婆"的"秘方"治疗。

苏格拉底认为，求知是每个人灵魂里固有的能力。我们要完成好传播知识的使命，不能依靠单纯的讲授、机械的灌输，而需要激发学生的求知欲，保持学生的好奇心。正如德国教育学家第斯多惠所说："教学的艺术不在于传授本领，而在于激励、唤醒和鼓舞。"老师要注重引导学生牢固树立终身学习的意识，帮助学生自主学习、主动感悟，将知识内化于心，真正变为自己掌握的知识，能够在需要时准确提取出来、表达上来、应用起来，将一个"自然人"上升为一个"知识人"。

当然，就像一个明白了汽车构造的人不一定会修理汽车，一个知晓了驾车要领的人不一定会开车一样，"知识人"不等于"技术人"，更不等于有素养的人。倘若我们的课堂教学满足于知识的传授，就是对核心素养的断章取义，也没有把握核心素养的要义和精髓，需要继续深化和升级。

第二，课堂教学还必须着力培养学生的能力。所谓能力是指人们运用知识和经验完成一定活动、解决一定问题的本领。对于学生来说，能力主要包括学习能力、思维能力、分析问题并提出解决方案的能力等。在具备一定认识的基础上，学生发展智力的第二个层次是聪明，即融会贯通、学以致用。知识可能僵化为教条，也可以灵动成排难解困的"引擎"。把知识束之高阁会让认知蒙上灰尘，运用知识破解生活中的疑难就会让知识之树常青。把知识的内在功能挖掘出来、发挥出来，发展自己，造福社会，无疑是聪明之举。

有这样一则故事，20世纪美国福特公司的一台关键设备出了故障，几乎整个车间都不能运转了，公司领导万分焦急，立即调来大批检修工人反复检修，又请了许多专家来察看，可都束手无策，最后特意请来著名的物理学家、电机专家斯坦门茨帮助。他仔细检查了电机，围着出现故障的设备这里听听，那里看看，这边摸摸，那边敲敲，然后用粉笔在其中一个地方画了一条线，说："打开电机，在记号处把里面的线圈减少16圈。"人们照办了，故障竟然奇迹般排除了。当问及斯坦门茨要多少酬金时，他说："不多，只需要1万美元。"要知道当时优秀员工的月薪才5美元，仅仅画一条线，就值1万美元吗？斯坦门茨回应道：画那一条线，只值1美元；而知道在哪里画线，则值9999美元。是的，画对那一条线不是轻而易举的，有赖于他的听、看、摸、敲，更有赖于他灵活运用多年学习和实践积淀的学识与经验。困难和矛盾是无处不在的，方法和技术也会层出不穷，在恰当的时机，找到适合的方式，让难题迎刃而解，是一个人具备核心素养的鲜明特征，持续不断地化解矛盾、解决困难，使社会迈向文明和发展，是人类的聪明之处。

2016年8月，山东临沂准大学生徐玉玉遭遇电信诈骗致死一事，原因固然是多方面的，教训也极其深刻。犯罪分子利欲熏心，罪不可赦；诚信建设亟待加强，任重道远；社会各部门需履职尽责，依法办事；网络信息安全也需警钟长鸣，并不断优化升级。然而，痛定思痛，对于徐玉玉本人，对于徐玉玉获取知识、提升能力的主渠道——学校课堂教学来说，有没有值得反思之处呢？假如徐玉玉轻信盲从的观念弱一点，防范追问的意识强一点，独立思考的能力强一点，沟通商讨的意识强一点，联想思辨的能力强一点，或许也能够防止悲剧的发生。这不是苛求徐玉玉，不是谴责她的单纯善良，而是警醒我们教育工作者在课堂教学中，要多呈现一些生活情境，多设置一些问题情境，多引导学生自主思维、质疑发问、审慎思辨、交流研讨，播下多种可能性的种子，遇事就会思考更全面，处置更得当，核心素养的培育也在其中了。

能不能认为只要找到了解决办法就是有能力的、就是智慧的呢？一天傍晚，老师给他的两个学生每人一个铜钱，说："你们立刻买样东西来，把这个房间完全充满。"一个学生急急忙忙买来一大堆干草，先生摇摇头，叹了口气；另一个学生买来一支蜡烛，点燃蜡烛，整个屋子就一片光明了，先生微笑着不断点头。其中的高下之分、聪明与否似乎不言而喻。所以，能不能有效解决问题，能不能高质量解决问题，能不能创造性解决问题，是一个永无止境的追求过程。

在课堂教学中，培养学生的能力需要从生活中的情境出发，从有价值的问题出发，让学生在讨论探究中、在质疑辨析中、在试验论证中、在判断选择中，主动思考，发展思维，沉淀思想，保存正确科学的观念，形成自己的主见，甚至有自己的创见，就会逐步成长为一个有能力的人。

有能力的人素养就高吗？答案自然是否定的。正如一个有着良好驾车技能的司机，却无视交通规则乱闯红灯、开斗气车、不避让行人或者救护车辆，你能说这位司机素养高吗？因此，态度、品格是素养的题中应有之义，我们的课堂教学必须渗透情感态度价值观的教育。

第三，课堂教学决不能忽视培育品格。所谓品格是指一个人的品性和基本素质，它决定了这个人回应人生处境的模式。品格看不见、摸不着，却无时无刻不影响着一个人的待人接物、言行举止和人生选择。具备了一定的学识和能力，学生的智力水平追求的第三个层次就是智慧，即向善向上，展现正能量。如果缺失了这一点，就像开车找不到正确的方向，误入歧途，南辕北辙。

一位中学校长每年都会交给新入校的教师一封信，在信中他深情地写道："亲爱的老师，我是一名纳粹集中营的幸存者，我亲眼看到了人类不应当见到的情境：毒气室由学有专长的工程师建造；儿童被学识渊博的医生毒死；幼儿被训练有素的护士杀害；妇女和婴儿被受到高中或大学教育的士兵枪杀。看到这一切，我疑惑了：教育究竟是为了什么？我的请求是，请你帮助学生成长为具有人性的人。你们的努力绝不应当被用于创造学识渊博的怪物、多才多艺的变态狂、受过高等教育的屠夫。只有在使我们的孩子具有人性的情况下，读写算的能力才有其价值。"这位校长的语重心长，道出了教育的真谛重在育人，即立德树人。有知识不一定有能力，有能力不一定有智慧，只有德才兼备的人，有了正确的价值取向，才是具有核心素养的人，才是有智慧的人，才是全面发展的完整的人。做正确的事是首要的，最为重要，因为这能保证正确的方向，其次是正确地做事，因为这能够保证有效解决问题，把正确的事情正确地做对、做完善，是高效高质的智慧行为。

据说，左宗棠是个围棋高手，其属僚皆非对手。有一次，左宗棠出征路上看见有一茅舍，横梁上挂着"天下第一棋手"的匾额，心中颇为不服，入内与茅舍主人连弈三盘。主人三盘皆输，左宗棠笑道："你可以将此匾额卸下了。"没过多久，左宗棠班师回朝，又路过此处，"天下第一棋手"的匾额仍赫然醒目。左宗棠又入内，与主人再战三盘，结果三盘皆负。左宗棠惊问个中缘由，主人回答说："上回，您有任务在身，要率兵打仗，我不能挫您的锐气。这次，已得胜归来，我当然全力以赴，当仁不让。"荷兰有句谚语说，智慧的标志是审时度势之后再择机行事。茅舍主人深谙世事，以大局为重，能赢而不赢，为的是鼓舞士气；能赢就赢下来，提醒要时刻保持清醒头脑，这实为超越聪明之上的智慧之举。

如果用课堂教学的上述使命来解读品味这则故事，那么，让学生懂得围棋的规则，算是第一层次；让学生具备战胜对手的能力，算作第二层次；不计较一时的胜负得失，为全局谋利益，才是达到了第三层次。传授知识重在积淀学生的"文化基础"，培养能力有助于学生的"自主发展"，培育品格引导着学生正确的"社会参与"。

课堂教学中渗透个人品格的培育，要注意有效渗透而不是刻意说教，应紧密结合传授的内容进行引导和引领，要时刻端正自身言行，率先垂范，坚持身教重于言教的理念，毕竟潜移默化、润物无声、不着痕迹的示范更能发挥教育的奇效。要对学生的行为做出正确得当的评价，也要引发学生对是非观念的讨论、对现实世界的评判，通过师生互动真正触及学生的内心深处，认同正确的态度和取向。浮在上面的是知识，沉淀下来的才是素养。我们希望，当学生把课堂的具体内容消化吸收以后，浓缩成自身素养的是人性中的善良与高贵。当然，品格教育不是一朝一夕就能一蹴而就的，也不能把课堂教学看作唯一的途径，需要把家庭教育、社会教育和学校教育有机融合起来，才能取得理想的效果。

在课堂教学中，只有将知识、技能、品格的传授和培育融为一体，才算完成了课堂教学应该承担的使命，才能契合核心素养时代对课堂教学的要求，才能完成教育"立德树人"的根本任务。

（作者单位：北京市日坛中学。本文写作于 2016 年）

优化思考生态

　　构建充满思考魅力的德育课堂是一项系统工程，要像保护绿水青山一样营造适合学生积极思考的良好环境和生态。在民主平等、自然和谐的氛围和条件下，思考之花才会得涌泉之灌溉，绽放得格外鲜活艳丽。老师德才双馨，学生树德修身，师生同心，心理相融，目标同向，共进相长，思考之美就会自然生成、随处可见。

政治教师与中学生人文素质培养

◇王　越

人文素质是指人所具有的人文知识和通过这些知识所反映的人文精神内化在人身上所表现出的修养、气质，主要指一个人多方面的个性品格。

人文素质教育的过程就是育人的过程，对学生进行人文素质教育能够培养学生的人文精神，人文教育对于培养学生良好的道德品质和行为习惯具有十分重要的作用。政治课的宗旨是教会学生如何做人，所以政治课在人文教育中起到的作用是至关重要的，政治教师肩负着培养学生人文素质的重要责任。

然而，长期以来，由于受到多种因素的影响，人们越来越不重视人文教育，教育的发展越来越不均衡。人的价值观越来越偏向于功利化、理性化，越来越多的社会问题暴露出来。

一、现阶段人文素质教育存在的问题

1. 中学生人生观、价值观存在偏差

我们曾经对 5 所学校 5 个班级 208 名学生进行了有关人文素质问题的问卷调查。调查结果充分说明了现阶段人文素质教育缺失的现象比较严重。

表1　关于人生目的的调查

选项	拥有财富	拥有名利	拥有权势	为社会、人民服务
总数 208 人	32%	38%	14%	16%

调查结果显示：在中学生的价值观念里，金钱主义和个人主义突出。价值观念中的金钱主义表现在：30% 的学生对出国留学的想法不是为了求知求学而是为了挣钱；对幸福的理解为：70% 的人认为有了丰厚的物质基础、优越的生活水平才能获得幸福。价值观念个人主义表现在：近一半的学生认为最重要的是实现自

己的价值。在本次调查中我们还发现了又一现象，就是对传统价值观念的摒弃和虚无倾向，有 65% 的学生对一位勇救他人而身受重伤的老师的看法是这种做法并不值得或者无所谓。

最能反映中学生人文素质水平的要素就是中学生的价值观。因为它是中学生人生观和世界观的基础，是人文精神的核心。没有正确价值观的人，很难有健康有益的生活习惯，更不会有高尚的道德品质。作为政治教师，我们应该更好地利用教学资源和丰富的人文资源，把对学生的人文素质教育融合在政治教学中，引导学生形成正确的价值观，促进学生人文素质的提高。

2. 中学生的道德水准现状不容乐观

表2　面对一个需要帮助的陌生人

选项	热情帮助	与己无关	看情况再说	少惹麻烦
总数 209 人	13%	7%	69%	11%

人文精神是德育教育的基础，因此中学生道德水平的低下就是人文素质的低下的一个直接表现。根据中学生对父母的关心程度的调查，记得父亲或母亲生日的中学生分别有 64% 和 54%，而 90% 的父母记得孩子的生日并且年年都给孩子庆祝。父母向孩子倾注了全部的爱，而孩子却未对父母给予相应的爱的回报。中学生对自己的父母都难以倾注爱心，可想而知他们更不可能去关心他人，中学生对陌生人的态度可想而知。如果按照这样的趋势发展下去，我们的学生必将变得性格冷漠，他们会以自我为中心，不懂得关心他人，不会为他人付出。

人文教育的宗旨是探究人性价值和塑造人性完美，而情感是人性价值的本质，所以是否有情感决定了学生是否是一个有道德的人、是否是一个高尚的人、能否成为一个完美的人。据调查，认为家庭和睦是幸福意义所在的学生不足 30%，而将近 80% 的学生在遇到红灯而又没有警察的情况下会选择闯过去。由此可见，中学生的情感是很淡漠的，情感缺失往往伴随着道德的缺失，而道德的缺失往往导致法律意识的淡薄。

中学生的道德问题说到底是人文素质的问题，作为政治教师，应该加强人文素质教育，不断提高中学生的人文素养。

3. 中学生普遍缺乏合作精神和团队精神

人际交往能力是中学生必须具备的基本素质，学会与人合作，善于与人合作，能够解决人际冲突，这些都是反映中学生人文素质的重要因素。根据对中学生关于团队精神和合作精神的调查显示：对于"完成某项工作希望与他人合作还是独立完成"这个问题，选择"独立完成"的学生超过半数，选择"善于和他人合作"的不到10%；对"自己处理人际问题的能力是否满意"这个问题，有30%以上的学生对自己处理人际问题的能力不满意，对人际交往抱着无所谓的态度的学生也占很大比例。

由此可见，中学生的人际交往能力普遍不高，还存在很多的问题。作为政治教师，应该加强学生人文素养的培养，通过教会学生礼貌热情、尊重他人、无私奉献、谦虚谨慎等优秀品质，教会学生保持良好的风度、运用有效的沟通技巧去解决人际交往中出现的问题，提高学生人际交往的能力，从而提高中学生的人文素养。

二、政治教师实施人文素质教育的主要途径

1. 政治教师可以把对学生的人文素质教育和课堂教学融为一体

政治课的宗旨就是教会学生如何做人。中学生的人生观、世界观、价值观还不成熟，尚在进一步的形成之中，有很强的可塑性，因此政治教师在教学过程中要着重体现学科所特有的青少年人文素养的培养，培养学生做负责任的公民，过有意义的生活，培养学生的实践能力、创新精神等。

有这样一个案例。齐齐哈尔第三中学的陈萍老师是一个年轻、阳光、乐观的女孩，她和学生们的关系很亲近像朋友一样。在讲八年级（上）第一课《爱在屋檐下》中"家庭结构"这一问题时，她引导学生分析自己的家庭类型，分析到"核心家庭""主干家庭"的时候，同学们都争先恐后地对号入座，当提及"单亲家庭"时，教室里一下子变得寂静，没有一个同学发言。陈萍敏锐地察觉到有的孩子红着脸低下了头，她知道，这是单亲家庭给孩子们的心灵留下了阴影……这时，她淡定而又冷静地讲述："孩子们，我要告诉大家一个秘密——老师就是单亲家庭长大的孩子，你们觉得老师不阳光吗？老师不快乐吗？"此时，学生们紧绷的神经开始变得放松，有些孩子甚至有如释重负的感觉。她又不失时机地加以引导，"同学们，大家都看到了乐观开朗的我，我觉得是单亲家庭教会我许多：妈妈无私的付出让我更加懂得感恩；生活中遇到的困难教会我乐观面对生活……总之，单亲家庭是我成长经历的一笔财富！"听到这里，学生们变得很坦然，不再有先前的"自卑"以及对单亲家庭的歧视与偏见……

陈萍老师能够很好地运用教学机智，能够抓住教育契机，随机应变，因势利导，

合理挖掘运用身边的教学资源，一个简单的教育行为让孩子们对单亲家庭这个社会现象有了全新的解读，使他们不再畏惧和嘲笑，让生活在单亲家庭的孩子也能健康快乐地成长……

通过这个案例可以看出，政治教师可以充分发挥课堂教学优势对中学生进行人文素质教育，让政治课堂中流淌着幸福是政治教学的不懈追求，也是政治课人文价值的完美体现。政治教师可以用行动诠释什么是"用人格影响人格、用情感唤醒情感"；真正做到"润物无声、教育无痕"；真正将情感与价值观教育放在首位，真正将人文素质教育作为自己神圣的职责。

2. 政治教师应该重视自身人文素质的提高

陶行知说过："在教师的手里操着幼年人的命运。"正所谓"其身正，不令而行；其身不正，虽令不从"。因此，人文素质教育对教师提出了更新更高的要求，教师除了要具有高尚的师德，过硬的业务能力之外，还要不断提高自身的人文素养，增强自身的人格魅力，适应新时期教育改革与发展的需要，为社会培养出真正高素质的人才。

作为政治教师，要身体力行，以榜样为先导，要把高尚的道德品质化为自觉的行动，在平常的教育教学中通过自己的一言一行表现出来。如教师上课态度严谨、板书工整、语言文明得体、注意生活小节等。

政治教师除了对自己进行严格要求外，还可以多参加一些具有人文性的培训和活动。如听人文知识的讲座、参加人文知识竞赛、外出参观人文景观等，通过参加这些活动，政治教师可以增强人文意识、提高人文素养，使人文素质教育的实效性得以彰显、人文学科本身魅力得以体现。

3. 政治教师应转变教育观念，改革教学方法

作为政治教师，应该转变自身的教学观、质量观、学生观、人才观和价值观，应该明白教学不仅仅是传道、授业、解惑的过程，还是帮助学生全面成长、帮助他们创造完美人生的过程。政治教师不仅要坚持理念，更要坚定地把这种理念付诸实践。

政治教师可以通过加强科研带动课堂教学的系统化研究，课题的研究成果如果应用到实际教学中，可以激发学生的学习兴趣，提高教学质量，取得很好的成效。

为了让学生更好地领悟政治教学的人文价值，政治教师应该贯彻"活化知识、还原生活"的理念，运用生活中丰富的教学资源打造生活化的政治课题，让教学贴近社会、贴近生活、贴近学生，用各种途径和方法启发引领学生通过生活来领

悟教学内容的人文价值。在教学中，政治教师应用心营建团结、和谐、宽松的氛围，把尊重带给每一位学生。政治教师努力做最好的自己，成为温暖的太阳去感染学生。

（作者单位：黑龙江省教育学院。本文发表于《思想政治课教学》2013年第2期）

落实学生主体地位 实现学生科学发展

◇ 张必发

促进国家的发展，需要坚持以人民为中心的发展理念，做好教育工作，需要树立以人为本、以学生为中心的教育思想。坚持以学生为主体，促进学生科学全面发展，也是新课改最基本的精神。尽管大家普遍认为教学活动应以学生为主体、教师为主导，但在实际教学活动中，学生主体地位的落实还远远不够，束缚了学生学习的积极性、主动性和创造性，不利于学生的科学发展。因此，如何在教学中落实学生的主体地位，使学生得到全面发展，不仅是当前需要解决的理论问题，更是教学迫切需要解决的实际问题。为此，我们就如何在思想政治课教学中落实学生主体地位、实现学生科学发展做一些初步的探索。

一、营造课堂氛围，突出主体地位

日本教育界认为，一个民族要发展，它的建设者应该具备的最重要的能力是创造力。创造力的培养来源于想象力，而一个人的自主性、想象力、创造力要得到最大限度的释放和发挥，一个安全、宽松的教育环境是最基本的前提。美国教育家辛克莱尔认为："教学环境就是那些能够促进学生身心发展的条件、力量和各种外部刺激因素。"这说明，在教学过程中，和谐、愉悦的氛围和环境的营造对于学生的发展无疑起着十分关键的作用。

在思想政治课教学中，我们首先是在课堂教学中树立起"尊重"意识。尊重学生的人格，尊重学生的主体地位，尊重学生的自主发展。教师不再是知识的绝对权威，而是处于平等和服务的地位，与学生共同讨论、明辨是非，发展学生丰富想象力和创造力。在课堂上，我们注重师生情感交流，采取鼓励和宽容的态度，对每个学生都充满爱心，使学生感到学习是一种幸福。课堂上无论遇到多么复杂的问题，使学生都感到有老师和同学们在和自己一起探讨自然和真理的奥秘，因而充满希望与激情，对学习充满自信，敢于发表自己的观点，培养探究能力和创造精神。

其次，坚持从小处着眼，营造课堂教学小环境。我们把思想政治课教学与班主任工作结合起来，在教室内设立意见箱，可以促进教师与学生之间的沟通；在班级后排的黑板处设立"小老师答疑栏"，既可以集思广益解决学生提出的问题，又可以增强学生学习的积极性和进取心；在班级的"学习园地"里将学生自己制订的学习计划进行张贴，可以使学生之间相互监督从而使计划落到实处。同时，在课堂教学中，我们把尊重和发展学生的个性作为基本原则，重视的是学生的学习过程的自主性参与，让学生在民主和谐中提问质疑、探究创新，使政治课堂教学呈现出自然、宽松、合作、发展的氛围，从而促进了教学质量的提高，促进了学生的发展。

二、培养学习兴趣，激发内在动力

孔子曰："知之者不如好之者，好之者不如乐之者。"爱因斯坦说过："兴趣是最好的老师。"学生是教学的主体，要让学生积极参与教学过程，教师就必须首先激发学生的学习兴趣，变被动学习为主动学习。教师要想充分发挥教学的主导作用，就必须取得教学主体的配合，也就必须千方百计地调动学生的学习兴趣，催生学生学习的内在动力。长期以来，由于应试教育的影响，思想政治教学形成了以教师为中心、以课堂灌输为中心的格局，导致教学效率低、学生主体地位丧失、学生情感缺失。那么，怎样才能使学生变成学习的主人？解决问题的突破口在于教师要最大限度地激发学生学习动机，发挥学生的主动性和创造性。

在思想政治课教学中，我们从学生身心发展实际出发，从学生的实际需要出发设计问题和开展教学，以创设条件保证学生的好奇心、探究欲望得到满足。例如在讲"事物是普遍联系的"时，我们先讲故事："二战"结束之前，德国间谍得到盟军将在诺曼底登陆的消息，即发情报给总部，但总部没反应，盟军顺利登陆。原因是德国间谍发射的无线电波因受耀斑爆发的影响，德国总部没能及时收到信息。然后提出问题：无线电波与耀斑之间是什么联系，什么叫联系？看似毫不相关的两个事物却存在千丝万缕的联系，这表明了什么哲学道理？通过这样的设疑很自然地导入新课，学生带着问题去学习，可以收到良好的教学效果。在教学中，我们将物价的上涨、股市的波动、国家的政策变动、"嫦娥一号"的成功发射、体育演艺明星和乡土资源等材料及时与有关教学内容相整合，既激发了学生探究问题的积极性，又有利于培养学生关注生活、解决实际问题的能力。在教学中，我们选择一些学生熟悉的经典诗文、名词佳作、俗语谚语，在课堂教学中加以赏析点评，有利于活跃课堂气氛、陶冶学生情趣、开发学生智力。我们还充分利用现代教学手段特别是多媒体直观性、形象性的特点，结合具体的教学内容巧设情境，激发起学生学习的浓厚兴趣，使教学收到了事半功倍的效果。

三、改进教法学法，成为学习的主人

通过课堂教学活动，目的是使学生在学业上有收获、有提高、有进步。具体表现在：学生在认知上，从不懂到懂，从少知到多知，从不会到会；在情感上，从不喜欢到喜欢，从不热爱到热爱，从不感兴趣到感兴趣。采用何种教学方法与学习方法，直接关系到学生主体地位的实现，直接关系到教学效果的高低。因此，我们要不断改进教学方法和学习方式，使学生树立主动学习、终身学习的观念，熟练掌握合作学习、研究性学习、探究学习等学习方式。

在思想政治课堂教学中，我们通过"八让"，使学生成为学习的主人：

一是让学生看书，使学生熟悉教材、了解学习内容，使上课更具针对性、目的性和实效性。

二是让学生想，使学生养成质疑释疑的好习惯，凡事问个为什么，只要是学生自己思考能解决的问题，一定要让学生自己去思考解决。

三是让学生议，要通过学生讨论，开展生生互动，促使学生思维发展，同时教师要适当参与讨论，及时了解情况，为重点讲解摸清情况。

四是让学生提出问题。"提出一个问题，胜于解答十个问题。"教学中要让学生自己主动提出问题，带着问题听课，更主动地参与到教学过程中去，这有助于提高课堂的教学效益。

五是让学生讲。课堂教学如果只是教师讲、学生听，学生始终处于被动地位，就会束缚他们素质的发展。所以，学生通过思考能够讲得出的问题，一定要让学生自己讲，教师不包办代替。

六是让学生小结内容。小结是课堂教学的一个重要组成部分。让学生自己总结，不仅能及时反馈信息，而且可以进一步促进主体的发展，成为学习的主人。

七是让学生评判教学。教学是一种双边活动，老师的教是否适应学生的学，学生心中有杆秤，教师要注意广泛征求学生的意见。

八是让学生自己去做。要按懂、会、熟、巧的顺序分阶段、有计划地练；要按由易到难、由低到高、由简到繁、由单一到综合的规律进行。

（作者单位：重庆市求精中学。本文发表于《科学咨询·教研科研》2009年第4期）

"范"既立　德在其中

◇ 朱丽萍

近期学校要举办德育论坛，政教主任邀我和大家分享自己的教育故事，用以说明师德的重要性。师德之重要古今中外的教育家皆有论述，不言自明。至于教育故事，我还真讲不出多少来。也许是我太幸运，没有遇到特别难教的学生；也许因我太平凡，不曾做过特别感人的事。倒是学生，常常给我感动和惊喜。

就在上周，一则学生的短信，就让我感动不已。

亲爱的朱老师，您好，我是周纯燕。犹豫许久，我终于还是给您发了这则短信。

前天下午我有第一节课，下了课看到手机上的短信，是教政治的同事发来的，说："你的精神偶像正在上课。"好可惜啊，我前一天还跟她说有机会一定要再听您的课。

如果我没有记错，1992年我上初二，您教我们班。从第一节课起，我就被您迷住了——举止的优雅端庄，课堂的行云流水——都震撼了我。

记得那年期中考试，我的政治考了全年级唯一的满分，上课时，您拿了我的试卷讲评，怎么形容那一节课的感受呢？激动、自豪、惶恐甚至受宠若惊……

感谢您的出现，人生观还不甚清晰的初二女孩，却在遇见了您之后，一切变得明朗起来。我对自己说："等我长到您的年纪，一定要变成您的样子。"

许多年过去了，我一直努力按照您的模样、我的愿望成长。昨天跟那个同事聊天，我激动地问她"课怎么样"，她诚恳地说"行云流水，水到渠成"，我得意地说"那是，我就爱她的不疾不徐、干净利落"——骄傲得似乎您就是属于我的。当她说"你真的好像她，风格、气质甚至声音都像"，我连忙跳起来惶恐地说："不不不，我可没有她那么好。"——可是我的心里啊，花儿怒放。如果说我不那么庸常粗俗，有那么一点点风度气质，那都得益于您的存在。

朱老师，毕业后，工作后，我在不同的场合遇见过您，偶尔打招呼，更多的时候我都用湿润的眼睛默默远望您，其实每次我都想走过去紧紧地抱住您——抱住我对生命的虔诚，抱住我对人生的感恩——感谢您在我的生命里出现。

亲爱的朱老师，给您发这则短信，实在冒昧。不惑之年的我，本应该有控制情绪的能力，可是只要想到您，说到您，我就难免心绪澎湃、不能自己。这么多年，您被一个学生深深地爱着，这份爱，请允许我说出来，也请您一定理解、原谅我的冒昧。

祝您冬安。

周纯燕，一个文静而聪慧的大眼女孩，是我调到这座城市教的首批学生。说来惭愧，我只教了她一年，因为同时任教 5 个班的课，与她接触并不多，她说的事我怎么也想不起来，只记得她有一双明亮的大眼睛，上课神情特别专注，像极了希望工程宣传画上的女孩，让人忍不住要多看几眼。她总是安安静静的，在那群活泼好动的孩子当中显得有些特别。除此而外再无印象。第二年，我因生产暂时离岗，之后很多年都没再见过她，再后来偶然听人说起，她考上了某师范大学，毕业后回母校做了老师，如今已是本市小有名气的学科带头人了。

作为老师，没有比见证学生成长更幸福的事了！如果她的成长还是因为你的缘故，这份幸福感更是难以言表！可是，对她，我除了尽一个老师的本分外，真的没有做过特别的事情。朱永新教授曾说："要做一个让学生一辈子记住、一辈子怀念的老师，这样的老师才算做到家了，才算可以心安理得，也就对得起这一生，对得起做老师这么一个良心活儿了。"我不敢说自己做到家了。一则教过的学生无数，能一辈子记得自己的毕竟是少数；二则我也深知，学生的眼睛往往自带放大功能的，阅历与学识的落差，在那些敏感的孩子眼里极易幻化成光环，加诸老师的头顶，并奉你为偶像。

我已不止一次接受这样的"加冕"。

记得是 1994 年吧，那时我教高一。一天下午，在下课回办公室的路上，老远看见教务主任夏老师手里扬着报纸，一路小跑着迎过来："不得了啊！小朱！快看看！你上报纸啦！"看着夏主任兴奋得微微泛红的脸，我以为自己听错了。"您上报纸了？""傻丫头！是你上报纸啦！"原来，我们班的一名女生以《心恋》为题写了一篇关于我的散文，登在了当日的晚报上。那孩子很有些文才，文章写得很美，我自然也被美化得不轻。原文记不清了，只记得第一行"偶像"二字赫然在目！那时的我还很年轻，在我敬重的前辈面前，被学生如此称颂，惊远远大过于喜，惶恐得不知如何回应。过后特地找该生谈心，委婉地告诉她："你还小，见过的人还太少，人无完人，见贤思齐就好，别轻言崇拜。"

还有一年，学校政教处要进行师德考核，别出心裁地以"我最尊敬的老师"为题搞了一个新年征文活动，要求全员参与，并且必须写现任老师。不用看结果，大家都能猜到，学生多半会写班主任或语、数、外这些大学科的老师，结果也确实如此，唯独我中途刚接手的高三文科班，爆了个大冷门——大半学生竟写了我！这让任教语文的班主任很是寒心，逢人便自嘲"冷面杀手"败给了"温柔杀手"。

这就是孩子！只要你真心对他们好，并让他们真切地感受到你的好，他们就会慷慨地送上"偶像"的桂冠。也许正是学生的"偶像情结"，让我们以身立教有了理论前提和现实基础。

"多年来，我一直按照您的模样、我的愿望成长"。学生具有天然的向师性，在学生眼里，老师就是最鲜活的生命范本。你的一言一行都无可回避地影响着学生的生命朝向，甚至决定了他的人生走向。"师者，人之模范也。"夸美纽斯说："教师的义务就是用自己的榜样来诱导学生。"可见，"范"的内涵不是"我来教你做"，而是"照我的样子做"。你的样子就是学生将来的样子。所以，"范"的形式是向外的，范的本质却是内求的，它要求示范者通过自我的不断修炼、打磨和提升，从而以无限趋近完美的模样呈现给学生，吸引学生主动地见贤思齐。正如卢梭所言："教师在敢于担当培养一个人的任务之前，自己就必须要造就成一个人，自己就必须是一个值得推崇的模范。"老师应该有什么样的"模样"？是"春蚕到死丝方尽，蜡炬成灰泪始干"，还是"鞠躬尽瘁，死而后已"？学生是生命，教师是生命的范本，台湾学者蒋勋有言："一个人必须得到了审美的自由，才称得上是一个独立而完整的生命。"诗人席慕蓉也说："生命的丰饶与深厚，其实是奠立在审美的基础之上。"足见审美对于生命的影响力。也许是在文学和美学的世界里浸淫得太久，在我的理解里，教师的模样不应当是愁苦忙乱的，教育学生不一定要伴随着废寝忘食、积劳成疾，不一定得舍弃家庭、忘掉自己。当我们以更健康而美好的形象呈现在他们面前时，或许更能唤起他们对生命的热爱和对生活的向往。所以，老师的模样应该是美好的模样，美好无关颜值，美好是一种态度，善于在平凡的生活中发现美、欣赏美、享受美、创造美，就是美好的样子。因此，我对自己的要求一向是美好而非优秀，做一个内外兼修的人，做审美化的教育，过审美化的生活，是我始终如一的追求。也许正是这一点，让我收获了甜美的教育之果。

如果说，示范是最好的教育，那么树范则是最高的评价。教育的首要任务是价值引领，引领学生成为一个人格健全、"三观"正确的人。老师进行价值引领的过程正是学生进行价值选择的过程，而价值选择是建立在价值判断基础上的。因此，教育的过程中评价是不可或缺的杠杆。评价的主体可以多元，评价方式亦可多样。在诸多评价方式中，老师的正面评价无疑是激励学生的重要手段。其中，老师的行动褒奖尤甚于口头表扬。对学生最大的肯定莫过于将他树为他人学习的典范。纯燕获得全年级唯一的满分，我没有对她说"你太棒了"，而是直接拿她的试卷作为蓝本在全班讲评，之所以给她带来那么大的震撼，正是因为这无疑是在用行动向所有人宣告，这，就是你们学习的榜样！这是何等的荣耀！你能看见孩子的心田里那粒自信的种子，在你赞许的微笑中生根发芽，在同学敬慕的目光里噌噌拔节！

大道至简，最好的教育莫过一个"范"字，做一个值得推崇的有美好风范的人，给学生以全面的示范，发现学生的美好并将他树为他人效仿的典范。"范"既立，德在其中。

（作者单位：江苏省盐城市盐阜中学。本文写作于 2017 年）

学会听　才能懂

◇ 倪绍旺

我曾接待过两个家长，这两个家长都是因为自己孩子的教育问题，向我这个从事教育的人咨询咨询，我很乐意做这样的事情。

第一个是女孩，第二个也是女孩。女孩子在上学过程中遇到的问题和难处，可能要比男孩子更复杂一些，但是奇怪的是这两个女孩子的问题，都看似不是很复杂，原因是：

一、这两个孩子学习都特别努力；

二、这两个特别努力的孩子，成绩都不是很好。

我毫不奇怪，我的教育生涯中这种情况比比皆是。也详细问了她们在学校及家庭人际关系状况。

第一个女孩子，由她妈妈带到我的办公室。我和这个小女孩做了一次很好的交谈，当我和这个孩子说起她的学习成绩和在学校的一些处境时，我发现这个孩子居然哭了，哭得那么伤心。我的做法是，听她的哭声，安慰她，让她尽可能地哭出来、哭下去，我默默地递了纸巾给她，默默地陪着她。稍微平静点，我问她："学习压力大吗？已经很努力了，你放心，所有的努力都会有回报，但是，我们也要注意努力的方法。"然后我就告诉了她如何去学习、如何听课、如何预习、怎么样去复习。我和她讲了上课时候做笔记的方法，上课前预习的方法，课后复习的方法。我问她："这些方法都用过了吗？如果用过，你一定会有起色的。"我也告诉她，学习不要背负过大的压力，尽力就好，关键是我们要明确努力的方向，每天进步一点点。要接受目前学习的状态、接受成绩在班级的位置。不要紧，放心，努力就行，我们尽到自己的力量，去做一件事情，就不会后悔。

我还给她谈了如何和父母进行沟通的问题，我让她每天回家，要和爸爸妈妈说两句话：一句话是我在学校有哪些高兴的事情，我很快乐地做了什么什么事；另一句话是要和爸爸妈妈谈自己在学校里遇到的不开心的事情，向爸爸妈妈征求解决的方法或告诉爸爸妈妈自己如何解决了问题。

我和这孩子谈完以后，她特别高兴、特别轻松。一开始进入我办公室特别拘谨，谈话结束后完全眉头舒展。我知道这个孩子释放了。我告诉她，你要给自己定一个目标，每一门课，每一次考试，我如何进步？每门课，我是如何预习的？我取得了哪些成效？每天做好错题本，把错题笔记做好，每个礼拜，好好地和爸爸妈妈做沟通的工作。

我在想，一个孩子压力如此之大，在一个陌生人面前能够大哭，我相信，她的压力是父母所不晓得的。听她，才能懂她。

后来，我又接受了一个远方家长的咨询，因为有事忙，就用微信语音和我进行了沟通，谈了她孩子在学校的情况。这个孩子也是一个极其努力的孩子，在学校里面，她中考的时候是以专业第一名进入了这个学校。但是，她在这个班级文化课成绩却是倒数。这个孩子特别努力，也特别听爸爸妈妈的话，但是在学校里边又遇见了新问题，她努力地想让自己在学校里面成绩如何如何，一开始的努力得到了老师的赞赏，但是最后她的文化方面的努力和其他方面的表现，都没有得到老师的夸奖、肯定和认可。尤其老师根据孩子学习成绩进行排位置，把她排在班级最后面位置的时候，孩子的压力和家长的压力都很大。

我就告诉家长，孩子的压力，也要充分地释放，孩子那么努力，就已经足够了，如果我们给孩子过大的压力，必然适得其反。让孩子能够安静下来，好好问问自己的内心，让自己的心能够释放，让孩子轻松地面对和接受现实。我相信，这个孩子将来一定没有问题，她能换位思考，极富同理心。我也相信，将来的高考，将来的录取方式，不单单靠学习成绩，可能要从综合素质方面考虑。

我也相信这些孩子在将来一定会有更大的发展和成就，因为她们能够主动寻求帮助，用别人专业的视角为自己把脉，能够通过沟通，了解孩子目前存在的情况。

我也用第一个孩子的方式和方法，告诉第二个孩子的家长如何复习、如何预习、如何听课，要讲求思维方法，要讲求学习方法，因为，"学而不思则罔，思而不学则殆"，古语已经说得很清楚，所以我们要运用古人的智慧来帮助我们的孩子。听家长的声音，懂孩子的声音。我建议家长学会和孩子沟通，多听孩子的声音。

后来，这两个孩子都经常用微信语音和我交流，她们的思考也促进了我的思考教育。

应该这样说，教育孩子已经是家庭教育中的头等大事，但是教育也已经走到了专业化、精细化发展的道路上，无论是学校教育还是家庭教育，都在专业化方面已经更加细分。有很多专业的心理咨询机构，他们极力来帮助孩子减压、释放内心。让这些孩子接受过专业的辅导后，他们现在能面对问题，从容不迫，快速成长。

很多时候，我也期待教育的个性化需求能得到满足。不同的孩子有不同的需求，我们用一张试卷一次分数衡量孩子显然是粗放型教育。交流沟通显然在教育中有着特别的重要性，但是过多的教育以外的事务影响了师生互动，于是就有了隔阂。家庭教育可能也有类似问题。

我们期待，这个社会能有更多的公益机构来帮助孩子。帮助孩子成长，是教育工作者的责任，无论何时何地，总要造就人。

听孩子的声音，懂得孩子的思考，才有针对性的教育。

（作者单位：江苏省南京市江宁开发区学校。本文写作于 2017 年）

我的课堂我做主

◇ 李 明

化用了一个最时髦的词汇"我做主"来表达教师对课堂所起到的主导作用。"我做主"听来带有一些任性的意味，我是坚决反对把课堂搞得毫无秩序、不加束缚的任意妄为。"我做主"更多的是强调课堂要个性化，教师要把课上出自己的风格。教学风格一旦形成也就代表着一位教师走向了成熟，是对自我教学行动长期反思的结果，也表明在自己的教学生涯中教学水平达到了一定的高度。同时也是再次突破的障碍，是因为教学风格的形成就代表着教师的理论理念相对稳定，教学方式开始固化。从这个意义上来说，教师的成长就是不断地突破自己，接受更先进的理论理念，开阔视野进而转化为课堂实效；不断地向其他教师学习掌握更多的教学技能，丰富自身的教学方式方法；养成良好的教学习惯，从而提升自身素养；不断地反思自身的教学行为、改进教学理念，从而提升教育教学能力。

一、培养学生习惯我做主

曾经有一位副校长评价学生，没有好的习惯既不会有好的成绩也不会遵守纪律。这话说得有点绝对，但是，反过来有了好的习惯对学习和生活一定大有裨益。古印度有句谚语"播种行为，收获习惯；播种习惯，收获性格；播种性格，收获人生"。良好的教学习惯有利于教学相长。从"教"的角度来看教师的习惯，从"学"的角度来看是培养学生的学习习惯。教师"教"的习惯一定会深深地影响学生学的习惯。为此就从"教"和"学"两个角度来谈谈教师与学生的习惯。

现代教学中教师应养成的习惯，我归纳一下大致有：教学要有预案，解决问题要靠学生，讲解精彩引发学生思考，学生质疑要给表达空间。

1. 教学要有预案

什么是教学预案？我这里所讲的预案是依据课程标准编写的某一课程的教学内容的指导性文件，是针对具体教学内容，同时兼顾学科性质与学科间的联系制定的。一般来说，应包括：教学目标、教学重难点、教学参考资料及实现教学目标的途径。对此，我强调三点：第一，教学预案是符合课标的；第二，针对的是所要教学的内容；第三，对教学过程应有设想。

教学过程是学生在参与教学活动中对自己的知识进行重新建构的过程，是生成的过程。每一位教师对同一教学内容的处理方式是不一样的，首先教师根据教学内容结合自身特点，会采取适合自己的方式，这就是教师的教学习惯，同时也在培养学生的学习习惯，要求学生怎样去做、怎样去学。一学期一学年下来，对于一位有自己风格的教师而言，一定是培养了学生的某些学习习惯。这些习惯使得学生在教师的指导下进行学习，使学生的学习达到可控的目标，按部就班地进行有序的学习。

特别是上轮教学模式的改革中，一般是培养学生两种习惯：自主学习和合作探究。将自主学习固化为挖空、问答，以实现对教材的熟悉，那么这里培养学生重视教材，读懂教材，读不懂的或稍有难度的就进行了第二个步骤合作探究，一般是以例题突破或是在某一情景下以问题为中心的探究，这里多是培养学生合作的精神和对社会现象思考、思索以求解决的习惯。我并不倡导教学以简单的模式化来代替，如果教学真是如此简单，所有的教师都是名师了，也没有必要进行本轮的教改了。我只是想说明，不管哪种教学模式，哪种教学手段，长期教学必定有规律可循，必然是培养了学生的某些学习习惯。而这些学习习惯就会使学生学习中固化为自己的学习习惯，引导自己去学习，也许会用一辈子也说不定。

2. 解决问题要靠学生

学生是学习的主体，学生在参与教学活动中感悟体验、认识理解社会现象，从生活中发现问题，进而寻求问题的解决方法与方式，在这个过程中，痛苦与快乐并存，认识与解决承接，从而在学习中获得成就感。作为教师要培养学生独立地发现问题并思考解决问题的关键，从而使问题得以解决的习惯。虽然一次、两次感觉有些困难，但是形成习惯后，学生就会遵循一定的规律去自主地分析解决问题的。在此提醒老师们特别是刚刚入职的教师，不能因为引导学生解决困难就以教代学，只讲结论罔顾过程。如果单个学生解决此问题还是有困难，可以引导学生进行合作，通过合作多角度地认识问题，采取多种方式解决问题。如果部分学生明白了，部分学生还不清楚，不妨设置辩题，辩一辩自然就明了了。我们一定是培养学生自己来解决问题的习惯，让学生相信自己的能力，通过努力一定能够解决问题，如果有了这种信念，我想一定可以化腐朽为神奇的。

3. 讲解精彩形成示范

"师者，传道授业解惑者也。"讲清道理是教师的本质工作，讲授式教学方式并不是一无是处，而是要讲得其所。什么叫讲得其所呢？学生无法建构的知识，必须讲；学生无法融会贯通的知识，也要讲。比如对初中学生而言要搞清政党和政府的关系，通过自己的努力可能很大一部分同学是有困难的或者是没有这方面的基础知识的，那么教师的任务就来了，就需要讲授清楚。一是为了节省学生查找资料的时间；二是讲得学生容易理解，不是手机电脑可代替的。换句话说，讲就要讲出水平、讲出精彩。让学生以老师为榜样，从心里佩服老师学识渊博、感受到老师对知识与讲解技能的娴熟。给学生一个示范，让学生也向着老师这样的高度前进，让学生能够体会"学高为师"的道理。

4. 学生质疑要给表达空间

学习中存在疑问是难免的事情，有了疑问并不是坏事，是对系统知识思考的结果，有些问题想不明白就会有疑问，疑问解决了自然就提升了。有了疑问表达出来这本身就是一种良好的行为品质，不掩饰自己的不足，勇于暴露自己的痛处何尝不需要勇气！所以作为一名好教师应该经常询问学生还有什么疑问，学生无疑问教师可设置易错的问题让学生回答。切忌对学生提出的非常简单的问题给予粗暴的处理。如"这么简单的问题你还问""这都说了多少遍了还不会""让某某同学教教你吧"，这些话无疑会伤害学生的自尊，从而使学生不敢暴露自己的弱点与不足。学生的真实学情教师无法得知，你又怎么有针对性地教学呢？

学生应具备的学习习惯，我想想大致有：独立思考的习惯、合作精神、质疑精神、批判思维、创新思维等。

作为学生，不是一遇到难题就请教老师或其他同学，而是自己努力思考过，确实凭借自己的努力短时间内无法解决才要去请教。通过自己的思考，激发自身的潜能，自己的潜能一点点被唤醒，能力自然就提升了。对于自己确实不会、不懂的知识或问题，能与同学合作解决的就不要请教老师，不仅考虑的是人际关系，而且考虑的是与同伴一起成长，养成一种良好的品质。不相信权威，哪怕是老师讲过的问题，想不明白就要质疑。质疑并不代表自己的观点正确，但真理越辩越明，倘若质疑的结果证明自己的看法正确，则说明自己的知识体系比较完善科学；如果是自己错了，那么则有利于更正自己的错误观点，从而促进学习更上层楼。如果已有知识确实有问题，那么就要敢于批判，在批判中确立自己的认识和思想，为自己创新打下基础。

二、用哪种方式了解学情我做主

学生在哪里？要把学生带到哪里去？用什么方法带？三个问句是对学情、教学目标和教学方法之间关系的一种比喻性的说法。把学生带到哪里是目的，用什么方法带是寻找恰当的教学方法。了解学情是基础，只有知道学生在哪里，才要想办法把他带到目的地。学情与教学目标之间要有一定的距离，这个距离太小，学生学起来就感觉什么也没有学到；如果距离太大，目标难以达成，学生就会产生失败感，使得学生对学习失去了兴趣。作为主导教学的教师如何了解学情无疑是一个难题。下面我介绍几种方法，以便能抛砖引玉。

1. 回顾检测法

通过复习旧课，导入新课，在有效时间内比较迅速地了解学生对前一次课堂学习的掌握程度。但是此种方式，机械性较强，仅对知识的掌握程度进行检测，对情感和能力的预测几乎没有帮助。而且多是对前一课知识的了解，很难客观地反映一段时间以来的学习成果。

2. 课堂检测法

为了了解学生对教材知识的熟悉程度或是对某一社会现象的了解程度，通过检测的方式，设置一定的试题（一般为较容易的试题）。比如想了解学生对诚信这一知识点的认知程度，教师在课前设置一些试题（选择题或一两个简答题），通过对答案的正误来辨知学生的已有水平。此种方式的缺点是，使学生陷于刷题的模式下，难以激发学生的学生兴趣。

3. 课下调查法

课下调查，一般是教师设置问卷或直接找学生谈话，然后对问卷进行分析或整理与学生谈话的内容，找出学生的薄弱点或认识误区，从而设计有针对性的教学方案。在课堂上，多以字条的形式呈现，一般是以问题为中心展开教学活动。以问题为中心的活动又通过设置情境使教学活动具有了连贯性，唯一的缺点是加大了学生的学习负担。

4. 课堂提问法

依托知识，通过设置情境介入问题，引导学生解决问题。通过以问题为中心的问答、讨论、探究、辩论呈现学生学习的情况，然后根据预案选择增设或跳过一些教学环节，使教学活动更贴近学生的需要。或为学生搭阶梯逐步完成教学任务，或是选取有针对性的教学内容来学习。这种方法，加大了教师对学生的判断、课堂的引导和调控课堂能力的考验。

三、如何利用资源我做主

课程资源既包括学校内的教育资源，也包括学校外的各类社会机构和各种教育渠道所蕴含的多种教育资源。高中思想政治课程标准指出：特别是要把握好马克思主义、中华优秀传统文化和国外哲学社会科学三种资源，要按照立足中国、借鉴国外，挖掘历史、把握当代，关怀人类、面向未来的思路，使教材既有深厚历史底蕴，又有鲜明时代特点，既彰显中国立场，又开阔国际视野。素材的选择与运用，既要贴近学生生活，又要反映当代社会进步的新发展和科技发展的新成果；既要有利于教师进行创造性的教学，又要有益于学生潜能的发挥，满足不同类型学生发展的需求。为此，我依据个人的习惯谈一下资源的利用。

1. 时政资料生活化

时政材料是常见的资源之一，它体现了这一学科与时俱进的特点。国家发生的重大事件对每个人都会产生很大的影响，而关注国家进步、社会发展是每位学生应具备的素养。所以，我们是无法脱离时政的。而初中学生对时政材料的理解有些困难，往往需要教师解读，为了更符合学生的认知，教师不要简单地截取所需进行教学，而应将时政生活化。比如对学生进行新时代社会主要矛盾的教学。建议教师不要干脆利落地把十九大报告中"人民日益增长的美好生活需要和不平衡不充分的发展之间的矛盾"直接摆出来，而应该设置成情景，比如沿海地区经济繁荣，而边远地区仍有部分群众处于贫困之中，从而说明发展不平衡、不充分。

2. 社会舆情

多数公共热点事件的舆情生成已经不再是单一的中心发散式传播，也不是一般性的串联型传播演变，而是新媒体与传统媒体、新媒体与新媒体之间平台转换、互相刺激、交织在一起的融合化传播。比如"雪乡宰客""女教师扒高铁门"这些事件影响较大，涉及道德法律事件，而又贴近学生生活，应该引入课堂。

3. 文化经典

教育的根本任务是立德树人，政治学科的最显著的特征就是培养学生树立正确的价值取向。而文化本身就蕴含着价值取向。比如我们谈到诚信往往会联想到徙木为信、一诺千金。当教师把文化经典展示给学生，学生就会从文化典故中寻找到做人的价值标准。

4. 校园文化

古龙说过很经典的一句台词：有人的地方就有江湖。我说，有学生的地方一定有校园文化。学生共同反映出来的文化特质就是校园文化。只是有的学校的校园文化特色显著，有的学校的校园文化并不具有明显的特色罢了。运用校园文化教学，更容易让学生身临其境，更好地理解知识，体验情感，在参与活动中提升能力。

5. 学生的人文素养

我在这里用了"学生的人文素养"，可能这个表述不太准确，我所要表达的意思是学生在学校、社会环境中自然形成的一种文化。比如，在我们印象中近年来的学生多是独生子女，在家里是小太阳，那么在社会中的合作意识一定很差，但事实是我们现在的学生合作意识很强，这个同样也来源于社会，在我们的社会中个人英雄主义不是那么地受到吹捧，社会中成功企业、成功团队的例子太多，潜移默化地就教给学生应该有团队意识。个人主义的思想以及趋利避害的意识相当强烈，而责任意识淡薄。所以在教学合作的时候，并不是难点，难点在于让学生看到在团队合作中自己应该承担的责任。教师应该充分了解学生因势利导，运用所有有效的资源进行教学。

6. 生成性资源

课堂处于动态中，而不是静止的。从教师教的角度来看，学生是客体；从学的角度来看，学生是主体，处于主体地位的学生也时常左右课堂，使课堂沿着学生的活动发展下去。这样可能就脱离了教师预设的"套路"，学生脱离了教师的"套路"并不可怕，可怕的是教师在学生脱离之后硬生生地打断或无法控制局面。我们来反思为什么学生脱离了教的"套路"呢？那一定是生成了其他的东西。比如学习生命健康权，学生认识到生命健康权不容侵犯，但是某天某生迟到，教师罚站了，学生们就此问题激烈地讨论开了，离开了教师要讲述的内容。那么就要教师调控课堂、点拨学生、释疑解难，充分认识生成的内容，从法律道德方面去评价，形成正确的价值观。

四、如何生成我做主

教师教育的对象是人，作为人就有情感、有情绪、有思维，具有主观能动性。教师教给学生做人的品质、在社会生存的能力，体现出教师教书育人的职业特点。教和学是同时存在的过程，相互交织的过程，教是为了学生学好，学有赖于教。

两千年来的中国教育成功的地方可圈可点，但是不成功的教育也是可以看得见的。学生与教师相处不和谐的案例，可以在网络上搜索得到。一个很重要的问题摆在我们面前，教师那么无私地倾囊相授为什么没有得到所有学生的认同、甚至是优秀学生的认同，其中的缘由很多，但有一点是可以肯定的，那就是学生对于教师的严厉要求和辛苦付出是不理解的。不理解的原因也是多方面的，最直接的一条就是学生的选择性太少，缺乏与学生的互动沟通或者沟通不畅。

为打造优秀课堂，我更愿意引入一个词语"生成性课堂"，简单而言就是知识要内化，引导学生生成，让学生建构起自己的知识系统。从习惯的培养、学情分析、资源的利用都指向了生成，只有教师所教内容内化为学生自己的东西，我认为就是教会了。为了建设生成性课堂，我简要介绍几种经验。

1. 营造学生能够体验感受的生活情境

记得几年前学校来了一个演讲的团队，说是关于家庭教育的，学校就按照演讲方的意思通知了学生家长。演讲者普通话也不太标准，但是演讲情真意切，他细腻地描述了父母的艰辛（演讲者对学生父母的情况进行了解），使得学生认同演讲者所阐述的道理。在《烛光中的妈妈》乐曲响起时，演讲者问学生，你们感受到父母的艰辛没有？一部分同学回答了，但听来声音不大，然后演讲者一再地让同学们大声回答，直到全场响彻一个声音"感受到了"。然后，演讲者继续问同学们，你能握着你母亲或父亲的手，对他们说"我爱您，妈妈（爸爸）"吗？同学们齐声说"能"，演讲者继续："那就大声喊出来吧！"同学们都在大声地喊着："妈妈（爸爸），我爱你！"很多同学的脸颊上挂满了泪花。

2. 通过参与来生成

苏联著名教育家苏霍姆林斯基曾经说过："教育的技巧并不在于能预见到课的所有细节，而在于根据当时的具体情况，巧妙地在学生不知不觉中做出相应的变化。"新课程也强调学生的体验、参与、感知，即重视实践性。有一个做心理学的团队带着我所教的学生做过一个活动，活动的主要内容是家长被蒙上眼睛走在一排事先排好的课桌上，从地面上去然后走下来，为确保家长能够顺利地走上去再走过一排长龙似的课桌上，孩子充当父母的眼睛，带领指挥父亲或母亲。当父母颤颤巍巍地走在课桌上，孩子的心里是多么担心家长会从课桌上摔下来！这时主持人开口了："当父母老了，眼睛花了，不再像年轻时那样健走如飞自由地行走时，你能搀扶着你的父母走完人生路吗？"地面上的孩子赶紧上前手拉着父亲（或母亲）的手，一步步走稳走好。确实，父母的年老，身体机能丧失，我们无法提前模拟，但一排桌子、一块蒙眼的布却演绎了岁月。就在活动中，让学生自己感悟、体验父母年老时该如何去做。这是不是比讲道理、讲故事来得更直接些呢？

3. 设置有弹性的问题

以问题为中心是政治学科教学的一大特色，通过问题促进学生思维，引导学生探究，进而联系自己已有知识和经验解决问题。问题的设置很关键，问题要有很强的针对性、包容性。针对性即针对某一现象认知和解决的提问，包容性可以从多角度多层面去思考，学生看问题的角度不同或者认知有别就会得出不同层面的结论，也就是包容性包含问题的广度和深度。一个问题提出来，要能够激发学生的思考，学生思考需要时间与空间，太过肤浅的问题起不到任何的作用。问题的角度多，可以通过再次提问或教师对学生的回答质疑，推动学生继续启动思维，再次思考，在质疑、批判中得到更为合理的解决办法或加深对社会现象的认知。对分析有困难的问题加以引导、激励，从而顺利完成学业。

（作者单位：河北省怀来县存瑞中学。本文写作于 2017 年）

后　记

让思考之花在课堂充分绽放，是教学工作的重要着力点，是每一位教师的必修课，品德与社会、道德与法治及思想政治课教师自然也不例外。恩格斯在《自然辩证法》中指出，人类思维着的精神是"地球上的最美的花朵"。"宇宙之精华、万物之灵长"的人，正是依靠着特有的思维而傲然挺立、独领风骚。一个人唯有思考，才能避免盲从，保持清醒和理智；唯有思考，才不会人云亦云，保持独立和自主；唯有思考，才能做出正确判断和理性选择；唯有思考，才能与众不同甚至出类拔萃。人们显性的身体差距可测而有限，但人们的精神高度、思维差异却可无限拉伸，导致人与人之间"不可同日而语"。一个人的思考力就像一个人的影子一样，时时处处左右着你的话语体系，追随着你的行为方式，影响着你的实践活动。每一道问题的解答，每一项行动的规划，每一件事情的处理，无不折射出一个人思考质量的高低。思考力不会与生俱来，关注学生的思考，提升思考的质量，必然成为我们教育工作者不可回避的共同关切。

在教学工作中，教师上课需要教思维，训练需要练思维，考试需要考思维，讲解需要示范思维，辅导需要指点思维。布鲁纳说："学习的最好状态就是思维，而思维的核心要素是思维方式。"好的课堂是能够调动学生思考的课堂。因此，教师首先需要把思考当作动词来使用，通过设置思考情境，激发思考兴趣，展现思考过程，锻炼思考能力，唤醒蛰伏于学生内心的求知欲望，找准学生"最近发展区"，让学生的大脑动起来，让课堂活起来，教学效果也自然会好起来。其次，教师也需要把思考作为"名词"来看待，注重传授思考方法，帮助学生总结思考经验，引导学生提升思考品质，形成自己的思维方式。达尔文有一句名言：最有价值的知识是关于方法的知识。弄清科学知识的来龙去脉，明晰正确结论产生的过程，熟悉科学研究的规则和程序，掌握思考问题的方法与逻辑，可算作学会了这一"最有价值的知识"，由此按图索骥、顺藤摸瓜，就能够举一反三，独立进行研究和创造，创造一个精彩的、理想的世界，让"地球上最美的花朵"开放得绚丽多姿。我想，课堂教学的意义也就得到充分彰显了吧！最后，教师还需要把思考作为"叹词"来处理。即，为学生之间每一次的疑问反问追问而感叹、鼓励；为学生之间每一次的思想交流、成果共享而感叹、点赞；为学生之间每一次的思维碰撞、思想交锋而感叹、引导；更要为学生之间每一次的奇思妙想、创新思维而惊叹、叹服。

有人说，思考是源，思维是法，思想是果。巴尔扎克说得好："一个有思想的人，才真正是一个力量无边的人。"作为品德与社会、道德与法治或者思想政治课教师，关注学生的思考，点拨学生的思维，把学生培养成为有思想、有担当、有正确价值取向的合格的新时代公民，是我们义不容辞的责任。

于是，我们以"构建充满思考魅力的德育课堂"为书名，从"追问思考价值""激发思考兴趣""创设思考情境""提升思考品质""培育思考能力""探究思考过程""优化思考生态"七个方面进行整体架构，精心选择了来自全国各地 36 位德育工作者的 39 篇教研论文。这些作者当中，有小学教师、初中教师、高中教师，也有大学教师；有德高望重的大学教授，也有成绩斐然的教授级中学正高级教师；有引领一方的省市教研员，也有硕果累累的特级教师；有经验丰富、年富力强的中年教师，也有初出茅庐、充满活力的青年教师。他们从不同角度、不同侧面、不同层次进行深入探讨，平等交流，以期引发大家共同关注学生的思考，进而提升教学教育智慧，追寻学科本真本质，努力完成立德树人的根本任务。

收录本书的论文，时间跨度较长，在一定程度上是德育课堂改进的过程呈现。为了客观地反映这个过程，我们尽可能地保持了论文原来的"痕迹"。那些或浅或深的脚印，反映的正是天南地北德育人真实而坚定的探索步履。或许有些论文在今天看来已经显得有些稚嫩，但对比今天的德育课程发展，我们能在更深刻的意义上理解进步的价值。

感谢为本书提供论文的每一位作者，感谢这些论文发表的每一本期刊，感谢每一位读者的热心与耐心。独行疾，众行远。天南地北德育人携手同行，就能一起以积极的姿态教育好祖国的未来！期待每一位读者，将您的观点与感受与我们分享！

编者

2019 年 1 月